U0555256

上海政法学院
SHANGHAI UNIVERSITY OF POLITICAL SCIENCE AND LAW

中国-上海合作组织国际司法交流合作培训基地学术文库

现代俄罗斯及独联体私法制度的发展与变革

张建文 ◎ 著

中国政法大学出版社

2024·北京

声　明　1. 版权所有，侵权必究。

　　　　2. 如有缺页、倒装问题，由出版社负责退换。

图书在版编目（CIP）数据

现代俄罗斯及独联体私法制度的发展与变革/张建文著.—北京：中国政法大学出版社，2024.7

　ISBN 978-7-5764-1386-1

　Ⅰ.①现… Ⅱ.①张… Ⅲ.①民法－法典－俄罗斯 Ⅳ.①D951.23

中国国家版本馆 CIP 数据核字(2024)第 057685 号

出 版 者	中国政法大学出版社	
地　　址	北京市海淀区西土城路 25 号	
邮寄地址	北京 100088 信箱 8034 分箱　邮编 100088	
网　　址	http://www.cuplpress.com（网络实名：中国政法大学出版社）	
电　　话	010-58908285(总编室) 58908433（编辑部）58908334(邮购部)	
承　　印	固安华明印业有限公司	
开　　本	720mm×960mm　1/16	
印　　张	15	
字　　数	245 千字	
版　　次	2024 年 7 月第 1 版	
印　　次	2024 年 7 月第 1 次印刷	
定　　价	69.00 元	

目 录 CONTENTS

上篇　俄罗斯私法制度的发展与变革

第一章　私法在俄罗斯国家政策中的优越地位 ………………… 003
　　一、俄联邦总统私法研究中心 ………………………………… 003
　　二、"俄罗斯私法形成与发展"规划 …………………………… 005
　　三、俄罗斯私法学校 …………………………………………… 008
　　四、俄联邦总统民事立法法典化与完善委员会 ……………… 010
　　五、结论：私法文化的繁荣与形成是市民社会与民主政治的根本保证 … 012

第二章　俄罗斯联邦民法典现代化中的非物质利益制度变革 … 013
　　一、俄罗斯联邦民法典对非物质利益的一般调整方法的变化 … 014
　　二、俄罗斯联邦民法典中使用非物质利益合同范围的扩大 … 018
　　三、俄罗斯联邦民法典对非物质利益保护方式的创新 ……… 020
　　四、结语 ………………………………………………………… 023

第三章　当代俄罗斯的国家财产制度 …………………………… 025
　　一、从全民所有财产到国有财产 ……………………………… 026
　　二、当代俄罗斯国家财产制度的法权构造 …………………… 027
　　三、俄罗斯国家财产制度的基本特点 ………………………… 034

第四章　俄罗斯法上公共机构的财产责任问题 ········· 037
一、引言 ··· 037
二、公共机构的权利能力 ··· 037
三、公共机构财产的独立性及其法律地位 ························· 039
四、公共机构财产所有权人承担补充责任的问题 ··············· 041
五、结语 ··· 043

第五章　私法视角下的俄罗斯土地立法史 ··············· 045
一、帝国时期的俄罗斯土地立法 ······································· 045
二、苏维埃时期的俄罗斯土地立法 ··································· 048
三、市场经济转型时期（1990年~2001年）的俄罗斯土地立法 ··· 052
四、现行俄罗斯土地法典的意义及未来俄罗斯土地立法的前景 ··· 055

第六章　现代俄罗斯法上的公共地役权制度 ············ 061
一、当代俄罗斯法上地役权 ··· 061
二、公共地役权的设定 ·· 065
三、公共地役权的终止 ·· 067

第七章　俄罗斯知识产权立法完全法典化的进程与特点 ··· 069
一、俄罗斯知识产权立法完全法典化的历史进程 ··············· 069
二、俄罗斯知识产权立法完全法典化的特点 ····················· 073
三、结语 ··· 075

第八章　俄罗斯知识产权与民法典关系的立法史考察 ····· 077
一、俄罗斯帝国时期知识产权立法与民法典关系的立法实践 ··· 078
二、苏维埃俄罗斯时期知识产权立法与民法典关系的立法实践 ··· 080
三、俄罗斯联邦时期知识产权立法与民法典关系的立法实践 ··· 083
四、结论 ··· 086

第九章　俄罗斯个人资料法研究 …………………………………… 088
一、俄罗斯个人资料法的立法背景 ……………………………… 088
二、俄罗斯个人资料立法的目的与适用范围 …………………… 090
三、俄罗斯法上个人资料处理的原则、条件与分类 …………… 094
四、个人资料主体的权利 ………………………………………… 102
五、处理人的义务 ………………………………………………… 106
六、个人资料处理的国家监督与监察：个人资料主体权利保护主管机关 …… 116
七、结语 …………………………………………………………… 119

第十章　俄罗斯被遗忘权立法的意图、架构与特点 …………… 120
一、俄罗斯被遗忘权立法的时代价值 …………………………… 120
二、俄罗斯被遗忘权的立法意图 ………………………………… 121
三、俄罗斯被遗忘权立法的结构 ………………………………… 123
四、俄罗斯被遗忘权立法的启示 ………………………………… 132

第十一章　建设以阿西莫夫机器人学法则为基础的现代人工智能伦理
——以《机器人学与人工智能示范公约》的解读为基础 ………… 134
一、以阿西莫夫机器人学法则为基础的现代人工智能伦理何以可能：
人工智能发展与人类命运共同体的安全焦虑 …………… 135
二、现代人工智能伦理如何构建（一）：适用的主体、对象及其范围 …… 137
三、现代人工智能伦理如何构建（二）：机器人安全规则 ………… 138
四、现代人工智能伦理如何构建（三）：创建与使用机器人的一般规则 …… 142
五、现代人工智能伦理如何构建（四）：人工智能研发规则 ……… 145
六、现代人工智能伦理如何构建（五）：军事机器人的使用限制 …… 147
七、现代人工智能伦理如何构建（六）：机器人学与人工智能规则的发展 …… 147

第十二章　格里申法案的贡献与局限
　　——俄罗斯首部机器人法草案述评 · 150
　一、格里申法案的起草背景 · 150
　二、格里申法案的基本理念与主要内容 · 151
　三、格里申法案与俄罗斯机器人立法的构想 · · · · · · · · · · · · · · · · · · · 160
　四、格里申法案的贡献与局限 · 161
　五、结论 · 164

第十三章　如何规制数字金融资产：加密货币与智能契约
　　——俄罗斯联邦《数字金融资产法（草案）》评述 · · · · · · · · · · 165
　一、数字金融资产的概念、法律地位与法律制度 · · · · · · · · · · · · · 167
　二、作为数字金融资产的代币发行的特殊性 · · · · · · · · · · · · · · · · · · 169
　三、数字金融资产流通的特殊性 · 171
　四、数字权利、数字货币、大数据合同的民法典回应 · · · · · · · · 173
　五、结语 · 179

下篇　独联体私法制度的发展与变革

第十四章　信息获取权保障专门立法：独联体
　　《信息获取权示范法》述评 · 183
　一、独联体《信息获取权示范法》的立法背景：私法统一与信息自由 · · · · · 183
　二、独联体《信息获取权示范法》的一般规定 · · · · · · · · · · · · · · · · 185
　三、独联体信息获取权的实现方式 · 187
　四、信息获取权的保护与违反该示范法的责任 · · · · · · · · · · · · · · · 190

第十五章　电子通信领域信息自由保障：独联体成员国《示范互联网调整基准法》的基本内容及对我国互联网管理立法的启示 ······· 191

- 一、《示范互联网调整基准法》的一般规定 ······· 192
- 二、《示范互联网调整基准法》的调整原则 ······· 193
- 三、《示范互联网调整基准法》的主要调整方向 ······· 195
- 四、《示范互联网调整基准法》对我国互联网管理立法的启示 ······· 198

第十六章　独联体成员国《示范个人资料法》研究 ······· 201

- 一、示范个资法的基本概念 ······· 202
- 二、个资流通的调整 ······· 204
- 三、个资主体的权利 ······· 208
- 四、处理者（持有者）的义务 ······· 211
- 五、对个资流通的国家调整 ······· 214
- 六、结语 ······· 216

第十七章　面向人权保障的国有财产立法
——独联体成员国《示范国有财产法》述评 ······· 218

- 一、国有财产的概念、构成与管理创新 ······· 219
- 二、国有财产的类型：以不可交易国有财产为核心 ······· 221
- 三、国家所有权的行使：以国有财产的目的性用途为核心 ······· 225
- 四、国家所有权取得与丧失的特别方式 ······· 229
- 五、国家所有权在国际关系中的行使 ······· 232
- 六、结语 ······· 233

上 篇

俄罗斯私法制度的发展与变革

◆ 俄罗斯民法研究

CHAPTER 1 第一章

私法在俄罗斯国家政策中的优越地位

自从 20 世纪 90 年代末期俄罗斯放弃社会主义道路转向以民主政治和市场经济为特色的资本主义实践之后，对市民社会在国家发展和人权保护中的作用、对作为改革手段的法律调整特别是对私法调整予以高度重视。俄罗斯私法学肇始于 18 世纪中期，在十月革命前就已初具规模，且有不少极具分量的研究成果，其概念、体系和方法论对苏俄民法也有较大影响。在新的政治经济形势下，如何在俄罗斯复兴和发展私法学，始终是俄罗斯国家政策中优先考虑的重大问题之一。俄联邦总统和政府建立了诸如俄罗斯私法研究中心、俄罗斯私法学校、俄罗斯民事立法法典化与完善委员会等研究与咨询机构，并以总统令颁布了一系列民事立法完善保障措施，提出并实施"俄罗斯私法形成与发展"规划，旨在提高私法立法质量和立法协调，培养卓越私法人才，推动俄罗斯私法学的研究，同时通过私法的复兴与发展规划，发挥对独联体国家私法的领导作用。

本书主要介绍私法研究中心、"俄罗斯私法形成与发展"规划、私法学校以及民事立法法典化与完善委员会，揭示私法学在俄罗斯国家政策中的优越地位。

一、俄联邦总统私法研究中心

俄联邦总统私法研究中心是根据 1991 年 12 月 27 日叶利钦签署的第 133 号"关于私法研究中心"的总统令成立的官方私法研究机构。1992 年 7 月 14 日第 360 号"关于保障私法研究中心的活动"的总统令批准了中心章程，任命 A. C. 谢尔盖耶维奇为中心首任主席、X. C. 安东诺维奇为首任执行主任，组建了私法研究中心委员会。

经过两次修改的中心章程规定，私法研究中心是直属于俄联邦总统的国家机构，负责对涉及旨在建立市民社会的一般法律基础和市场经济发展的法律文件的建议和草案进行职业性、学术性的法律分析和鉴定；具有法人地位，可以拥有带有俄联邦国徽和自己名称的印章（第1条）。中心的基本任务有四项：一是对涉及保障市场经济发展和其他属于私法领域中的问题的立法和其他法律文件草案、提议和建议进行分析和鉴定；二是起草示范法典和关于所有权、经营活动、合同、民事权利的实现与保障的其他示范性基本文件，对旨在建立和体现私法的基本原则的建议和提议进行分析；三是对私法原则的定义、对在形成市民社会和市场关系的条件下私法的复兴与发展进行学术研究；四是总结和传播俄罗斯联邦以及其他国家、国家联合体、共同体、国家联盟对私法问题的解决信息（第2条）。私法研究中心可以按照立法规定的程序设立商业仲裁庭，由私法领域的专家和学者公断争议，也可以在俄联邦和其他国家开办代表处和分校（第4条）。

中心委员会是决策机构，由私法领域的主要学者和专家10~15人构成（包括主席和副主席），有权就中心活动的方向和规划、拟提交俄联邦国家机关的建议、提议、结论以及中心组织实施的其他法律草案和研究分析结果作出决定；选举委员会主席、第一副主席、副主席、法律顾问和执行主任；对改组或撤销研究中心、变更其章程等问题作出决定。委员会作出决定时采取多数决原则，但是法律顾问并不受中心委员会决定的约束，可以独立向国家机关及其负责人就委员会所研究的问题公开提出和呈递自己的意见（第6条）。在财政方面，具有独立处分权，可以自主处分为保障其活动而由其他国家、法人和自然人拨付的物资和财政资金以及按照合同完成研究工作所获得的收入和依靠该收入所购买的财产（第9条）。

私法研究中心在俄罗斯民事立法中发挥了重要作用，特别是参与了俄司法部主持的《俄罗斯联邦民法典》第三部分的起草，也参与了对将《俄罗斯联邦民法典》的规定予以具体化的重要联邦法律的起草，并根据对《俄罗斯联邦民法典》的适用实践提出了对民法典部分条文的修改建议（1999年8月9日第268号"关于完善民事立法的措施"的总统令）。私法研究中心在俄联邦民事立法事务中发挥的草创与完善作用在1999年成立的专事"民事立法法典化与完善"的民事立法法典化与完善委员会后仍没有减弱。该中心在《俄罗斯联邦民法典》第四部分"知识产权编"的立法事务中起到了关键性作用,如在起草工作组的 11 名成员中,来自该中心的专家就有 5 人,起草工作组副组长即中心委员会第一副主席 А. Л. 马可夫斯基（还有总统方面的 2 人和来自政府机关与政府所属的研究所 2 人,最高仲裁法院法官 1 人、莫斯科大学民法教研室 1 人）。

二、"俄罗斯私法形成与发展"规划

1994 年 7 月 7 日叶利钦签署了第 1473 号总统令,批准了私法研究中心提出的"俄罗斯私法形成与发展"规划,提出"保障私法学术流派在俄罗斯的复兴与发展",要求"在 1994～1996 年进行旨在建立私法关系的立法基础的科学研究和分析活动,传播私法思想成就,培养私法领域中的专家"并任命 А. С. 谢尔盖耶维奇为该规划的学术领导人。该项规划计划在 1994 年对新颁布的民事立法文件进行注释、再出版俄罗斯著名私法学家的著作、翻译并出版国外私法的基本文件；在 1995 年开办俄罗斯私法学校,并在莫斯科和叶卡捷琳堡市开办分校,培养私法方面的受过高等教育的立法和师资专家；建立向国家公职人员、法学家和其他专家开放的私法图书馆；提供 1994 年 4 月 14 日独联体政府首脑会议决定建立的独联体国家私法学术-咨询中心使用私法研究中心的学术信息和物质技术基础。除了官方的财政保障外,总统令还"允许私法研究中心为实施上述规划和在俄罗斯私法学校组织培养专家而吸收俄罗斯和国外组织的资金"。通过该规划可以详细了解苏联解体后俄联邦面对民主政治和市场经济的骤然抉择,对私法立法和研究人才的迫切需要采取何种应对措施,也可以了解俄罗斯官方对私法的评价及其在俄罗斯的历史。

"俄罗斯私法形成与发展"规划[1]包括六个部分：

（一）规划的依据和目的

俄罗斯官方深刻地意识到俄罗斯向新的经济和社会关系转变、新的俄罗斯联邦宪法的颁布以及改革者的所有权与经营活动法律重构了过去的野蛮法律体系,在过去,其基础是经济的国有化和对财产关系参加者的独立性的压制,俄罗斯已经承认了在全世界公认的私法原则：在个人的独立与自主、承

---

[1] 参见《俄罗斯联邦立法大全》1994 年第 1 期第 191 条。

认并保护私人所有权、合同自由的基础上调整公民和法人关系的领域。但是在俄罗斯，真正的私法关系还没有形成，计划指令经济的法律的残余还没有消除，因而使得法律体系极不稳定，过时的民事立法还没有被取代，在法律教育中私法到今天为止仍只是俄罗斯历史和外国法系研究的对象，私法对法律实践而言也非普遍且没有深入到经济关系参加者的意识中。叶利钦认为："在这种条件下形成与发展私法必须在俄罗斯进行确立和保障建立私法关系的立法基础的研究和分析，形成私法的思想和观念并将之贯彻到实践中去，培养私法领域中的高级专家。"

（二）建立私法关系的立法基础

首先在立法上，俄罗斯官方认为，要建立完备的民事立法基本文件，即通过《俄罗斯联邦民法典》和依照民法典需颁布的其他民事立法文件。主要有两个任务：一是在1994年起草《俄罗斯联邦民法典》第二部分。当时《俄罗斯联邦民法典》尽管还没有通过，但是第一部分草拟完毕，因此要求以其为基础起草第二部分，其内容最初的构想是包括合同和其他债、知识产权法、继承法和国际私法，但后来发生了很大的变化；第二部分在1996年通过时，仅包括某些合同种类和其他的债，实际上就是债法分则；第三部分在2001年通过时，只有继承法和国际私法；而第四部分则为在2006年年底通过的《俄罗斯联邦民法典》"知识产权编"。二是起草民法典中规定的法律。如法人登记法、不动产及其法律行为登记法、股份公司法、不动产抵押法等法律在民法典的实施中具有关键性意义。

其次在专家的参与上，要求延聘专家参与立法和法律注释工作。一方面，私法领域中杰出专家的参与是相应的法律草案起草和鉴定的学术与法律的技术保障；另一方面，杰出专家参与相应法律草案的起草和鉴定有助于依靠这些专家的力量组织并实施对新的法律的基本注释，这对于保障新的法律在通过后最初几年中的正确适用是极有必要的。《俄罗斯联邦民法典》第一部分草案和其他民事立法基本文件的起草经验表明，必须为此建立由私法研究中心、莫斯科大学、政府所属的立法与比较法学研究所、对外贸易学院、俄联邦司法部、俄联邦最高法院和俄联邦最高仲裁法院、其他组织、高校、学术机构的专家参与的起草和创作集体、工作组。对法律实践而言，就是要对《俄罗斯联邦民法典》和其他民事立法基本文件进行永久性注释。因此，在1994年和1995年上半年主要集中在民法典的起草和注释上，而1995年~1996年的工作主要是对民事基本法律的体系和内容进行学术论证。

(三) 形成私法思想和观念并贯彻到实践中去

形成私法思想和观念并贯彻到实践中去是艰难而漫长的国家与社会的法律意识重构过程。规划提出了四项基本任务：

第一，准备出版关于现代俄罗斯私法问题的学术、实践与普及性著作。

第二，再出版俄罗斯杰出民法学家的著作。俄罗斯官方认为，在1917年之前，俄罗斯就形成了世界上最好的民法学学派之一，该学派的传统即使在苏维埃时期也没有被中断。最后一代俄罗斯民法学家的著作即使在今天也没有丧失其学术与教育意义，对它们的接近途径是足够广泛的，但是由于相应的版本已经成为珍本而有所局限。通过再出版，杰出的俄罗斯民法学家的学术和实践研究将成为现代私法文化的要素。因此，规定要进行永久性的"俄罗斯民法思想"系列学术出版活动，从1995年起陆续整理和出版相应的著作。

第三，翻译并出版现代国外私法基本文件。主要是实施永久性的"现代国外私法"系列出版活动，在1995年~1996年出版了德国民法典、商法典，荷兰民法典和美国统一商法典。

第四，建立专门向专家开放的私法图书馆。俄罗斯官方深感在现有条件下私法领域中的专家没有具备必要的从事法律起草和研究工作的信息基础。在公共图书馆、大学和科学机构的图书馆中私法图书分散且不完全，建立该信息基础的第一步就是建立专门的私法图书馆。

(四) 开办俄罗斯私法学校，培养卓越私法领域专家

当时，高素质的私法领域专家极为缺乏，尤其是能够在现代层面进行法律起草、新民事法律注释和私法课程教学的专家，同时还考虑到应当培养能够保障传播、体现新的俄罗斯立法中的现代私法知识的年轻专家，因此决定开办俄罗斯私法学校，学制1年~1.5年，主要教授三门基本课程："俄罗斯私法"、"外国民商法"和"私法文件起草的组织与技术"，师资构成主要是私法研究中心和莫斯科大学等学校的教师以及司法机关具有教学工作经验的专家，也可由德、美、荷和其他国家的教授参与，或者由学生直接在外国教育机构中进行学习，毕业生通过学位论文设计后可以取得硕士学位。私法学

校1995年1月开办,首届招收50名学生,其中莫斯科本部约30人,叶卡捷琳堡分校约20人。

(五) 独联体成员国私法的统一

俄罗斯官方认为,独联体成员国之间的经济、科技和文化联系的恢复注定要使其民事立法相互协调并实现一定的统一化,没有该目标就无法避免它们相互之间在商业与非商业组织、所有权、合同、有价证券、结算、知识产权等财产关系立法方面的重大差异,这些差异会构成合作道路上的障碍。在协调独联体成员国的民事立法方面,最重要的就是起草和推行示范性的民法典、股份公司法、不动产抵押法、区分所有建筑物法、不动产及其法律行为登记法。1994年独联体成员国议会间大会在圣彼得堡通过决议,提出要制定涉及有价证券、股份公司、有限责任公司(合伙)、国家内部债务、反垄断活动、产品生产标准、不动产抵押、金融工业集团等示范法。目前已经制定了民法典、土地法、水法典、税法典、破产法、社会组织法、国家知识产权权利实现法、个人数据法等示范法。

(六) 在组织和拨款方面,指定私法研究中心为负责机构

资金保障主要由划拨的资金、联邦和地方的专门预算拨款以及俄国内外组织的资金组成。俄政府1994年10月通过的"关于保障'俄罗斯私法形成与发展'规划实施"的决议[1]决定:自1994年10月1日起用其他联邦预算开支保证向私法研究中心拨付等额专项资金每月150万卢布用以支付专家报酬、奖金和差旅费,每月拨付50万卢布用于私法图书馆建设。

1997年4月叶利钦对规划的实施工作表示赞赏,并决定将规划从1997年延长至2000年,1999年又宣布该规划在2000年~2005年期间继续进行。

三、俄罗斯私法学校

俄联邦政府1994年10月决议提到开办私法学校的问题,要求学校的教授-教师构成按一个教师两个学生的标准确定,俄财政部也在财政拨款上对私法学校予以大力支持,并建立了由相关国家权力机关、企业、组织、机构出

---

[1] 参见《俄罗斯联邦立法大全》1994年第23期第2587条。

资的私法学校基金会，提供额外资金保障，俄政府也同意将对私法学校的教育和研究活动资金纳入从联邦预算中支出的干部培训开支预算。

1995年3月，第131号"关于俄罗斯私法学校"的总统令批准了私法研究中心提出的学校章程，任命中心执行主任安东诺维奇在筹办期间担任私法学校校长，并为在学习、研究和立法起草工作方面表现优异的学生设立了4项金额分别为10万卢布的总统奖学金。

私法学校属于实施"俄罗斯私法形成与发展"规划教育部分的联邦高等教育机构，具有法人地位，拥有独立的资产负债表，隶属于私法研究中心。根据2007年对学校章程的最新修改，学校的主要任务从五项增加到八项：（1）培养和再培训私法领域中专门化的卓越法学家；（2）在私法领域中进行学术研究和分析；（3）按照俄联邦总统事务局提出的任务进行研究、完成工作和提供服务；（4）向联邦国家权力机关提供咨询和信息分析服务以及科学方法性服务；（5）参与私法领域中国际合作规划和计划的学术与组织工作；（6）传播私法知识并以俄罗斯和国外民法学派的成就为基础建立现代法律文化；（7）在学术方法上保障培养俄罗斯私法专家的教育活动；（8）在自己权限范围内从事私法领域中的国际合作。

私法学校活动的方向主要包括：制定、通过和实施保障培养高素质的具有私法硕士学位的法学家的高水平高等法律教育规划；制定和实施其他的私法方向（专门化）、高等法律教育和大学后法律教育规划；培养具有硕士和博士学位的学术与学术-教学人才；进行理论研究、法律起草和对其他私法问题的分析，撰写、出版和使用私法教科书、教学参考书、私法主题的学术著作和其他著作；协调制定俄罗斯的私法专家培养规划；组织和实施教育与学术交流，与国际机构和外国国家机构共同在私法领域中进行研究和分析，为外国培养私法领域的专家。根据俄联邦立法和章程规定的学校任务，学校有权从事经营性活动。

学校主要从事私法硕士教育，对完成教育大纲要求的毕业生颁发私法硕士学位。在招收学生方面，俄联邦公民、外国公民和无国籍者都有权入院求学，但必须是已受高等法律教育者。在教学方面，有面授、面授-函授（夜校）、函授等多种形式。学校对通过竞争方式考入的学生提供免费教育，此外，学校也提供收费教育。学生参与学术研究和分析纳入教学计划，是教学过程的构成部分，在确定学生课程负担和教师教学负担以及拨款时都予以考虑。完成了教学计划要求的学生允许进行最终考试,最终考试包括毕业生进行授予私法硕士学位的论文答辩,最终考试由学校学术委员会任命的委员会进行,顺利通过者将被颁发私法硕士文凭。硕士研究生也可被推荐参加作为法学副博士论文进行答辩,在极少数情况下可以被推荐为法学博士进行论文答辩。

学校由学术委员会、校长和副校长进行管理。学术委员会的职能是由私法研究中心委员会行使的,校长作为私法研究中心副主席进入中心委员会,中心委员会在自己的构成中划出一个由校长领导的学校学术委员会作为自己的分支,其权限包括:批准私法硕士和其他私法专业高等法律教育规划;选举(再选举)和免除校长职务;修改和补充学校章程;作出设立、改组和撤销学校部处(系)和教研室的决定;听取校长的报告并就此作出决定;审议改组和撤销学校的问题;根据校长提议按章程审议和决定学校的其他活动问题。校长由学校学术委员会选举,任期5年,为学校的法定代表人,有权聘用和辞退工作人员、决定学生的奖学金数额、工作人员的劳动报酬、批准学校的开支预算以及决定学校活动的其他问题,但属于学校学术委员会的权限除外。校长在自己的权限范围内发布的命令和指示,对学校的全体工作人员和学生都具有约束力。校长办公室是协商性机关,只能以校长的命令和指示的形式作出决定,由校长、副校长、部处和各系领导人及校长确定的其他人员构成。学校对学术自由给予充分尊重,教师和科研人员可以自主地决定教学的方法和手段,进行研究和公布研究结果,在决定和公布自己的方法和科学解决方案时,不受其他教师和科研人员、学校管理机构、国家机构和领导人意见左右。

四、俄联邦总统民事立法法典化与完善委员会

俄联邦总统民事立法法典化与完善委员会成立较晚,它的出现意味着俄民事立法更加关注民事立法体系内部的协调与完善问题。成立该委员会的建议是由俄联邦最高仲裁法院提出的,希望用以保障"国家权力机关和地方自治机关与社会组织和学术组织在研究民事立法完善问题时的协同"。该建议得到总统首肯,最高仲裁法院院长被责成起草《俄联邦总统民事立法法典化与完善委员会条例》草案及其构成人员名单(1999年8月9日第268号"关于

完善民事立法的措施"的总统令）。1999年10月叶利钦设立了该委员会，总统委员会致力于"依照经济和社会生活需求推动民事立法并进一步完善之"，同时颁布了《俄联邦总统民事立法法典化与完善委员会条例》，条例规定该委员会为总统的咨询机关，以保障在审议与民事立法完善有关问题时在诸国家机关、社会组织、学术机构和组织之间的协同为己任。E. A. 苏哈诺夫教授也指出，该委员会成立的背景就是在民法典通过后还颁布了30多个单行法，但立法者并不总是能使含有民法规范的单行法达到完全符合民法典规范的要求。该委员会还就民事立法发展和民法典完善所提出的原则性建议进行深入研究。[1] 2003年该委员会发表了《不动产民事立法发展的基本构想》（第18号备忘录），根据民法典颁布后的适用实践对不动产立法进行了全面综合分析，提出了整体性的改进意见。

该委员会的主要任务：起草国家民事立法政策及其完善的基本建议呈送总统；对修改和补充民法典的联邦法律草案和其他联邦民事法律草案进行鉴定；对民法典的适用实践进行分析研究并提出必要的修改和补充建议；起草向联邦国家权力机关提出制定联邦法律和其他民事立法文件草案的建议，包括提出应当按照优先程序制定的法律草案。委员会工作的方式主要是例会制度，按照章程，例会有必要时即可召开，但不得少于每两个月一次，参会委员过半数例会方为有效，例会决定由参会委员以简单多数通过并制作备忘录，由委员会主席签署。

2003年10月俄联邦总统令批准了新的委员会成员构成，该委员会主席为俄联邦最高仲裁法院院长B. Ф. 雅卡夫列夫担任，汇聚了大批俄罗斯最高水平的法学家，目前由29位委员组成，成员来源极为多样：司法系统7人、总统与政府部门6人、国会2人、律师合伙人1人、研究机构13人（私法研究中心3人、立法与比较法学研究所2人、圣彼德堡大学3人、国家与法科学院2人、莫斯科大学1人、乌帕尔法学院1人、莫斯科法律学院1人）。同时，该总统令明确规定：联邦行政机关制定的民法领域中的联邦法律草案在呈送联邦政府之前要由该委员会进行鉴定。该规定大大加强了委员会在民事立法中的地位和作用，从成立至今已经对数百个法律草案进行了鉴定，有的已经立法，有的被驳回。尽管委员会作出的鉴定结论仅具有建议性质，但是由于其

---

[1] 参见鄢一美：《俄罗斯当代民法研究》，中国政法大学出版社2006年版。

鉴定结论的权威性和所发送机关的广泛性（要呈送总统、议院、政府、宪法法院、最高法院、最高仲裁法院、总统管理局各处和司法部），使得委员会的鉴定结论具有举足轻重的分量，如在《俄罗斯联邦民法典》第四部分"知识产权编"起草过程中，正是该委员会对俄联邦出版、电视广播和大众通信手段事务部的草案的否定性意见埋葬了多数学者支持的民法典与知识产权单行法二元结构调整模式，奠定了俄罗斯激进的知识产权立法完全民法典化的基础。

五、结论：私法文化的繁荣与形成是市民社会与民主政治的根本保证

无疑在俄罗斯国家政策中，无论在学术研究层面，还是在民事立法完善层面，以及专门人才培养方面，私法都占据着优越地位，这主要是来自总统的推动。正是来自最高层的支持与关注才成立了各种各样的国家机构，其主要原因有二：一方面从近期目标而言，私法学术研究的繁荣、民事立法的完善与卓越私法人才的培养是俄罗斯市场经济有效运作的根本保障，对私法学术、立法和人才培养的优先态度有助于满足当前市场经济改革所要求的完善的民事立法和大批卓越私法人才的需求。另一方面从长远目标而言，私法文化的繁荣与市民社会的形成是俄罗斯市场经济改革与民主政治框架的坚定柱石，俄罗斯市场经济体制与民主政治框架的形成与完善是同步进行的，二者相辅相成，没有有效的（好的）市场经济的支持，民主政治也无法有序运作，而没有民主政治的支撑，市场经济终会被非民主政治体制所阻滞、摧毁。

俄罗斯联邦民法典现代化中的
非物质利益制度变革

在俄罗斯法上,"非物质利益"最初称为"人格权",后来称为"人格非财产性权利"[1]。整体而言,可等同于我国的人格权制度。非物质利益具有非财产性与严格的人格性两个基本特征,以此排除了赋予非物质利益商品性质的可能性。[2]

《俄罗斯联邦民法典》在2008年1月1日自其第四部分生效方告完成,2008年7月18日,俄总统签署第1198号关于完善俄罗斯联邦民法典的总统令,启动了俄罗斯联邦民法典的现代化进程。这次完善"已非点状的完善,而是综合的、构想式的完善和发展整个全部民事立法"[3]。2009年10月13日,俄总统签署《俄罗斯联邦民事立法发展的基本构想》,作为民法典现代化的指导性文件。在这个过程中,非物质利益制度(第八章)也得到了系统的变革。2013年7月2日第142号联邦法律对该章进行了修改。此外,2012年12月30日第302号联邦法律也对民法典关于公民姓名的第19条和关于公民住所地的第20条进行了修改。但前述立法修改并不是在基本构想中建议的,构想仅提出:"在民法典第8章'非物质利益及其保护'中增加详细充分的法律规范,以保护公民具体类型的非物质利益和人格非财产权利。在制定这些规定时,不仅必须最大限度地采取国内法学的成就,而且必须采用在该领域

---

[1] Белова В А. Гражданское право:Актуальные проблемы теория и практики, М, 2007:618-628.

[2] Белов В А. Гражданое право(Т.Ⅱ.)Общая часть, М:Издательство Юрайт, 2013:365.

[3] Белов В А. Что изменилось в Гражданском праве, М:Издательство Юрайт, 2015:5.

内拥有先进民事立法的（法国、德国、乌克兰等）其他国家的经验。"[1]

一、俄罗斯联邦民法典对非物质利益的一般调整方法的变化

只有从俄罗斯民事立法对非物质利益调整方法的演变中才能看出对非物质利益的一般调整方法的变化。在1936年和1977年《苏联宪法》中，都提到了公民的自由、人身和住宅不受侵犯；属于个人的秘密等。非物质利益制度在20世纪末期得到一定的发展，苏维埃民法学广泛研究非物质利益制度，逐渐地建立起了非物质利益制度的一般规定，并扩大了应受保护的非物质利益的清单。[2]1961年《苏联民事立法纲要》在民事立法上建立了一个文本上的非物质利益调整体系。其第3条规定了非物质利益的一般规定，即"民事立法调整人格非财产关系"，而第9条将人格非财产权利纳入了民事权利能力的内容之中。1964年《苏俄民法典》与之稍微不同的是，民法典第514条规定了保护公民肖像的具体权利。1994年《俄罗斯联邦民法典》扩大了受保护的非物质利益的可能性，包括名誉、尊严和公民肖像，还有商业信誉、公民私生活不可侵犯、姓名、个人和家庭秘密等（第150条第1款），还规定了一个开放的立法所保护的非物质利益清单，允许就未在清单中规定的非物质利益寻求司法救济。

苏维埃时期的民法已知人格非财产权利与财产权的区分。克依里洛娃就认为："苏维埃公民所享有的姓名权、荣誉权及著作权等，都是人身非财产权利。这些权利被称为人身权利，是因为它们直接与主体的人身（身份）相联系。它们又被称为非财产权利，因为它们本身并不表现主体的经济利益。"[3]

《苏联法律辞典》说得更清楚，"личные неимущественные права"为"和一个人的人身有不可分割的联系的权益"，"它们是非财产的，因为没有直接的经济内容，不是为经济利益所决定的"，"它们是人身的，因为和权利主体的人身分不开，也不可能以任何形式转让"，"在民法里特别把姓名权和著

---

[1] 魏磊杰、张建文主编：《俄罗斯联邦民法典的过去、现在及其未来》，中国政法大学出版社2012年版，第343页。

[2] Красавчикова О А. Советское гражданское право（Т.Ⅰ.），1985：190-192；М Н Малеина. Защита личных неимущественных прав советских граждан，М：Знание，1991：6-16.

[3] [苏] 玛·雅·克依里洛娃：《苏维埃民法》（上册），北京政法学院民法教研室1958年版，第41页。

作权列入人身非财产权利之内"。[1]这种观点一直影响到《俄罗斯联邦民法典》的现代化。

俄联邦最高法院关于非物质利益制度的司法解释没有明确赋予下级法院在各种生活情境中自主设计非财产性权利的可能性。前述民事立法发展的基本构想提出了在此条件下唯一可能的路径，即补充民法典中提到的非物质利益清单，并将其具体化。在这次民法典现代化中，重新表述非物质利益条款的出发点是，非物质利益不是特别主观权利的客体，而是自出生或者依照法律直接属于公民的利益，并规定一个示范性的非物质利益保护方式清单：确认侵权事实、公布法院判决、制止和禁止侵权行为等。

首先，对受法律保护的非物质利益清单采用了列举加概括的方式。在某种程度上说，对该条款的现代化问题在1994年10月通过的《独联体成员国示范民法典》第38条[2]中已得到实现。通过这次民法典现代化，实现了《俄罗斯联邦民法典》与该示范民法典关于非物质利益制度的最大程度的统一化。

第一，扩大了受保护的非物质利益的范围。第150条第1款规定其范围包括生命和健康、人格尊严、人身不受侵犯、名誉和好名声、商业信誉、私生活不受侵犯、住宅不受侵犯、个人和家庭秘密、迁徙自由、选择居留地和住所地的自由、公民姓名、作者身份等。[3]该清单漏列了"肖像"，但在具体的条文（第152.1条）中得到了弥补，明确规定"保护公民肖像"。不少俄罗斯学者认为，非物质利益还包括商业标志权、商标权、服务标记权等知识产权中的非物质利益。[4]如马林伊娜就认为："按照我的观点，生命、健康、身体和精神上的不可侵犯、决定个人的身体和精神状况的良好环境、姓名、个人面貌和声音、名誉、商业信誉、尊严、秘密和私生活不可侵犯、作者和表演者地位、作者姓名、表演者姓名、决定作品命运的自由、作品完整性及其表演的自决、工业产权客体的名称（标记）自由及其优先权应纳入现代俄罗斯民事立法所保护的非物质利益之列。"[5]另有学者认为，人格权就是

---

[1] [苏] П·И·库德利雅夫采夫主编：《苏联法律辞典第一分册（民法部分选译）》，法律出版社1957年版，第9页。

[2] 参见《独联体成员国示范民法典》，张建文译，法律出版社2014年版，第11页。

[3] Гражданский кодекс Российской Федерации. М：Издательство Омега-Л, 2015：81.

[4] А Б Борисов. Комментарий к гражданскому кодексу РФ. М：Книжный мир, 2014：19.

[5] М Н Малеина. Понятие и виды нематериальных благ. Государство и право, 2014, (7)：47.

"自出生就属于人的且无论其归属于具体的国家而享有的自然的且不可剥夺的基本权利和自由的综合。这些权利和自由构成了人的整个法律地位的基础",包括"生命权,自由,身体完整和人格不受侵犯权,不得遭受拷打或者降低其人格尊严的残酷对待或者刑罚的权利,保护名誉和好名声的权利,自由迁徙和自由选择住所地的权利,离开自己的国家并自由返回的权利,司法保护和公正审判的权利,在世界上任何国家都被承认为权利主体性的权利,思想、良心和宗教自由,言论自由和其他表达自由,自由决定自己的民族属性和使用母语的权利,以及其他权利"。[1]这种人格权的概念和范围近似于宪法上的人权。俄罗斯学者也认同人权与人格权的关联,"法律规定的这些权利调整的基础是宪法规范。宪法规范从整体上规定公民的人身权利,并确认其实现的法律保障"。[2]但从民法典条文看,除了作者地位之外,将非物质利益局限于该条文的列举范围,不宜扩大到知识产权中的非物质利益,因为它们是由知识产权法上的专门制度保护的。

　　第二,规定了判断该清单没有规定的非物质利益是否应受保护的实体标准。所有受法律保护的人格利益,由于其极端多样性,不可能对每一种都予以评述,也不能在一个穷尽的清单中予以规定。[3]这次民法典现代化改变了以往依靠逐年修法或新的司法实践扩大受保护的非物质利益的做法,在第150条第1款中规定了非物质利益的一般特征,即"自出生或者依照法律归属于公民"和"不得转让给他人",对法院独立理解法的规范审理解决纠纷具有重要意义。其与《俄罗斯联邦民法典》第2条第2款"人的不可剥夺的权利与自由及其他非物质利益受民事立法保护"一致并相呼应。这是自苏维埃时期就形成的人身非财产权利的观点,但上升为民事立法的规定则是这次民法典现代化的成果。

　　俄罗斯学者认为,对该实体标准应持客观态度:"对立法做一点修改,赋予非物质利益制度以新的结构,这无疑是在当前条件下唯一可能且在立法上必要的解决方案。但它也有相反的一面。没有在立法中指明的利益,没有直

---

〔1〕 С П Щербы. Краткий юридический словарь. М: ИНФРА-М, 2012: 165-166.

〔2〕 [俄] Е. А. 苏哈诺夫主编:《俄罗斯民法》(第2册),王志华、李国强译,中国政法大学出版社2011年版,第714页。

〔3〕 Флейшиц Е А. Личные права в гражданском праве Союза ССР и капиталистических стран. М, 1941: 67.

接在法典中规定的权利,即使是在此类利益或者此类权利的清单并非穷尽的情况下,也有可能不受保护。众所周知,包含在规范中某种清单的开放性并不足以使法院能够看到该清单的界限之外。"[1]最高司法机关往往不得不自主设计没有在立法中规定的人格非财产权利。

其次,细化了具体的受保护的非物质利益。第一,增加了专门的私生活保护规范(第152.2条)。这是2013年7月2日第142号联邦法律新增加的。规定了保护公民私生活的原则性规定,引入了对任何公民私生活信息的秘密性的推定,即"如果法律没有不同规定,不允许未经公民同意而收集、保存、传播和使用任何关于其私生活的信息,特别是关于其出身、居留地或者住所地、个人和家庭生活的资料",同时,也规定了公民同意的例外情形(第1款):公共利益(为了国家、社会和其他公共利益),以及可公开获取的信息(公民私生活信息在以前已成为可公开获取的信息),或者按照公民的意愿传播(公民私生活信息由公民自己或者按照其意愿而披露)。这意味着任何不能落入前述三种例外情形的收集和传播该信息的行为都是非法的。此外,专门规定了债之当事人对所获得的他人私生活信息的保密义务,"债之当事人无权披露在产生和(或)履行债时所知悉的该债之对方当事人或第三人的公民私生活信息,但协议规定可对双方当事人信息进行这种披露的除外"(第2款)。还特别规定了在创作科学、文学和艺术作品时使用私生活信息的规则,"如果这种使用侵害了公民的利益,则视为非法传播违法取得的公民私生活信息"(第3款)。且对物质载体中公民私生活信息的保护规定了特别严厉的方式,即"在违法获取的公民私生活信息是保存在文件、录像或其他物质载体中时,公民有权向法院要求删除相应信息,及通过没收或不给予任何补偿而销毁为民事流通目的而制作的包含相应信息的物质载体之复制件的方式制止或禁止继续使用,如果不销毁这些物质载体的复制件则不可能删除相应信息的话"(第4款)。第二,发展了姓名、名誉、尊严和商业信誉的保护规则。将为保护名誉、尊严和商业信誉目的的答复权与反驳权紧密联系,答复权作为独立的保护方式不复存在,答复只能与反驳一起公布(第152条第2款);[2]规定了由于广泛传播存在于物质载体中不实信息的受害人要求删除此类信息,制

---

[1] П В Крашенинникова. Кодификация российского частного права 2015, М: Статут, 2015: 170.

[2] Белов В А. Что изменилось в Гражданском праве, М: Издательство Юрайт, 2015: 38.

止或禁止传播此类载体，及不给予生产者任何补偿而销毁此类载体的权利，包括在互联网传播有害信息情况下的前述权利（第4、5款）；首次将传播不实信息与损失赔偿请求权和精神损害补偿请求权直接相关联（第9款）；增加了保护免受虚假的但并未给公民造成损害的信息的规定（第10款），关于保护名誉、尊严和商业信誉的所有规定（除精神损害补偿外）都可以适用于反驳不符合事实的（但不必然是损害性的）信息，并将诉讼时效限定为1年；排除了对法人适用精神损害补偿的可能性，推翻了俄罗斯仲裁实践建立与精神损害补偿制度相类似的对法人商业信誉损害的补偿制度——"商誉损害制度"的企图（第11款）。第三，公民肖像权的保护规范得到了更新。该条款经过了两次修改，2006年12月18日第231号联邦法律增加了"保护公民肖像"的条文，规定公布和进一步使用公民肖像须经公民同意；同意原则的例外情形以及在公民死亡后肖像的保护主体。2013年7月2日第142号联邦法律增加了依据法院判决对准备流通或已在流通中的包含违法取得公民肖像的物质载体复制件的没收与不给予任何补偿而销毁的保护方式（第152.1条第2款）；在互联网传播的背景下保护公民肖像的方式（该条第3款）。

二、俄罗斯联邦民法典中使用非物质利益合同范围的扩大

在立法上允许对非物质利益的使用订立协议是非物质利益制度现代化的重要事件之一。在以前的立法中也允许在使用肖像（如1964年《苏俄民法典》第514条和《俄罗斯联邦民法典》第152.2条）或在行使亲权时（如《俄罗斯联邦家庭法典》第66条）订立协议。

目前，权利人可以达成的非物质利益使用协议的范围得到大大扩展。自然人的姓名或假名可以经该人同意后由他人在创作、经营或其他经济活动中使用，为防止恶意使用姓名，只允许以可排除在公民同一性上误导第三人和其他形式的权利滥用的方式为之（第19条），也允许缔结使用公民私生活信息的协议，如在创作科学、文学和艺术作品时（第152.2条）。这就是所谓的缔结不以商品、货币、工作或服务为标的的合同的问题。如为拍摄广告，常常不仅是使用演员或体育明星的肖像，还使用其话语、外形或念出其名字。在此情况下有偿参加广告拍摄的人就允许广告主同时使用其数种人格特征：姓名、肖像、声音等。有学者就认为，在这种法律行为中广告主同时实现了

多种利益，不能认为这仅仅是一个有偿提供服务的合同。协议的标的不仅仅是该人在拍摄场所出现并完成导演所要求的义务。更重要的，毋宁是以该合同确定了广告片所可能使用的期限和范围，包括广告使用的地区，广告所针对的服务，将某些广告片段纳入印刷广告，及演员提供自己童年时的照片，保障进入其家庭范围进行拍摄等。缔结这种合同，公民实际上给予了在特定时间和特定空间使用属于公民的多种非物质利益的许可。[1]

立法难以禁止此类合同，它们已在事实上构成民事流转的一部分。立法的重要任务就是确定合同双方的自由并为该类合同设立必要的最低限度的调整。不言而喻，不是所有的法律行为对非物质利益都是可能的，在民法典中也没有据以作为划分受法律保护的和不受法律保护的法律行为的标准，法院可能适用关于法律行为无效的规则，在无法从民法典中找到依据时还可能适用民事立法的基本原则，如民法典现代化新引入的基本原则"任何人无权从自己的违法行为或者恶意行为中获益"（第1条第4款）。使用一个人的姓名、肖像、私生活信息的合同属于混合合同，且无法确切归入民法典上的任何一种有名合同。这些合同在某种程度上类似但并不混同于使用受保护的智力活动成果和个别化手段的合同。

债法规范为非物质利益的使用合同的调整提供了基础，但民法典更需要的是对此类关系中合同自由规定必要的限制。具体而言，此类限制包括：不得违反法律秩序和道德基础（第169条）；不得侵犯第三人的利益；禁止恶意行为（第1条）。波克罗夫斯基在十月革命前就提出将非物质利益协议纳入民法的范围的观点，如不在相邻住房中弹奏三角钢琴，承诺对论文做出点评等，[2] "民法的内容真实地且直接地依赖于人的利益的内容"，"……法律也开始予以保护，刚开始是部分的、微弱的且不成体系的，后来就愈来愈全面了"，这是"不可遏阻的以对人的精神而非物质利益保护为自己的目的的潮流"。[3]

---

[1] П. В. Крашенинникова. Кодификация российского частного права 2015, М: Статут, 2015: 161.

[2] Покровский И А. Основные проблемы гражданского права, М, 1998: 134-138.

[3] [沙俄] М. В. 维涅茨安诺夫等：《俄罗斯私法经典选译》，张建文译，中国政法大学出版社2012年版，第130~131页。

三、俄罗斯联邦民法典对非物质利益保护方式的创新

（一）保护方式体系的立法创新

2013年修改的《俄罗斯联邦民法典》第150条第2款规定，"非物质利益依照民法典和其他法律规定的情形和程序予以保护，在此情形中和范围内也可以根据被侵犯的非物质利益或人格非财产权利的本质及该侵害行为后果的特点适用民事权利保护方式（第12条）予以保护"（第1段）。根据该段对第12条的援引，使得可能通过诸如确认权利、确认国家机关或者地方自治机关的文件无效、自助、精神损害赔偿等方式保护人格非财产权利。"在公民利益需要时，对属于他的非物质利益可以通过由法院确认其人格非财产权利被侵害的事实，公布有关所实施的侵权行为的法院判决，及通过制止或禁止侵害或对人格非财产权利有侵害之虞、侵占或对非物质利益有侵占之虞的行为予以保护。"（第2段）在这里通过确认权利被侵害的事实的确认之诉保护人格非财产权利主要是适用于在无法查明具体侵权人时，通过确认该事实附之以公布所实施侵权行为的法院判决来保护公民的人格权。这种权利保护方式较少见，之前在俄罗斯知识产权保护领域中规定了私人请求公布法院关于侵权行为的判决，并指出真正权利持有人作为知识产权保护方式的制度，但只能适用于专利领域和育种成就领域。[1]此外，依照法律规定的程序，属于死者的非物质利益也可以由他人予以保护（第3段）。制止或禁止侵犯权利或有侵权之虞的行为对保护人格非财产权利而言绝非无足轻重的。在民法典现代化背景下，该方式得到广泛使用。俄罗斯有学者认为，立法者对该种保护方式所使用的表述太过宽泛，可能会导致在实践中到处适用的问题，如禁止大众信息传媒公布公民私生活信息或禁止前配偶将相互的照片放置在社交网络上，这对俄罗斯法律适用者是相当不习惯的，需要极端谨慎地适用，"在适用该保护方式中核心问题是它不属于财产追索，多多少少可以有效履行，而国内法律体系实际上并不惩罚不履行包含非财产性要求的司法判决的被告"，"这种方式还存在着适用的界限，在每个具体情形中寻找该界限，这是法院的任务"。[2]

---

[1] 参见《俄罗斯联邦民法典》，黄道秀译，北京大学出版社2007年版，第506、521页。

[2] П В Крашенинникова. Кодификация российского частного права 2015, М：Статут, 2015：165.

(二) 司法实践中的道歉问题

除了民事立法规定的非物质利益保护方式之外，还有司法实践提出的非物质利益保护方式。如道歉这种人格非财产权保护方式。俄联邦最高法院主席团2005年2月24日第3号决议规定，法院有权确认双方当事人规定了由于传播了不真实信息而对原告造成损害的由被告向原告做出道歉的和解协议，这并不侵犯他人的权利和合法利益，也不违背法律禁止。俄罗斯学者对道歉持比较消极的态度，认为："被告的真诚的且被原告接受的道歉，在事实上在该道歉被接受的那一刻就终止了司法纠纷。所以法院确认的和解协议就不应当履行了，……任何试图强制执行和解协议或法院关于道歉的判决的努力都会遭遇不可执行的问题。被告可能拒绝做出道歉，而在他被强制道歉时他可能做出道歉但却是以极为侮辱性的形式做出的，反而推动另一个司法纠纷。强制口头道歉显而易见基本上是不可能的，与书面反驳不同，其文本可以由司法文件逐字逐句确认以此排除被告方的滥用行为。"[1]

(三) 精神损害补偿的适用范围及其现代化

首先，在财产关系中适用精神损害补偿，明确排除了对法人适用精神损害补偿的可能性。《俄罗斯联邦民法典》第152条第11款规定，关于保护公民商业信誉的规则，除了关于精神损害补偿的规定外，相应地适用于对法人商业信誉的保护。在俄罗斯，最初允许特定情况下在财产关系中适用精神损害补偿，如1992年2月7日《消费者权利保护法》将精神损害补偿的规则纳入其中，这也与20世纪90年代俄罗斯对借鉴英美法的偏好有关。俄罗斯学者认为："不加思索地复制该决定，以及立法者和司法实践所犯的将损失和精神损害的混淆，是极端危险的。损失赔偿制度的缺陷都不应当以补偿替代之。因此试图区分这些范畴就成为在改革俄罗斯联邦民法典第8章过程中排除对法人的精神损害补偿的原因。"[2] 其次，精神补偿规范的现代化。根据《俄罗斯联邦民法典》第1100条，在由于高度危险来源而致公民生命或健康损

---

[1] П В Крашенинникова. Кодификация российского частного права 2015, М: Статут, 2015: 166.

[2] П В Крашенинникова. Кодификация российского частного права 2015, М: Статут, 2015: 166.

害、非法审判、非法追究刑事责任、非法采取作为强制措施的拘押或限制居住、非法采取以逮捕或矫正工作形式的行政措施而致公民损害,传播损害名誉、尊严和商业信誉的信息致害,及在法律规定的其他情况下,精神损害的补偿独立于加害人的过错。也即在前述情形下适用无过错责任。俄罗斯学者认为:"对依据民法典第1100条确定无过错责任的清单所使用逻辑的公正批评,要求研究扩大其效力范围的问题,包括增加在其中侵害非物质利益会导致可以不考虑加害人过错而给予精神损害补偿的情形。"[1]

(四) 对死者非物质利益的保护

俄罗斯民法学界认为,人身非财产权利是公民与生俱来的或者依法取得的,是不可转让的,也不得以其他方式移转,只有在法律规定的情况下和依照法律规定的程序属于死者的人身非财产权才能由他人行使和维护。[2]在这次民法典现代化中,对于死者非物质利益的保护在多处予以明确具体规定。首先,非物质利益制度的一般规定明确规定保护死者非物质利益的可能性和途径,即"在法律规定的情况下并按照法律规定的程序,属于死者的非物质利益可以由其他人予以保护"(第150条第2款第3段)。其次,关于公民肖像的保护规范规定"公民死亡后,其肖像只能经子女和在世配偶同意,而在没有子女和在世配偶时经父母同意后才可以使用"(第152.1条第1款)。值得注意的是,从该规定在整个文本结构中的位置看,无论是该公民本人的同意,还是在其死后由法定的其他人的同意都受到同意原则例外情形的限制。这是在1964年《苏俄民法典》中就存在的为数不多的人身非财产权利,此项权利为非经本人同意,或在其死后非经其子女或在世配偶的同意,不得发表、复制和传播描绘该人的造型艺术作品,但为国家和社会利益或该人向创作者收取费用的情形除外。[3]最后,公民私生活保护的规定明确了在保护公民私生活时"其他人"的含义,规定"在公民死亡的情况下,该公民的子女、父母和在世配偶有权要求以该法典第150条第2款和本条规定的方式保护公民

---

〔1〕 П. В. Крашенинникова. Кодификация российского частного права 2015, М: Статут, 2015: 167.

〔2〕 参见 [俄] Е. А. 苏哈诺夫主编:《俄罗斯民法》(第2册),王志华、李国强译,中国政法大学出版社2011年版,第718页。

〔3〕 参见 [俄] Е. А. 苏哈诺夫主编:《俄罗斯民法》(第2册),王志华、李国强译,中国政法大学出版社2011年版,第713页。

的私生活"(第 152.2 条第 5 款)。

(五) 互联网时代的人格权保护：被遗忘权(删除权)问题

在民法典现代化中，对非物质利益制度的修改，绕不开互联网时代人格权保护的被遗忘权的问题。大数据时代被遗忘权的建构基础就是删除。[1]被遗忘权与数据删除权等同，可以互用。有学者直接将被遗忘权定义为："允许当事人删除自己或者他人放置到互联网上的关于自己的令人尴尬的照片或者数据信息。"[2]修订后的非物质利益保护章节有两处提到互联网上的删除权问题。一是关于保护名誉、尊严和商业信誉的条款，规定"如果损害公民名誉、尊严或者商业信誉的信息在经过传播后在互联网上成为可获取的信息，则公民有权要求删除相应信息，及用可以保障将反驳发送给互联网使用者的方式对上述信息进行反驳"(第 152 条第 5 款)。二是关于保护公民肖像的条款，规定"如果违反本条第 1 款取得或使用的公民肖像在互联网上被传播，则公民有权要求删除该肖像，及制止或禁止进一步传播"(第 152.1 条第 3 款)。《俄罗斯联邦民法典》规定的删除权未能明确侵权人是删除权的义务主体，权利人可以越过侵权人直接向互联网站的管理者提出删除，缺乏类似于《中华人民共和国民法典》(以下简称《民法典》)第 1195 条的规则。

四、结语

俄罗斯联邦民法典现代化工作是分步骤分阶段进行修改的，其整个工作进程尚在紧锣密鼓地进行中，还未终结。但是对于非物质利益制度部分的现代化工作已经完成。

《俄罗斯联邦民法典》人格非财产权利制度的变革极具借鉴意义，可以归结为：第一，扩大立法所保护的非物质利益的范围，建议将除了宪法规定的公民基本权利、本质上不需要民法保护的利益及应由专门立法保护的权利外，其他绝大部分基本权利都应作为人格权纳入我国《民法典》之中。第二，回应大数据时代信息社会对民法典的挑战，引入新的人格权保护方式，如确认

---

[1] 参见邵国松：《"被遗忘的权利"：个人信息保护的新问题及对策》，载《南京社会科学》2013 年第 2 期。

[2] 吴飞、傅正科：《大数据与"被遗忘权"》，载《浙江大学学报(人文社会科学版)》2015 年第 2 期。

侵权事实、公布法院作出的侵权判决、删除文件中不真实的损害性或非损害性信息（包括删除互联网信息）、制止或禁止进一步传播前述不真实信息、没收和不给予任何补偿地销毁准备流通或已在流通中的包含公民肖像或不真实信息的物质载体的复制件等。第三，以立法方式明确规定在人格权立法领域长期争议的问题，并予以明确化和具体化的规定，如保护死者非物质利益、禁止对法人精神损害补偿、明确作为民事责任承担方式的道歉的适用条件等。

CHAPTER 3 第三章

当代俄罗斯的国家财产制度

俄罗斯向市场经济的过渡是与财产法律关系调整方面的深刻变化联系在一起的。[1]俄罗斯在向市场经济过渡的过程中,不仅对其过去僵化的经济体制进行了重大改革,而同时对与建立文明市场关系有关的民法的内容和调整方法也进行了根本的变革和更新,这一变化成果集中体现在俄罗斯新制定的民法典里,[2]当代俄罗斯国家财产制度也体现在俄联邦新民法典(以下简称俄民)中,成为俄罗斯国家财产制度的一个重要特点,作为一个后社会主义国家,如何处理庞大的社会主义财产(社会主义全民所有财产和社会主义集体所有财产)的问题,成为后社会主义民法理论中的一个重要问题。当代俄罗斯的国家财产制度经历了一个从社会主义全民所有财产到国有财产的重大变迁,社会主义时期主体上统一的和唯一的全民所有财产断裂为国有财产(俄罗斯联邦国有财产、俄罗斯联邦主体国有财产)和私有财产。

本书拟通过从全民所有财产到国有财产的变迁、当代俄罗斯国家财产的法权构造以及当代俄罗斯国家财产理论的基本特点的分析,以期深刻全面地揭示当代俄罗斯的国家财产制度。

---

[1] 参见 [俄] E. A. 苏哈诺夫:《罗马私法与俄罗斯民事立法的编纂》,载 [意] 斯奇巴尼、杨振山主编:《罗马法、中国法与民法法典化》,中国政法大学出版社 1995 年版,第 215 页。

[2] 参见鄢一美:《俄罗斯第三次民法法典化——写在俄联邦新民法典中译本出版之际》,载《比较法研究》2000 年第 1 期。

一、从全民所有财产到国有财产

(一) 苏联时代的全民所有财产理论

在苏联时代,社会主义财产由两个部分组成:全民所有财产(也就叫国家财产)和集体所有财产。国家所有制是全体苏联人民的共同共有物,也是社会主义所有制的基本形式。[1]在这里所有制完全可以用财产来代替,在俄语中"собственность"具有多种含义,最为常见的有三种:财产、所有制、所有。基本的、决定性的生产资料——土地、矿藏、水流、森林都是全民所有财产;工业、建筑业和农业中的基本生产资料,运输和通信工具,国家组织的商业企业、公用企业及其他企业的财产,城市的基本房产以及为实现国家的任务所必需的其他财产,都属于国家所有。构成国家所有制的物质财富和有重要价值的东西,不属于个别的集体而属于全体人民,对它们实行了全社会规模的公有化。[2]

(二) 资本主义复辟时期的私有化改革

资本主义复辟时期的提法是由俄罗斯的刑法学家在研究俄罗斯刑事立法的历史时提出来的,作为一种对历史时期的一般划分当然可以用来分析国家财产制度的演变。所谓的资本主义复辟时期是指1991年~1998年,[3]实质上是俄罗斯向市场经济过渡的转型时期。在这个时期内,俄罗斯进行了大规模的私有化改革:(1)在集体所有财产领域中,所有的国营农场和集体农庄都按照私人所有权的模式进行了改组,到1995年俄罗斯93%的农地从国家所有转为非国家所有,土地所有权从单一国家所有转为以土地私有为主的多种土地所有制形式。[4]截至1999年1月,俄罗斯对23 500个集体农庄和国营农场进行了改组,有1.159亿公顷土地实现了私有化,形成了270 200个农场主经

---

[1] 参见[苏]B. T. 斯米尔诺夫等:《苏联民法·上卷》,黄良平、丁文琪译,中国人民大学出版社1987年版,第257页。

[2] 参见[俄]E. A. 苏哈诺夫:《罗马私法与俄罗斯民事立法的编纂》,载[意]斯奇巴尼、杨振山主编:《罗马法、中国法与民法法典化》,中国政法大学出版社1995年版,第215页。

[3] 参见[俄]H. ф. 库兹涅佐娃、N. M. 佳日科娃主编:《俄罗斯刑法教程·总论·上卷》,黄道秀译,中国法制出版社2002年版,第19页。

[4] 参见付荣:《俄罗斯物权法律制度的确认和重建》,载《河北法学》2002年第6期。

济生产单位,〔1〕也就是说原来的大规模的集体所有财产都被按照私人所有权的模式进行了改造,农场(畜牧场)的财产被按照共同共有权或者法人所有权进行了改造。〔2〕从公共财产的角度上看,所谓的集体所有财产的类型已经不存在了。(2)在全民所有财产领域中,对俄联邦的土地和其他自然资源形成了以私人所有、国家所有、地方所有或以其他所有制形式并存的格局,同时俄联邦新宪法宣布对私人所有、国家所有、地方所有以及其他所有制形式给予平等的承认和保护。〔3〕

(三) 当代俄罗斯的国家财产理论

当代俄罗斯的国家财产理论摒弃了全民所有财产的提法,坚持国有财产的理念,重构了国家所有权,建立了崭新的国家财产的法权构造。当代俄罗斯国家财产理论的建构主要依据的是私人所有权的模式,正如俄罗斯民法学家所言,"私有财产所有权和公共财产所有权以后不应当被视作(对相应的所有权人来说具有不同的可能性的)所有权的种类,而只是表示一个其客体的法律制度具有特殊性的普通的个别的所有权而已。此时应当指出,物质利益归属于公民和法人——同样的民法(私法)主体,也就是私有财产在通常的法律秩序中是正常情形,而这些利益归属于国家和市政组织(共财产)是特殊情形,作为公法组织的这类独具特色的主体参与财产关系即基于公共财产权,所以关于所有权的民法规范依照一般规则是为私的所有权人考虑的,尽管也包含了一些对公的所有权人的财产来说所必要的例外和特殊性"。

二、当代俄罗斯国家财产制度的法权构造

(一) 公共财产的主体的法律地位的重要特点

在俄罗斯的立法中,国家(公法组织)在传统上被视为除法人和公民之外的特殊的独立的权利主体。也就是说,在俄罗斯法中国家是除了自然人和法人之外的第三类极其特殊的主体。它可以成为所有权的主体(所有权人),

---

〔1〕 参见丁军:《俄罗斯农用土地制度变革述评》,载《国外理论动态》2002年第9期。

〔2〕 参见《俄罗斯联邦民法典》,黄道秀等译,中国大百科全书出版社1999年版,第122页。

〔3〕 参见王树义:《20世纪90年代俄罗斯联邦的法学理论》,载《国外社会科学》2000年第5期。

公共财产主体的法律地位的重要特点在于，第一，它具有发布调整行使属于它的所有权方式的规范性文件的特殊权力；第二，权力的行使是为了公共利益。

（二）公共财产的种类

依照俄罗斯立法公共财产有两类——国有财产和市有财产。国有财产所有权的特点在于主体众多，扮演此角色的有（针对构成联邦财产的）整个俄罗斯联邦以及（针对构成俄罗斯联邦主体财产的）俄罗斯联邦主体——共和国、边疆区、州等。所以，国有财产的所有权主体是整个相应的国家（公法）组织，也就是俄罗斯联邦和作为俄罗斯联邦成员的共和国、边疆区、州等，而不是其权力机关或管理机关（俄民第 214 条第 3 款）。后者在财产流转中以相应的国家组织的名义行事、并依照自己的权限行使各种公的所有权人的权能（俄民第 125 条）。

市有财产属于公共财产而不是私有财产，因为其主体是公法组织。市有财产不是国有财产的一种，而是一个独立的公共财产种类。因为市政组织不是国家组织，而是与国家机关并列的地方自治组织。作为财产流转关系的参加者，市政组织就获得特殊的公法地位。它作为所有权人的地位是依照国有财产的模式建立的。

市有财产的所有权的主体在俄民第 215 条第 1 款中被宣布为城市和乡村居民以及其他的整个市政组织。市政组织的各种机关以相应的市政组织——所有权人的名义依照自己的权限行使所有权人的权能（俄民第 125 条、第 215 条第 2 款），这并不使得它们成为相应的财产的所有权人。[1]

（三）国家财产的组成

对于国家财产来说分为两类：联邦财产和联邦主体财产。依照当代俄罗斯法的理论，国有财产都被划分为两个部分：

1. 被分割的国家财产。也就是被在限制物权——经营权或业务管理权的基础上划拨给国有企业和机构的财产。这一被分割的公共财产构成了这些组织以独立的法人参与财产流转的基础。

---

[1] 俄罗斯联邦地方自治组织一般原则第 8 条和第 29 条（《俄罗斯联邦立法汇编》，1995 年第 35 期，第 3506 条；1997 年第 12 期，第 1378 条）。

2. 未被分割的国家财产。没有划拨给企业和机构的财产（未分割的国有财产）首先是相应的预算资金，构成公法组织的国库。在当代俄罗斯民法中，法律把国库理解为未分割的财产，而不是一个国家或市政机关，这一点与自罗马法以来西欧各国的传统不一样，比如在德国民法典中就是把国库看作是在民法社会中参与民事流转的国家，按照德国的理论，国家作为国库是与国家作为主权者的身份相离的。[1] 该财产可以成为公的所有权人的债权人依照其独立的债务追索的客体（俄民第126条第1款）。在公法组织的国库的客体组成清单中，法律规定处在第一位的是预算资金。它们同样也构成了追索的现实客体，也成为公法组织在其机构（或国有企业）所有的金钱资源（财产）不足以向自己的债权人清偿时承担补充责任的来源。除了预算资金构成公法组织的国库外，还有相应的非预算基金的资金（养老保险、社会保险等）。

值得注意的是任何种类的财产，包括禁止流通物和限制流通物都可以成为国有财产（俄民第129条第2款）。但是，该规定不适用于市有财产，市有财产的主体只有依照法律的特别指示才可以成为限制流通物的所有权人，并且不能成为禁止流通物的所有权人。两种公共财产法律制度的差异也体现在这里。也就是说，国有财产可以是禁止流通物、限制流通物和流通物，而市有财产一般来说只能是流通物，在个别情况下才可以是限制流通物，而根本不可能是禁止流通物。

依照俄罗斯现行立法，大陆架资源、领水以及俄联邦海洋经济区，某些受特别保护的自然客体（包括某些禁渔区、有益于健康的泉源等），特别珍贵的历史文化遗产客体和某些艺术珍品，大部分种类的武器和国防客体，某些最为重要的企业和机构的设备，都属于构成联邦专有财产的客体的物之列。这类财产通常是禁止流通的。也就是说，这些财产不能成为私有化的对象，在理论上也没有适用取得时效规定的余地，类似于法国法上的公产。

联邦财产中还有一类可以在一定条件下转归他人所有的财产。比如，这种财产由俄罗斯联邦国家国库、联邦预算资金和非预算基金、黄金储备、金刚石和外汇基金、中央银行的财产，还有处在国家储备中的财产构成。这些

---

[1] 参见 [俄] E.A.苏哈诺夫：《罗马私法与俄罗斯民事立法的编纂》，载 [意] 斯奇巴尼、杨振山主编：《罗马法、中国法与民法法典化》，中国政法大学出版社1995年版，第215页。

财产将成为俄罗斯联邦承担各种民事责任的财产基础。

某些种类的不动产，首先是自然资源，只可以成为联邦财产或联邦主体的国有财产，而不能成为市有财产（也不能成为私有财产）。属于这类的有地下资源、自然疗养资源（矿泉水、疗养浴泥等）。依照俄民第214条第2款，不为公民、法人或市政组织所有的土地和自然资源是国有财产。因此，这些自然客体就不可能是无主的，因为法律推定（假定）它们为国家所有。这类财产只有在国家直接允许的程度上才可以成为私有财产甚至市有财产的客体。这一切不是苏联时代，是属于受到特别的法律保护的国有财产，而是由于对这类客体的利用具有特殊公共利益。

（四）国家财产的管理和处分

在国家财产的管理和处分中，经营权和业务管理权发挥了重要的作用。在俄民物权编中第19章专章规定了"经营权和业务管理权"，这是俄罗斯新民法典不同于其他大陆法系国家的、具有本国特色的物权法律制度。这也是俄罗斯不可割裂的历史的延续。[1]通常有不少对于经营权和业务管理权的非议，认为它们是旧的计划经济时代的遗产，笔者认为，在俄目前的市场经济条件下，从国家财产的管理和处分来说，恰恰是俄罗斯国家财产的管理和处分的制度设计的特点。俄罗斯与法国、日本不同，没有采用公产和私产的理论，也没有像法国和日本那样将公产管理和处分委诸专门的国有财产法典或国有财产法来调整，而是在民法的范围内通过更新以前的经营权和业务管理权的制度来发挥它们对国有财产的管理和处分功能。

1. 采用单一制企业形式管理和处分国家财产。在市场经济的条件下，大规模的泛化的国营企业已经不存在了，在俄罗斯目前保留的类似国营企业只局限在有限的范围内，为了特殊的目的而存在。同时应当注意的是，俄罗斯在目前来说，国营企业的概念已经不存在了，而是称为"国家单一制企业"。所谓的单一制企业就是指对划拨给它的财产不享有所有权的商业组织，具有法人地位。能够以单一制企业形式设立的企业只能是国有企业或市有企业。也就是说单一制企业只能有三种：俄罗斯联邦的单一制企业、俄罗斯联邦主体的单一制企业、市政组织的单一制企业。对于单一制企业来说，根据其对

---

[1] 参见付荣：《俄罗斯物权法律制度的确认和重建》，载《河北法学》2002年第6期。

所划拨的财产所享有的物权的性质的不同可以划分为：基于经营权的单一制企业（联邦国有企业、俄罗斯联邦主体的国有企业、市有企业）和基于业务管理权的单一制企业（联邦国库企业、俄罗斯联邦主体的国库企业、自治市的国库企业）。

对于以基于经营权的国有企业（联邦国有企业、联邦主体的国有企业）的形式来利用的国家财产只能是在以下情形：（1）利用禁止私有化的财产，包括利用对于俄罗斯联邦安全来说所必要的财产所必要的情形；（2）为了解决社会问题（包括以最低价格销售一定的商品和服务）所进行的活动，以及为保障国家的粮食安全所组织和进行的采购和商品干预所必要的情形；（3）从事联邦法律专为国有单一制企业所规定的活动所必要的情形；（4）从事与保障俄罗斯联邦安全有关的领域内的科学和科技活动所必要的情形；（5）研制和生产某些种类的对俄罗斯联邦利益有益的产品和保障俄罗斯联邦安全的产品所必要的情形；（6）生产某些种类的禁止流通物或限制流通物所必要的情形（俄国家和市政单一制企业法第8条第4款第1部分）。这些国有企业对于处在自己的经营权中的动产具有独立的处分权能，对于不动产则不具有独立的处分权能，必须经过所有人的许可。笔者认为，对此类单一制企业的对国家财产中的不动产的处分权能的限制是有必要的，因为对于完成国家的任务来说，这些对于履行国家的职能有重要意义的国家财产应当受到特别的保护。

对于以基于业务管理权的国库企业（联邦国库企业、联邦主体国库企业）的形式来利用国家财产只能是在以下情形：（1）如果所生产的产品、完成的工作、提供的服务的绝大部分或者相当大的部分是为了满足联邦国家的需要、俄罗斯联邦主体的需要或者市政的需要；（2）必须利用禁止私有化的财产，包括利用为保障俄罗斯联邦安全，航空、铁路和水路运输职能、实现俄罗斯联邦的其他战略利益所必要的财产的情形；（3）从事为了解决社会问题而依照国家定价销售的商品的生产、工作的完成、服务的提供所必要的情形；（4）研制和生产某些种类的保障俄罗斯联邦安全的产品所必要的情形；（5）生产某些种类的禁止流通物或限制流通物所必要的情形；（6）从事某些受补助的活动和进行亏本生产所必要的情形；（7）从事联邦法律专为国库企业规定的活动所必要的情形（俄国家和市政单一制企业法第8条第4款第2部分）。如果法律或其他规定性法律文件没有特别规定，这些国库企业对划拨给自己的所有财产均不享有处分的权利，国库企业只能独立处分其所生产的产品。国库企业以自己的全部财产而不仅仅是以金钱资金为自己的债务负责，因为它们终究还是经常参与财产流转的生产企业。但是在它们的财产不足以清偿债权人的情况下，俄罗斯联邦要承担补充责任（次要责任），这一点对普通的单一制企业——经营权的主体来说是不存在的。

综上所述，对于以单一制企业的形式来管理的国家财产都是属于为了完成国家的职能、保障国家安全、实现社会公共利益的目的。国有企业和国库企业相比较，国库企业受到了国家的更大保护，不但不需要营利，而且可以受到国家更多的补贴，具有国家机构的性质。这些企业相当于国家的公产，具有较强的公共利益性质。

2. 以机构形式管理和处分国家财产。在当代俄罗斯民法中，机构从财产的角度看是指"由所有人设立和拨给经费并由其承担补充责任的、作为限制物权的主体的、没有成员的从事管理、社会文化和其他非商业职能的组织（俄非商业组织法第9条第1款）"。机构分为两类：一是指国家和市政权力和管理机关，二是指高等教育、国民教育和科学、健康保护、文化和体育组织等（中学、大学、科学研究所、医院、博物馆等）。根据设立人的不同，它们可能是公共机构（国家机构和市政机构），或由法人和（或）自然人设立的私人机构。俄罗斯法中的公共机构的范围大体上相当于中国的国家机关和事业单位，本部分所探讨的机构主要是指公共机构。

机构，包括私人机构都是在业务管理权的基础上建立的，业务管理权的权能具有机构所履行的职能所决定的严格的目的性。业务管理权的客体是一个由所有权人划拨给它的财产和在参与民事法律关系的过程中所获得的财产的综合体。机构的所有权人有权不经机构的同意剥夺多余的、没有使用的或者没有按照目的使用的财产，并按照自己的意愿处分之。业务管理权权能的极端狭隘性是由机构财产参与财产流转的有限性决定的。但是这种状况并没有给机构的债权人带来什么危险和不利。考虑到机构处分划拨给它的所有权人的财产的权能的极端有限性，法律规定了机构的设立人对其所设立的机构的债务应承担补充责任，这也是该类法人财产法律制度的一个主要的特点。

根据主体的不同，业务管理权也有一些自己的特殊性。比如对前述的国库企业的业务管理权和机构的业务管理权来说，在对所有权人的财产的处分权能上和机构设立人对业务管理权主体的补充责任产生的条件上，是不同的。

享有业务管理权的国库企业，对所有权人划拨给它的财产，无论动产还是不动产，一般来说都没有处分权，只能独立处分其所生产的产品，其收入的分配办法由财产所有人决定，财产所有权人在国库企业财产不足的情况下才承担补充责任；而享有业务管理权的公共机构，一般来说对于划拨给它的财产和使用预算资金划拨给它的资金购买的财产，也没有任何处分权，但是，有的机构，如果其设立文件规定其有权从事给它带来收入的活动，则因此而获得的收入和用这些收入购买的财产归机构自主处分并计入单独的资产负债表，机构的设立人在机构的资金不足的情况就应承担补充责任。由此可以看出，应当区分国库企业的业务管理权和所有权人拨款的机构的业务管理权。

综上所述，公共机构的业务管理权所解决的是国家机关和事业单位使用、管理和处分国家财产的问题。但是作为公共机构的业务管理权和作为商业法人的国库企业的业务管理权并不完全一致。

3. 对于属于俄联邦和俄联邦主体的以股票形式体现出来的国家财产的管理和处分。在俄罗斯私有化的过程中，通过私有化的方式，改组和建立不少开放型的股份公司，俄联邦和俄联邦主体以及市政组织持有一定的股票，对于属于俄联邦和俄联邦主体的股票来说，当然属于国家财产。依照法国的公产和私产理论，这类国家财产是由国家所有、但不由公众使用也不服务于公众的物，是国家私有物。[1] 以股票形式体现出来的国家财产，属于经营性资产。当代俄罗斯的民法学家也充分认识到了，国家财产在俄罗斯经济中发展市场关系的重要地位，以及国家财产对于加强国家在市场的形成和发展过程中的重要作用，要求对俄罗斯的民法典进行相应的修改，制定和颁布保障国家在市场基础中的作用的联邦法律。必须制定和通过一部国家财产及其管理的联邦法律。这不仅符合俄宪法，也是符合俄联邦政府和俄联邦中央银行"关于俄罗斯联邦政府和俄罗斯联邦中央银行稳定国内社会经济状况的措施"的联合决定。[2] 其中规定了要加强国家在市场基础发展中的作用，提高联邦国有企业的生产效率，加强对国家财产的管理和使用的监督。依照俄联邦法律《俄罗斯联邦国家财产私有化和市有财产私有化基础法》，俄罗斯国家财产

---

〔1〕 参见［俄］E.A.苏哈诺夫：《罗马私法与俄罗斯民事立法的编纂》，载［意］斯奇巴尼、杨振山主编：《罗马法、中国法与民法法典化》，中国政法大学出版社1995年版，第215页。

〔2〕 参见丁军：《俄罗斯农用土地制度变革述评》，载《国外理论动态》2002年第9期。

委员会行使国家股东的权利。联邦执行权力机关受托建立一个对处于联邦财产中的股票和其他财产的委托管理体系。在各部分的联邦执行权力机关和俄罗斯国家财产委员会之间明确区分管理企业和管理国家财产的职能。总的来说，对于此类国家财产的管理权限还不够清晰和明确，有待通过专门的国家财产及其管理法来解决。

三、俄罗斯国家财产制度的基本特点

国家财产或国有财产，或者公有财产，作为一种普遍的和长久存在的现象，"存在于人类几乎一切经济制度形态中，所不同的只是其范围、比重和功能形态的"，[1]因而对于不同的国家和地区形成了不同的国家财产制度，主要来说有两种：一种以原来的社会主义国家特别是苏联最为典型，形成了以民法调整为基本手段和方法的民法一元论模式，这种模式为当代的俄罗斯所承继；另一种以罗马法中物法规定的不可有物（公有物、公用物、市有物）的理论为源头，经由法国的继承和发展而产生的公产和私产理论，形成了行政法和民法调整的二元论模式，认为财产一般属于私人所有（私产），但也有一些财产具有公共性质（公产），[2]法国法律把行政主体的财产区别为公产（domaine public）和私产（domaine priveo），前者原则上受到行政法的支配和行政院管辖，后者原则上受私法支配和普通法院管辖。行政法学中主要说明公产问题，附带说明私产问题。这种模式为日本[3]和我国台湾地区所继受。

相比较而言，当代俄罗斯国家财产制度的主要特点包括：

1. 从国家财产的法律调整模式上看，坚持国家财产的民法调整一元论模式，具有较强的历史传承性。遵循了俄罗斯自1922年《苏俄民法典》以来的民法调整模式的传统，也就是说，国家财产的法律调整问题，主要是通过民法的手段和方法来完成，与法国区分公产和私产、通过行政法和民法的手段和方法的二元论模式有较大的不同。

2. 在国家财产的法权构造上，通过改造和更新旧有的经营权、业务管理

---

[1] 刘大红、何易主编：《公有财产的法律保护》，西苑出版社2001年版，序2。
[2] 参见尹田：《法国物权法》，法律出版社1998年版，第95页。
[3] 参见《俄罗斯联邦民法典》，黄道秀等译，中国大百科全书出版社1999年版，第122页。

权的法权构造，完成对于大部分具有重要的公共和公务意义的国家财产的使用、管理和处分。

3. 出现了新的公共财产类型，那就是市有财产。市有财产，对于罗马法来说并不陌生，马尔西安在《法学阶梯》第 3 卷中提到："城市的剧院、体育场和类似之物以及城市的其他共用物，为市所有，而非为私人所有。"[1]而在俄罗斯，第一次提到市有财产是在 20 世纪 90 年代苏俄所有权法中。[2]后来在 1992 年俄罗斯宪法中得到了体现，继而在俄罗斯新民法典中也得到了确认和规范。在俄罗斯民法典中，关于市有财产的描述：归城市和农村居民点以及其他地方自治组织所有的财产是自治地方财产（俄民第 215 条第 1 款）。值得注意的是，市有财产不是国家财产的一种，而是与国家财产一道构成公共财产。

4. 强调各种所有制形式的财产一体保护。"所有权赋予自己所有的主体同样的可能性。无论其内容，还是权能的实现在民法中基本上不会因主体构成，也就是私的所有权人还是公的所有权人而有差异。由于某些该权利客体的法律制度的特殊性而引起的众所周知的限制，依照一般规则对所有的所有权人来说也是同样的（比如，土地或者其他自然资源或住宅的严格的目的性特点；限制流通物的移转和利用；等等）。"也就是说，当代俄罗斯民法理论不认为国家财产应当享有特殊的保护，国家财产之所以与其他的私有财产有所不同，是由作为所有权客体的该种财产的法律制度的特殊性所决定的。

5. 俄罗斯对于国家财产的法学研究，承继其历史传统，在当代仍然是属于民法学的一个基本范畴，任何一本俄罗斯民法学教科书，或者俄罗斯物权法专著都无法回避国家财产的问题，而处在变动和重构中的俄罗斯行政法学也没有对国家财产的问题给予足够的关注，仍然没有将国家财产问题纳入到自己的视野中来。[3]

综上所述，当代俄罗斯国家财产理论发生了重大的变化，既坚持了整个

---

[1]［意］桑德罗·斯奇巴尼选编：《物与物权》，范怀俊译，中国政法大学出版社 1999 年版，第 18~19 页。

[2] 参见王树义：《20 世纪 90 年代俄罗斯联邦的法学理论》，载《国外社会科学》2000 年第 5 期。

[3] 参见鄢一美：《俄罗斯第三次民法法典化——写在俄联邦新民法典中译本出版之际》，载《比较法研究》2000 年第 1 期。

民法学理论研究的历史性和继承性,又大胆借助于改造和更新传统的国家财产法权构造,完成对于具有重要的公共和公务意义的国家财产的使用、管理和处分的规范功能,俄罗斯国家财产制度的民法调整一元论模式,对于中国关于国家财产的立法调整来说具有重要的启示意义。

俄罗斯法上公共机构的财产责任问题

一、引言

俄罗斯法在国有财产的利用上与大陆法系国家不同[1]，其出于对各类法人平等地位的保护，没有规定公法人与私法人以及国家公产与国家私产的区分，坚持民法对国有财产问题的一元化调整模式。在对传统民法意义上公法人财产责任的设计上，俄罗斯法遵循的也不是大陆法系传统国家"政府（债务人）优先保护原则"，而是相反，遵循的是"债权人债权优先"模式，强调对债权人利益的保护。这种模式的优点是保障了公共机构与私人在民事法律关系中的平等地位，保护了债权人的利益，但也有可能给国家预算带来较大的压力。

本书以俄罗斯联邦最高仲裁法院的司法解释为基础，对公共机构的权利能力、公共机构财产的独立性问题、公共机构财产的法律地位以及公共机构财产所有权人为机构的债务承担补充责任的问题进行研究。

二、公共机构的权利能力

在《俄罗斯联邦民法典》中，机构的概念，即一个或几个人设立的且没有成员的组织，如慈善基金和其他基金。[2]在俄罗斯，机构分为两类：一是

---

[1] 参见［法］莫里斯·奥里乌：《行政法与公法精要》，龚觅等译，辽海出版社、春风文艺出版社1999年版，第1098页。

[2] Е. А. Суханов. Гражданскоеправо：В2Т. Том，М.：Издательство БЕК, 2003：181.

指国家和市政权力及管理机关,二是指高等教育、国民教育和科学、健康保护、文化和体育组织(如中学、大学、科学研究所、医院、博物馆)等。取决于设立人的身份,它们可以是公共机构(如国家机构和市政机构)和(由法人和/或自然人设立的)私人机构。俄罗斯法中的机构包括但不限于德国和日本法上的财团法人,因为机构在外延上还包括了传统理论上没有纳入财团法人的国家机关,却没有纳入传统上纳入财团法人的国有企业。俄罗斯法中的公共机构的范围大体上相当于中国的国家机关和事业单位。

按照俄罗斯法的规定,机构属于非商业组织法人,具有特殊的权利能力,可以参与民事关系。在机构所支配的货币资金不足的情况下,设立机构的公共组织要为机构的债务承担补充责任。但对于该补充责任如何承担和履行并没有规定。

公共机构对国家划拨的国有财产享有业务管理权。该权利设计所解决的是国家机关和事业单位使用、管理和处分国家财产的问题。业务管理权的权能具有机构所履行的职能所规定的严格的目的性。考虑到机构处分划拨给它的所有权人的财产权能的极端有限性,法律规定了所有权人对其所设立的机构的债务的补充责任,即在机构的预算资金不足以清偿债务的情况下,机构财产的所有人要承担补充责任;换句话说,机构只是以自己的预算资金对自己的债务承担责任,而俄罗斯联邦在国库企业的财产不足时,对国库企业的债务也承担补充责任,但其条件不是在预算资金不足而是在国库企业财产不足以承担责任时才承担补充责任,这一点是机构和国库企业在法人责任上的重大区别,也是机构这类法人的财产法律制度的一个主要的特点。

作为法人机构的财产与设立它的公共组织(国家或地方自治团体)的财产相独立,因此它可以自己的名义取得与行使财产权利和人身非财产权利,承担义务,作为原告和被告出席法庭。所以,在参与民事活动时,机构是作为具有特殊权利能力的经营主体进行活动的[1]。按照法律(《俄罗斯联邦民法典》第49条第1款、第50条第3款、第120条第1款、第298条第2款),国家(自治市)机构(以下简称机构)拥有特别的(目的性)权利能力。根

---

[1] 参看俄罗斯联邦最高仲裁法院主席团2006年6月22日第24号《关于对国家(自治市)机构适用联邦法律"分配为国家和自治市需要提供商品、完成工作、提供服务的订货法"第1条第2款以及〈俄罗斯联邦预算法典〉第71条的决议》。

据《俄罗斯联邦民法典》第50条第3款，非商业组织只能在为达成所设立的目的且符合该目的的限度内有权从事经营性活动。根据《俄罗斯联邦民法典》第298条，机构只能在设立文件赋予其该权利的情况下，才能从事带来收入的活动。因此，超出法律或者其他法律文件规定的机构的特别权利能力之外的法律行为，是被作为"违反法律秩序的基本原则而实施的法律行为"自始无效（《俄罗斯联邦民法典》第168条）。而在法律或者其他法律文件（如地方自治机关的非规范性文件）没有规定机构的特别权利能力的情况下，超出机构特别权利能力之外的法律行为，是按照《俄罗斯联邦民法典》第173条的规定作为"法人超越其权利能力的法律行为"可以被争议而确认其无效。可见，在机构的特别权利能力有明确规定的情况下，超越其权利能力的法律行为属于自始无效的法律行为，而在机构的特别权利能力没有明确规定的情况下超越其权利能力的法律行为为可争议（撤销）的法律行为[1]。

三、公共机构财产的独立性及其法律地位

（一）公共机构财产的独立性

机构具有极其微弱的财产独立性：一是机构对划拨给自己的财产的占有、使用和处分权能受到极大的限制，主要体现为自己活动目的的限制、所有权人规定的任务的限制和财产用途的限制；二是机构财产的所有权人的收缴权的限制，即所有权人有权收缴多余的、未得到使用的或者未按其用途使用的财产，并按照自己的意志进行处分。在这两大限制之内，机构作为业务管理权人对财产享有占有、使用和处分的权利。在私权利的视角下，业务管理权被建构成所有权人管理其财产的物权方式，业务管理权人不是被作为义务主体而是被作为具有特殊民事权利能力的权利主体看待，该权利设计被作为不以追逐最大赢利为唯一目的的所有权人接受。业务管理权主体的特殊权利能力是公共所有权人（以及其他不以追逐最大赢利为目的的所有权人的）利益的保证。[2]

---

[1] 参看俄罗斯联邦最高仲裁法院主席团2006年6月22日第21号《关于审理与〈俄罗斯联邦民法典〉第120条有关的有国家机构和自治市机构参与的争议的实践的几个问题的决议》第1款。

[2] Д. В. Петров. Право хозяйственного ведения и право оперативного управления, СПБ.：Издательство Юридический центр Пресс, 2002：101-102.

为了保障机构财产的有限独立性，防止所有权人滥用收缴权（处分权），最高仲裁法院在司法解释中指出，根据《俄罗斯联邦民法典》第 120 条第 1 款规定，机构对划拨给它的财产的权利依照《俄罗斯联邦民法典》第 296 条、第 298 条确定。此时机构财产的所有权人（国家或地方自治团体），只能够按照自己的意志处分多余的、没有使用的或没有按用途使用的财产。因此，所有权人在将财产移交给机构进行业务管理后，无论机构是否同意，均无权对该财产进行处分。根据另外一个司法解释，为保障更有效地组织机构所要从事的基本活动，特别是其工作人员和（或）到访者的服务以及合理使用该财产的目的，通过将财产出租使用来处分该财产时，该处分须经所有权人同意才可进行。在这里，将财产设定限制后，予以出租并不能导致可将该财产视为多余的、没有使用或者没有按目的使用的财产[1]。

根据《俄罗斯联邦民法典》第 120 条第 2 款和第 298 条第 2 款的规定，机构从设立文件规定的可以带来收益的活动中取得的收入以及依靠该收入购置的财产，由机构独立处分并在单独的资产负债表上体现。由此产生一个问题：机构对上述收入和财产的权限范围有多大？最高仲裁法院认为，《俄罗斯联邦民法典》没有详细规定对依靠从可以获得收益的活动中取得收入而购置的财产的独立处分权的内容，而是根据《俄罗斯联邦民法典》第 120 条、第 296 条、第 298 条的规定，认为机构对该财产不享有所有权。最高仲裁法院进一步认为，《俄罗斯联邦预算法典》第 42 条第 2 款与第 161 条第 3 款也没有规定对机构从可以带来收益的活动中所取得收入的权利的内容，只是规定了其台账的特殊性。因此，预算立法规定的特殊台账程序，并没有改变民法典规定的机构对该收入和依该收入购置的财产的权利范围。

（二）公共机构财产的法律地位

根据《俄罗斯联邦民法典》第 296 条第 1 款的规定，机构有对划拨给它的财产在法律规定的范围内依照自己活动的目的、所有权人的任务和财产的用途行使占有、使用和处分的权利。《俄罗斯联邦民法典》第 298 条第 1 款规定，机构无权转让或者以其他方式处分划拨给它的财产和依靠拨付的预算资

---

〔1〕 俄罗斯联邦最高仲裁法院主席团 2007 年 4 月 19 日第 23 号《关于补充俄罗斯联邦最高仲裁法院主席团 2006 年 6 月 22 日第 21 号〈关于审理与俄罗斯联邦民法典第 120 条有关的有国家机构和自治市机构参与的争议的实践的几个问题的决议〉的决议》。

金购置的财产。依照《俄罗斯联邦民法典》第 120 条第 2 款的规定，机构以自己所支配的货币资金为自己的债务负责。因此，最高仲裁法院认为，在上述货币资金不足的情况下，不得追索所有权人划拨给机构的处在业务管理权中的财产，以及依靠拨付的预算资金购置的财产[1]。后来，最高仲裁法院又进一步明确，机构以处在自己支配中的货币资金对自己的债务负责，对机构的债务不得追索其他财产，既包括划拨给机构的处在业务管理权中的财产，也包括依靠从可以带来收益的财产中取得的收入购置的财产。即使在机构的现有资金不足以清偿债权人的请求时，也不能依照《俄罗斯联邦民法典》第 63 条第 3 款的规定，公开拍卖划拨给机构的处在业务管理权中的财产，以及机构依靠从可以带来收益的活动中获取的收入购置的财产。

四、公共机构财产所有权人承担补充责任的问题

（一）补充责任的实体要件

1. 承担责任的要件

按照《俄罗斯联邦民法典》第 401 条的规定，在俄罗斯，认定债务违反民事责任的要件时，采用过错责任与无过错责任的二元结构，即一般情况下，债务违反的民事责任属于过错责任，不履行或者不适当履行债务的人在有过错（故意或者过失）的情况下才承担责任，而在经营（商事）活动中没有履行或者不适当履行债务的人，除非是由于不可抗力，否则应当承担责任，属于无过错责任。在要求机构财产所有权人承担补充责任时，必须确定机构是否承担责任，只有在机构有债务违反且有过错时，才有可能承担补充责任。对于机构过错的认定，最高仲裁法院认为，机构缺乏可以支配的货币资金本身不能视为机构无过错，不能援用"如果已经根据债务的特点和交易条件所要求的照顾和注意程度，为适当履行债务采取了所有必要的措施者，视为无过错"的规定要求免责。因此，来自机构财产所有权人的拨款不足本身不能成为证明机构无过错的情节，也不能成为免除机构责任的理由。在机构破产的情况下，被清算的机构的货币资金不足以满足债权人的请求的，债权人有

---

[1] 参看俄罗斯联邦最高仲裁法院主席团 1999 年 7 月 14 日第 14 号《关于机构财产追索的公开信》。

权要求以机构财产的所有权人的费用满足剩余部分的请求；在机构清算完毕之前已向清算委员会申报了债权的债权人也有权向被清算机构财产的所有权人要求承担补充责任。但是，对于在机构清算终结后提出的债权人请求不能以机构财产的所有权人的费用予以满足。

2. 责任主体的确定

按照《俄罗斯联邦民法典》第 124 条的规定，俄联邦、俄联邦成员以及自治市组织依照平等原则与民事立法所调整关系的其他参加者——公民和法人参与民事立法所调整的关系。而能够代表这些公法主体参与民事法律关系的主体又为数众多，包括国家机关、地方自治机关和公民。[1] 由此产生了在承担补充责任时，应确定谁为合格的被告的问题，最高仲裁法院明确指出，承担该责任的是机构财产的所有权人，也就是俄罗斯联邦、相应的俄罗斯联邦成员和自治市组织。依照《俄罗斯联邦预算法典》，由相应预算资金的主要支配者代表上述公法组织出席法庭应对依照补充责任程序对俄罗斯联邦、俄罗斯联邦成员或者自治市组织提起的追索它们设立的机构的债务的诉讼。但是，在满足要求所有权人承担机构债务的补充责任时，法院在判决书的理由部分还是应当指出，相应机构的债务是向俄罗斯联邦、俄罗斯联邦成员和自治市组织追索，而不是向以公法组织名义出席法庭的机关追索。

3. 责任范围的确定

最高仲裁法院认为，如果法律没有不同规定，则《俄罗斯联邦民法典》第 120 条第 2 款规定的债务是指由《俄罗斯联邦民法典》第 8 条第 1 款规定的理由产生的机构的任何债务包括致人损害的债务、不当得利的债务等，还包括在从事能够带来收益的活动时产生的债务。

（二）补充责任的程序要件

最高仲裁法院认为，根据《俄罗斯联邦民法典》第 399 条第 1 款，在向补充债务人提出请求之前，债权人应当向主债务人提出请求。例外是在主债务人拒绝满足债权人的请求或者债权人在合理的期限内没有收到对所提出的请求的答复时，债权人有权向补充债务人提出请求。因为按照《俄罗斯联邦民法典》第 120 条第 2 款的规定，机构财产的所有权人对机构的债务承担补

---

[1] 参见《俄罗斯联邦民法典》，黄道秀等译，中国大百科全书出版社 1999 年版，第 67~68 页。

充责任只能是在机构所支配的货币资金不足的情况下。

因此，机构财产的所有权人的责任是一种特殊类型的补充责任。这种责任的特殊性在于，在向法院对主债务人提出诉讼请求前，机构财产的所有权人不能被要求承担责任。所以在债权人未依据《俄罗斯联邦仲裁诉讼法典》向法院对机构提起对补充债务人的诉讼，而是直接向补充债务人追索机构债务时，仲裁法院会建议债权人追加主债务人作为其他被告参与案件。在原告不同意的情况下，法院可以依职权追加主债务人作为其他被告参加案件。而且根据《俄罗斯联邦民法典》第120条的含义，主债务人（机构）必须作为其他被告参加案件。

最高仲裁法院还专门指出，机构承担的金钱之债超过预算开支不构成拒绝机构的所有权人对机构的债务承担补充责任的理由。在法院满足债权人提出的同时向机构和补充债务人追索机构债务时，仲裁法院应当在判决书理由部分指出向机构（主债务人）追索的债务的数额，而在机构的货币资金不足时向其财产所有权人（补充债务人）追索。该类司法文书的执行也有一个特殊的程序，即按照《俄罗斯联邦预算法典》首先向机构所支配的货币资金追索，而在其不足时再向补充债务人的货币资金追索。

五、结语

自1991年苏联解体以来，俄罗斯迎来了其近现代转型历史上的资本主义复辟时期，特别是在私有财产保护问题上发生了重大且根本性的转变。这种转变的根本原因在于，俄罗斯对于实现俄国现代化的途径的重新认识以及从苏联社会主义实践的历史反思中吸取教训，开始认同和推崇多少已经有些俄国化的自由主义以及与俄罗斯的传统价值相融合的西方价值观。

俄罗斯法在公共机构的财产责任承担上，具有以下特点：第一，不区分国家公产和国家私产，坚持国家财产的民法调整一元论模式。遵循了俄罗斯自1922年《苏俄民法典》以来的民法调整模式的传统，即国家财产的法律调整问题，主要是通过民法的手段和方法来完成，与法国法、德国法区分公产和私产，通过行政法和民法的手段和方法的二元论模式有较大的不同。第二，强调机构在民事活动中的平等地位。从民事法律关系的平等性出发，强调即使公共机构在参与民事法律关系中也与私人享有一律平等的法律地位，公共机构及其设立人（国家和地方自治团体）也没有任何例外。第三，遵循债权人利益优先保障的原则。这种做法，一方面与俄罗斯民法学界对民事法律关系中双方地位平等的积极追求有关，另一方面也与当代俄罗斯民法理论否认国家财产应当享有特殊保护的主流观点有关，国家公产与国家私产理论的区分正是以承认国家公产的特殊保护为前提的。

综上，俄罗斯法不承认公法人与私法人、国家公产与国家私产的区分，坚持民法对国有财产问题的一元化调整模式，建立并实践了一种与传统大陆法系国家"政府（债务人）优先保护原则"相反的公共机构债务追索模式，即债权人利益优先保护模式。尽管这种模式保障了公共机构与私人在民事法律关系中的平等地位，保护了债权人的利益，但是也很有可能打乱公共机构的预算计划，在对公共机构监控不力的情况下，还会给国家预算带来不确定的债务清偿负担。

私法视角下的俄罗斯土地立法史

在俄罗斯，土地问题不仅仅是简单的经济制度问题，而且一直是尖锐的社会政治问题，对土地的法律规制模式问题追随着立法者的不同政治倾向而有所不同。在十月革命前的俄罗斯土地立法中，土地法是作为俄罗斯民法的相对独立部分，土地法律制度以维护土地作为商品的自由流通地位为宗旨。只有在苏维埃时期，对土地问题的公法化调整才导致了作为独立的与民法并立的部门法——土地法学的出现，土地的商品属性和财产属性被彻底剥离，土地仅仅成为依照公法程序提供的土地使用权的客体，私人土地所有权被彻底废除。随着俄罗斯向民主政治和市场经济的回归，导致土地的商品属性和财产属性重新回归，土地的私法调整成为土地立法优先考虑的模式，因此，土地法的独立部门法地位开始遭到质疑。目前，土地法被定性为综合部门立法，包括了民法、行政法和金融法的规范。但作为俄罗斯土地立法的前景，土地法典中的民法规范有向民法典回归（移入民法典）的趋势。

本书从私法的视角，追寻俄罗斯土地立法的历史轨迹，分别介绍了俄罗斯帝国时期的土地立法、苏维埃时期的土地立法、市场经济转型时期的土地立法，以及现行俄罗斯土地法典的意义和未来俄罗斯土地立法的前景。

一、帝国时期的俄罗斯土地立法

在俄罗斯杰出国务活动家斯佩兰斯基伯爵领导下，于1830年通过了45卷本《俄罗斯帝国法律全书》，在1832年通过了由沙皇私人办公厅二处所编纂的15卷本《俄罗斯帝国法律汇编》，它们都是被作为法律汇编而编纂的。"尽管被任命为二处负责人的是布鲁吉阳斯基，但所有的事务，所有的工作都是斯佩兰斯基主持的"。[1]该汇编的第一部分被称为《俄罗斯帝国民事法律汇编》。《俄罗斯帝国民事法律汇编》作为某种介于汇编和（民）法典之间的东西一直生效至1917年革命为止。

在俄罗斯帝国时期，土地（地块）法律制度主要是由民事法律也就是私法的规范规定的。因为土地被认为是商品，其流转是通过诸如包括所有权在内的物权法、继承法、法律行为制度、诉讼时效和取得时效等民法制度进行调整的。尽管在此之前起草并通过了农业经济章程（《俄罗斯帝国法律汇编》第12卷第2部分）、矿山章程（《俄罗斯帝国法律汇编》第7卷）、林业章程（《俄罗斯帝国法律汇编》第8卷第1部分）、建筑章程（《俄罗斯帝国法律汇编》第12卷第1部分）等法律，但它们都具有特别法的性质，一般问题仍是要通过《俄罗斯帝国民事法律汇编》来解决的。法律学说也持此观点，认为土地（地块）是民法的客体。[2]"任何不动产都预先承认了土地的存在，而且毫无疑问，需要从以前的物权的主题下建立不动产学说，并且在民法的体系中为不动产设立专门一编"，[3]在当时已经试图将土地法作为民法的特殊部分了，但与后来苏维埃时期将土地法作为与民法并立的部门法的做法还是大相径庭的。

在《俄罗斯帝国民事法律汇编》（第10卷第1部分）中，"土地"的概念被理解为"财产"的一种。"财产"一词被用于指称两类客体范畴：一是物，也就是有体财产（bona corporation），二是无体财产（bona incorporation）。[4]不言而喻，土地（地块）是被归属于有体财产，即物的范畴之中的。在《俄罗斯帝国民事法律汇编》中最具意义的是将物区分为可动物与不可动物。《俄罗斯帝国民事法律汇编》第10卷第1部分第383条规定："财产是动产或不动产。"在此情况下没有规定不动产的立法定义，而第384条仅规定了被认为是不动产的列举清单：土地和任何可耕地、房屋、工厂、任何建筑物和空闲的庭院以及铁路。什尔申涅维奇将不动产定义为："不动产首先被理解为地球表

---

[1] Пахман С. В, История кодификации гражданского права: В 2 т. Т. 2. СПБ., 1876. С. 3-4.

[2] Шершеневич Г. Ф. Учебник русского гражданского права (по изд 1907 г.). М., 1995. С. 94-112; Мейер Д. И. Русское право: В 2 ч. Ч. 1. С. 139-155; Васьковский Е. В. Учебник гражданского права. М., 2003. С. 116-135.

[3] Кассо Л. А. Русское поземельное право. М., 1906. Введение.

[4] Законы гражданские. Практический и теоретический комментарий Под ред. А. Э. Вормса и В. Б. Ельшевича. Вып. 2. М., 1913. С. 5.

面的一部分以及所有与地牢固联系，非损害物的种类与目的而不能断其联系的东西。"〔1〕"在不动产之间土地是第一位的，而且土地占有依然是而且可以想见在未来相当长时期内仍是所有财产权利中就其稳固性而言的主要的和基本的权利。到目前为止，土地所有权与对人的人格权利保障密不可分。土地所有权赋予人比任何其他所有权更为坚固和独立的权利。谁坐在土地上，就不能像对其他动产权利那样轻易排除他的占有。"根据参政院复审部的 1874 年第 136 号和 1896 年第 102 号民事判决，建筑物被作为土地的附属物而被认为是属于土地占有人的财产。谁要是宣称自己对建筑物享有独立的权利，谁就应当证明他就是土地占有人（参政院复审部的 1881 年第 113 号和 1894 年第 76 号民事判决）。〔2〕

为了赋予土地以物的特性，即物质世界的单独客体，必须使土地与相邻的土地区别开来。因此，在革命前的俄罗斯这种区分就是依据界地法（《俄罗斯帝国法律汇编》第 10 卷第 2 部分）通过在地块边界设置界标并在地图和勘界簿上予以复制和描述而进行的。

尽管汇编的编纂者没有把第 10 卷第 2 部分归入一般民事法律，但是"国家勘界非仅为明确土地和耕地的数量，还有以正确的和无疑的土地占有界线使占有人安心而设，后一目的属于民法领域而且属于通过设定无争议的占有界线而公示土地权利"。〔3〕

在俄罗斯帝国的大部分疆域内，土地划界都是在所谓的总划界框架内通过国家的发动而进行的。总划界的名称，一方面源自它应当被适用于所有的俄罗斯省份，另一方面源自它具有强制性。它肇始于叶卡捷琳娜二世的诏书和 1766 年划界令，顺利地结束于 19 世纪中期。总划界选择的土地单位是片（naua），以将某地区、村镇或者荒地的名称个性化。在通过总划界方式设定地界的同时还在共同占有土地范围内进行划界。国家的这些行为被称为特别划界。按照卡柯的意见，立法并没有成功地赋予特别划界以强制性措施的性质，以迫使所有的公共片地占有人有义务进行再划界，即使所有权人不愿意

---

〔1〕 Шершеневич Г. Ф. Учебник русского гражданского права（по изд. 1907 г.）. М., 1995. С. 96.

〔2〕 Заноны гражданские с разъяснениями Правительствующего Сената и комментариями русских юристов. Кн 2. С. 13.

〔3〕 Пахман С. В. История кодификации гражданского права: В 2 т. Т. 2. СПБ., 1876. С. 257.

这样做。

俄罗斯帝国民事立法最重要的特点在于，局部法也就是帝国各部分的地方法律的作用和意义异乎寻常的大。在波兰王国、波罗的海诸省、芬兰大公国、切尔尼科夫省和波尔塔瓦省、比萨拉比亚王国、高加索诸省，地方民事法律所起的作用远远大于《俄罗斯帝国民事法律汇编》第10卷第1部分。地方立法相互作用的方式和法典化的程度并不重要，重要的是在任何情况下毫无例外地对土地关系的调整都是依据私法原则，也就是借助于民法的制度而进行的。1882年根据亚历山大三世的两个命令，建立了俄罗斯帝国民法典草案编纂委员会，编纂俄罗斯第一部经典民法典草案。在1905年委员会完成了五编制的民法典草案。第一次世界大战的爆发和1917年十月革命的实现，导致该草案没有获得法律效力。对该草案本身和编纂委员会对草案逐条注释的研究可以令人确信，对土地关系的基本调整没有出离民法典也就是私法的框架。

二、苏维埃时期的俄罗斯土地立法

苏维埃国家的第一个法令就是1917年10月26日颁布的《土地法令》，在俄罗斯全国实现土地国有化。在作为《土地法令》构成部分的"农民训令"第1条中宣布："土地私人所有权被永远废除，土地不得被出售、购买、出租或抵押，以及以任何形式予以转让。"[1]在1918年《苏俄宪法》第3条中，土地、森林、地下资源和水被宣布为国家专有客体，属于全民（国有）财富。[2]该规范被多次在后来的苏维埃宪法（1936年《苏联宪法》）[3]第6条、1977年《苏联宪法》[4]中重复，意味着苏维埃国家拒绝承认土地为商品，禁止其流通，并一般地禁止将民法（私法）的综合机制适用于土地。

1917年俄罗斯所发生的国家制度、经济制度和土地制度剧变可以用第一部《苏俄土地法典》与第一部《苏俄民法典》平行制定和通过的事实来解释。两部法典都是在1922年通过的，而两部法典生效的时间间隔只有1个月，《苏俄土地法典》是在1922年12月1日生效，[5]《苏俄民法典》是在

---

[1] СУ РСФСР. 1917. No. 1. Ст. 3.

[2] Советские конституции: Справочник. М., 1963. С. 129.

[3] Советские конституции: Справочник. М., 1963. С. 236.

[4] Конституция СССР: Политико-правовой комментарий. М., 1982. С. 61.

[5] СУ РСФСР. 1922. No. 68. Ст. 581.

1923年1月1日生效。[1]在苏维埃政权在俄罗斯存在的相当长时间内,土地关系的调整都是通过公法的规范和方式进行的。公法调整方式对这些关系的巨大影响一直持续到20世纪90年代。后来的土地立法法典化也是朝向完善土地关系的公法调整方式。在苏维埃时期进行了三次土地立法法典化,即1922年《苏俄土地法典》、1928年《土地利用和土地制度一般原则》[2](在1968年被编纂为《苏联及加盟共和国土地立法纲要》)[3]和1970年《苏俄土地法典》。[4]

1928年《土地利用和土地制度一般原则》是在苏联成立后起草,并在苏联第四届中央执行委员会第4次会议上作为全联盟法律通过的,是在斯大林国家社会主义工业化政策鼎盛时期(1926年~1929年)通过的相对独立的法典化文件。有学者评价说:"在整体上,1928年《土地利用和土地制度一般原则》与1922年《苏俄土地法典》在调整个体经济法律关系的规范和旨在于直接建立社会主义经济的规范的相互关系和比重上有本质性区别。与土地法典不同,依照苏维埃政权的农业政策新阶段,它们在一般原则中处于首要地位。"[5]

1922年《苏俄土地法典》立法者们提出的土地关系调整基本法律模式,在后来的法典化中被加以修改以适应具体的苏维埃国家发展阶段,它们一直存在到20世纪80年代末。

基本上,在具体的法典化框架内,该模式的内容有所变化,但其本质依然未变,可以归纳为以下基本要点:

第一,土地私人所有权在俄罗斯联邦被永远废除。

第二,俄罗斯联邦境内的所有土地都是国家专有财产,构成"统一的国家土地基金"。

第三,土地不仅为国家专有,而且按照一般规则,禁止民事流通。禁止任何直接或者隐蔽形式的侵犯国家土地所有权的行为。买卖、抵押、赠与、租赁、擅自互易地块,以及旨在非法移转土地的遗嘱处分均属无效。

---

[1] СУ РСФСР. 1922. . No. 71. Ст. 904.

[2] СЗ СССР. 1928. No. 69. Ст. 642.

[3] ВВС СССР. 1968. No. 51. Ст. 485

[4] ВВС СССР. 1970. No. 28. Ст. 581.

[5] Земельное право: Учебник. М., 1940. С. 64.

第四，土地只能提供给自然人和法人使用。土地使用权的主体在立法上被称为"土地使用人"。

第五，统一的国家土地基金根据其基本目的性用途划分为具体的土地范畴。基本目的性用途规定了具体地块的法律制度和具体土地使用人权利的范围（内容），并构成其基本义务之一。不按照提供用途使用地块将会导致土地使用权的终止。

第六，所有的土地使用纠纷均由国家主管机关以行政程序解决。法院解决土地使用方式纠纷的权限被大大限制，且主要适用于与土地关系有关的财产性纠纷。所谓的与土地有关的财产性纠纷包括赔偿由于为国家或者社会需要剥夺土地而给土地使用人造成的损失、赔偿由于没有及时向集体农庄归还土地而引起的损失等纠纷，以及作为地上建筑物所有权人的公民关于不可分地块的使用方式纠纷。

因此，在苏维埃时期，土地法律关系发生了实质性变更，其内容包括国家土地专有权、国家土地基金管理、土地利用领域中的法律关系以及保护性法律关系，如对土地的利用和保护的国家专门监督。[1]还出现了所谓的程序性土地法律关系，也就是调整实体性土地法律关系产生、变更和终止方式的法律关系。[2]至此，苏维埃土地法学和苏维埃民法学被作为各自独立的部门法学，它们有着各自不同的调整对象和方法。民法以基于参加者地位平等和意思自治的财产法律关系和与之有关的非财产法律关系为调整对象，其基本调整方法是任意性方法，而土地法以上述实体性和程序性土地法律关系为调整对象，以参加者的服从为主要调整方法。在1917年十月革命以前，尽管也提到并讨论过土地法的地位问题，但都只是以调整以地块作为不动产客体的民事法律规范在一般民法构成中的相对独立性为视角的。

从私法的角度看，最令人感兴趣的是土地使用权的内容。按照苏维埃土地法学代表人物的观点，苏联和苏俄各种土地使用权的共同特征包括：

第一，土地使用权相对于社会主义国家土地所有权而言具有派生性和依附性。它是由于国家向企业、组织和公民提供土地而产生的，所谓的一级土

---

〔1〕 Григорьев В. К. Советское земельное право. М., 1957. С. 9-12.

〔2〕 Советское земельное право: Учебник/Под ред. В. П. Балезина. Н. И. Краснова. М., 1986. С. 19-20.

地使用权只能够依照行政程序通过相应国家机关的决定而从国家得到,一级土地使用权是不可能通过民法的方式(契约、遗嘱)产生的。所谓的二级土地使用权是指一级土地使用人依照法定程序将提供给他使用的土地移转给其他人。无论是一级土地使用,还是二级土地使用,都有具体标准,土地使用者只能在国家规定的标准范围内取得土地。

第二,土地使用权具有目的性。按照目的性用途使用土地既是土地使用人的权利,也是其义务。

第三,土地使用权基本上是无期限的。但在1922年《苏俄土地法典》中也规定了有期限土地使用权,如土地的劳动租赁,在1970年《苏俄土地法典》将企业、组织和机构为进行集体园艺栽培而使用土地列入有期限土地使用权。

第四,土地使用权基本上是无偿的。有偿的土地使用极为罕见,而且须在法律直接规定时才能存在。

第五,土地使用对农民而言仅具有劳动性。"在目前,使土地使用具有严格的劳动性要求,没有任何例外,哪怕是暂时性例外也不存在。个体农民在任何情况下都无权雇佣劳动力在提供给他的地块上进行任何工作,而且无论在任何情况下都无权将提供给他的土地使用权再行转让、出租,哪怕是最短期限也不行。"[1]在1922年《苏俄土地法典》和1928年《土地利用和土地制度一般原则》中允许在部分地区可以使用辅助雇佣劳动和将土地出租,但随着1970年《苏俄土地法典》的通过,均被废除。

第六,土地使用权与土地占有权的联系须臾不可分离。"土地使用不仅体现在国家赋予土地使用人特定的权限,而且还在于向其移转对作为权利客体的土地的实际占有。"

综上所述,可以说,俄罗斯在整个苏维埃时期土地使用权在内容上是极为贫乏的权利,其主体仅被赋予占有和使用国家所提供的土地的权能,而不享有对土地的处分权能。该权利既不能被视为物权,也不能被视为债权,因为一开始就从该权利中剥去了其全部财产性内容。"在苏联,土地法律关系与传统的民法关系不同,它们不是财产性关系,因为土地国有化导致土地已经

---

[1] Земельное право:Учебник. М., 1940. С. 151

不再具有金钱估价，而且被禁止民事流通。"[1]土地使用权由苏维埃国家以完全公法的方式进行调整，奉行"法所不许皆禁止"原则，因此，也有学者甚至认为土地使用权并非权利，而是土地使用者的义务之总和。[2]土地关系主要由土地立法调整，在1922年《苏俄民法典》中允许与土地使用权相竞存的由私法调整的土地权利存在，即作为城市土地国家所有权负担的地上权，但苏俄最高苏维埃主席团于1949年1月1日决议终止了该权利在俄罗斯联邦境内的效力。

在土地上的建筑物或构筑物的流转上，由于无法割裂建筑物或构筑物与土地的自然联系，在整个苏维埃政权存在期间，建筑物或构筑物所有权（业务管理权）的移转方式问题都是在民事立法的范围内予以解决的。在1925年《苏俄城市土地程序条例》[3]第15条附注4中规定了一个规则，即在以法定程序从一人向他人移转对市有化的建筑物的（转租等）租赁权利或对建筑物的所有权时，私的占有人对为该建筑物服务的土地的所有权利和义务悉归新的承租人和占有人。该规定在实践中也被适用于地上权，根据1922年《苏俄民法典》第79条和第185条被视为转让。该规范在后来不仅没有被废除，而且还在1970年《苏俄土地法典》[4]第87条、第88条中得到了体现，即在移转建筑物所有权或者将建筑物或构筑物从一个企业、组织和机构移转给他人时，土地使用权连同对建筑物或构筑物的所有权或业务管理权一并移转。在第89条中规定，在建筑物被火灾或者其他自然灾害所毁灭时，如果土地使用人在2年内着手恢复被毁坏的建筑物或者营建新的建筑物，则无期限土地使用权予以保留。

三、市场经济转型时期（1990年~2001年）的俄罗斯土地立法

在20世纪80年代末90年代初，苏联和俄罗斯联邦遭遇了大规模的改革，经济领域堪称核心。由于与社会和自然的客观规律相悖，无法调动农产品生产者的积极性，在农业领域中处于优先地位的是国有经济和合作经济，社会

---

[1] Григорьев В. К. Советское земельное право. М., 1957. С. 11.

[2] Турубинер А. М. Право государственной собственности на землб в Советском Союзе. М., 1958. С. 241-242.

[3] СУ РСФСР. 1925. No27. Ст. 188.

[4] Ведомости Верховного Совета РСФСР. No28. Ст. 581.

主义原则下的土地关系法律调整困难重重。[1]农地国有化导致了对农民在农产品生产中的个人利益的剥夺，其实这也是违背苏共的土地法令的，因为土地国有化的结果是将所有土地国有化了，而最初布尔什维克的口号是"土地归农民"，而现在是将土地使用权留给农民。正如有学者所说，"在俄罗斯长达七十多年的社会主义建设证明了商品货币关系的必要性和进步性，以及漠视该关系的危险性"。[2]

在整个20世纪90年代，俄罗斯的变革不仅是政治和社会制度变更，更是土地制度的变革，承认土地为商品，地块逐渐成为真正的民事权利客体，基于参加地位平等、意思自治和自主性的财产（商品）关系成为民事立法和民法的调整对象。[3]

对土地关系的民法调整最初出现在《苏联及加盟共和国租赁立法纲要》[4]和《苏联及加盟共和国土地立法纲要》中。在土地立法纲要中，提及了公民、集体农庄、共同农庄、其他的国有企业、合作企业、社会企业、联合企业、外国国家、外国公民和法人租赁地块的问题。在其第5条中引入了苏联公民对土地的终身可继承占有的概念。为国家或者公共需要征收土地的程序也被视为民法的内容，进而纳入对行政机关土地征收决定的司法保护。在土地立法纲要的其他部分保留了以前的苏维埃土地立法所特有的土地使用审批制度。

1990年11月22日通过的《苏俄农民（农庄）经营法》[5]和同年11月23日通过的《苏俄土地改革法》[6]首次规定了私人土地所有权。值得注意的是，在这两部法律通过时，关于私人土地所有权的规范是违背1978年《苏俄宪法》的，该宪法在1990年12月15日才进行了修改。而且该宪法第12条还规定了自取得所有权之时起10年不得进行土地买卖的限制。

在1991年4月25日通过了苏维埃政权存在史上的第六部土地法法典化立法——《苏俄土地法典》，规定了公民的私人土地所有权并将公民对土地的终身可继承占有称为权利（第7条），承认租赁权为公民和法人的土地权利（第

---

[1] Ерофеев Б. В. Земельное право：Учебник. 9-е изд. перераб. М.，2004. C. 192.
[2] Ерофеев Б. В. Земельное право：Учебник. 9-е изд. перераб. М.，2004. C. 132.
[3] 参见《俄罗斯联邦民法典》第2条第1款。
[4] Ведомости СНД и ВС СССР. 1989. No25. Ст. 481.
[5] Ведомости СНД и ВС СССР. 1990. No26. Ст. 324.
[6] Ведомости СНД и ВС СССР. 1990. No26. Ст. 327.

7条、第13条），引入了无限期（永久性）地块使用权（第12条）。但是受苏联土地法思想的强烈影响，1991年《苏俄土地法典》仍然赋予了行政方法在对土地所有权人、土地占有人、土地使用人和承租人权利保护方面的优越地位。如根据第121条，土地纠纷应当首先由地方人民代表苏维埃解决，而后才由法院或者仲裁法院解决（第122条）。1992年4月22日俄罗斯联邦最高法院主席团第6号"关于法院在适用土地改革立法时所产生的一些问题的决议"才改变了对公民权利保护的这种观点。一方为公民的土地关系纠纷，以及双方对地方当局关于土地问题的决定不服的纠纷由法院管辖（第1款）。

1992年12月9日俄联邦法律修改了1978年《苏俄宪法》第12条，允许已经取得或者购得所有权的地块可以由其所有权人在不改变土地目的性用途的条件下予以移转，而且不论其所有权取得的期间。但是仍保留限制，即所有权人有权按照地块被提供的条件向地方人民代表苏维埃出售地块，或者仅为进行个人副业经营、园艺、别墅或者住宅建筑目的而依照合同价格出售给自然人或者法人。如果地块所有权是无偿提供的，则向第三人出售的10年限制仍然有效，而对有偿取得地块的人而言，向第三人出售的限制期限为5年。借助于各种公法限制土地民事流转的内容得以延续。俄罗斯国家的土地权利政策在整个20世纪90年代都不得不在社会中存在的各种承认私人土地所有权的流行观点之间寻找平衡。1993年12月12日通过的现行《俄罗斯联邦宪法》，其中奠定了以私法规范调整土地财产关系的宪政基础。1993年12月24日第2287号"关于按照俄罗斯联邦宪法进行俄罗斯联邦土地立法"的俄罗斯联邦总统令，废除了许多土地法规范，其中首先包括1991年《苏俄土地法典》的许多规范。

1995年1月1日，《俄罗斯联邦民法典》第一部分生效，其中详细规定了不动产的定义，并将地块作为其主要构成部分（第130条），奠定了不动产法律制度的基础，规定了不动产权利及其法律行为国家登记制度，在第2编"所有权和他物权"中建立整个不动产物权体系，尤其是将之前的土地立法中已经规定但是没有作为物权看待的权利纳入了物权体系。在第15章中，规定了对强制终止包括地块所有权在内的所有权的根本保障，一方面是规定了完全的终止依据清单，另一方面是强调须遵守法定的所有权终止程序（第235条）。《俄罗斯联邦民法典》第一部分第17章是"土地所有权和其他土地物权"，该章的生效被延迟至新土地法典通过时，但其生效在实质上推动对地块法律调整的自由化，将大量的新地块引入民事流转之中。《俄罗斯联邦民法典》的起草者之一霍赫洛夫（С. А. Хохлов）认为："这是民法典在通过的过程中在出席国家杜马的各种不同社会和政治力量代表人物之间达成妥协的结果。农业问题专家认为，决不能引入涉及土地所有权的民法规范，因为所有权，这是相对自由转让属于你的东西的权利。这些规则在建立专门的规范限制土地所有权人之前决不能引入。在民法典中规定了这些限制的可能性，但是这些限制本身没有规定。决不能同意这些规定的适用必须延期的观点。所有权人可以对土地为所欲为，因为土地并非禁止流通或者限制流通的。在我们这里没有任何禁止或者限制土地流通的规范。因此第17章在新土地法典没有生效时也应生效。"[1]

在《俄罗斯联邦民法典》第一部分通过7年后，于2001年4月16日通过了第45号联邦法律《俄罗斯联邦民法典和俄罗斯联邦民法典实施法修改法》，规定《俄罗斯联邦民法典》第17章生效（但第17章调整农地流转法律行为的规范除外），而后2001年10月25日通过了现行《俄罗斯联邦土地法典》。自1995年到2001年，陆续通过了1997年7月21日第122号联邦法律《不动产权利及其法律行为国家登记法》、2000年1月2日第28号联邦法律《国家土地地籍法》、2001年6月18日第78号联邦法律《土地制度法》等法律，奠定了建立或改革保障地块作为不可动物流转的整个国家机关网络（负责权利国家登记的机关、负责土地地籍事务的机关）的基础。

四、现行俄罗斯土地法典的意义及未来俄罗斯土地立法的前景

（一）现行俄罗斯土地法典的意义

2001年《俄罗斯联邦土地法典》以及与之紧密相关的2002年7月24日第101号联邦法律《农地流转法》的通过和生效解决了在20世纪90年代一系列要么是没有解决的，要么是没有正确解决的问题。最为重要的是，上述法律的通过和适用都是在《俄罗斯联邦民法典》的直接影响下进行的。用时任俄罗斯国家杜马农业问题委员会副主席卡里宁（Н. М. Калини）的话说，那就是《俄罗斯联邦民法典》如此重要，以至于立法者在起草2001年《俄罗

---

[1] Хохлов С. А. Право собственности и другие вещные права//Вестник ВАС РФ. 1995. No. 8. C. 130.

斯联邦土地法典》时都是按照《俄罗斯联邦民法典》来协调自己的行为的。

通过颁布 2001 年《俄罗斯联邦土地法典》来解决的重要问题包括：

第一，对可以在何时以及在何种法律基础上产生俄罗斯联邦私人土地所有权的问题给出了一个最终答案。在 2001 年《俄罗斯联邦土地法典》通过和生效之前，该权利产生的合法性问题在司法实践中一直都处在被质疑之中。因为在 20 世纪 90 年代某些种类土地的私人所有权就已经进入了流转之中，不过不是依照法律，而是根据俄罗斯联邦总统的指令，这种情况就给了反对私人土地所有权的人以及对争议自然人或者法人对具体的地块的权利产生有利害关系人以口实。在现行土地法典中确认了在 2001 年《俄罗斯联邦土地法典》生效之前所产生的私人地块所有权和其他限制物权的合法性。

第二，《俄罗斯联邦土地法典》规定了作为土地立法的一般原则的地块和与之牢固相连的客体的命运一体化原则。根据该原则，所有与地块牢固连接的客体应当追随地块的命运，但联邦法律规定的例外除外。因此，根据《俄罗斯联邦土地法典》第 35 条第 4 款的规定，在地块和其上的建筑物、构筑物或者设施的所有权同属于一人所有时，不允许只转让地块而不同时转让地上的建筑物、构筑物或者设施。俄罗斯联邦最高仲裁法院 2005 年 3 月 24 日第 11 号"关于与土地立法适用有关的几个问题的决议"第 11 款，对该法律要求增加了三个重要规定：一是不得与地块分离而单独出售同属于一人所有的建筑物、构筑物或设施；二是如果它们均属于一人所有，以分别出售地块和其上的建筑物、构筑物或设施为双方意图的法律行为无效；三是即使在因征收、没收建筑物、构筑物、设施，和依照其所有权人的债务而追索上述财产时，也适用不能分别移转地块和其上的不动产的规定（《俄罗斯联邦民法典第》第 242 条、第 243 条、第 237 条）。不能分别出售同属于一人所有的地块和其上的不动产的一般规则的例外规定在《俄罗斯联邦土地法典》第 35 条第 4 款。根据《俄罗斯联邦土地法典实施法》第 3 条第 7 部分，自 2001 年《俄罗斯联邦土地法典》生效之后，也不允许在对建筑物、构筑物、设施进行私有化而不对它们所在的地块进行私有化，但禁止流通或者限制流通的地块除外。根据俄罗斯学者的观点，认为土地法典中所谓的命运一体化原则完全可以被视为将地块作为主物，而将其上的不动产作为其从物的基本思想。这是试图在俄罗斯实现温和的土地吸附（superfcies solocedit）原则的努力，该原则对俄罗斯十月革命前的法律而言是十分典型的。

第三，现行土地法典并没有将地块称为不动产（不可动物），但规定了对地块的所有权、他物权，以及在法律规定的情况下还有对地块的债权的国家登记义务。根据该要求，意味着将地块作为了不可动物。

第四，现行土地法典为将国有或者市有土地引入流转提供法律基础。在2003年，俄罗斯公民所有的土地仅占俄罗斯整个土地基金的一半行政程序逐渐成为过去。

第五，现行土地法典及其实施法规定了在俄罗斯联邦、俄罗斯联邦主体和自治市组织之间划分以前统一的土地国家所有权的机制，并规定了对还没有进行划分的具体地块的处分程序。

第六，尽管现行土地法典是姗姗来迟的，但确实承认了"土地份额权"为农地共有权份额的权利，使得可以修正对所谓的农地领域中的土地份额的混乱观点。在1991年《苏俄土地法典》第8~10条中规定可以在集体共同所有或者集体按份所有中拥有土地。在进行农地私有化、以前的国有农业企业财产私有化，以及将集体农庄改组时，这种错误的结构就已经萌芽了。在这种情况下，"土地份额"概念的法律内容就开始引起争议了。某些学者和大部分实践家都认为，现行立法中的这种土地份额不能被认为所有权的客体和不动产。在土地份额关系中，缺乏直接的所有权客体——具体的地块。相应地，土地份额的处分是对债权的处分。[1]而当时的立法将土地份额所有权视为对某种类似物的权利。[2][3][4][5][6]因此，一方面，认为集体农庄、共同农庄、其他农业企业的员工以及与之等同的人享有土地份额所有权。另一方面，他们又不能实现，因为土地继续为他们依照改组程序建立的股份公司（有限责任公司）占有。农业私有化立法上的土地份额无论如何不能被纳入对物权

---

[1] Вестник ВАС РФ. 2005. No. 5.

[2] Греф Г. О. О мерах по реализации земельной реформы и развитию рынка недвижимости// Недвижимость и нивестиции. Правовое регулирование. 2005. No. 2. С. 37.

[3] Греф Г. О. О мерах по реализации земельной реформы и развитию рынка недвижимости// Недвижимость и нивестиции. Правовое регулирование. 2005. No. 2. С. 13.

[4] Крассов О. И. Право частной собственности на землю. М., 2000. С. 99 - 100; Сыродоев Н. А. Нотариальное удостоверение сделок с земельными долями//Бюддетень правовой информации "Земля и право". 1997. No. 3. С. 6.

[5] См.: Постановление Правительства РФ от 1 февраля 1995 г. No 96. "О порядке осуществления прав собственников земельных долей и имущественных паев"//СЗ РФ. 1995. No. 7. Ст. 534.

[6] Иконицкая И. А. Земельное право Российской Федерации. М., 2002. С. 35.

的民法理解中。由于在《农地流转法》中使用了按份共有权的民法结构，土地份额法律制度在很多方面都得到了解释：土地份额权开始服从不动产制度；须对农地共有权中份额的权利的产生、移转和终止进行国家登记，就产生了对这些地块进行勘界的需求。因为对其权利应进行国家登记的地块须进行描述并载入国家地籍图，有了请求分割农地按份共有权份额的权利依据，在将土地份额视为债权的情况下，这一点是很难解释的。

（二）未来俄罗斯土地立法的前景：土地立法的命运问题

由于土地法于20世纪90年代在自己的调整对象中丧失了自己的基于土地使用权而产生的法律关系，因此就产生了土地立法的命运问题。

坚持土地法学为部门法的学者认为，2001年《俄罗斯联邦土地法典》的通过就是最根本的论据之一。伊卡尼茨喀雅（Н. А. Иконицкая）就认为："在今天，对于将土地法作为独立的法学部门而言，像俄罗斯土地法典这种的法典化文件的存在具有异乎寻常的意义。"

在俄罗斯的一般法理论与部门学科理论中接受了对法部门和立法部门的划分，法的体系在于将所有的规范划分为部门、次部门和制度，并体现其内容结构。它是客观的，且在法本身没有本质性改变时不能改变。而立法体系则相反，不是按照内容进行区分的，而是按照形式进行区分的，这是对法的渊源的划分，而不是对规范本身的划分。因此，立法体系的结构不仅取决于法的内容，而且还取决于立法者的直接意愿。大部分学者都认为，立法体系与法的体系不同。在立法体系中可以遇到与独立的法部门并不一致的规范性文件，如法典化文件，包括关税法典、空气法典、铁路运输章程等。这种综合性立法文件之一就是2001年《俄罗斯联邦土地法典》。根据俄罗斯土地法学者的观点，其中可以遇到民法的、行政法的和金融法的规范。[1] 2001年《俄罗斯联邦土地法典》的结构本身在很多方面是从苏维埃时期的法典化文件中借鉴来的，包含了不同部门法属性的法规范。如第3章"土地所有权"就与第2章"土地的保护"相邻；第11章"土地监控、土地制度和国家地籍图"就在属于民法的第13章"对在为国家或公共需要而征收地块时的损失的补偿"之前。将土地立法作为综合部门在很多方面就预先决定了对民法与土

---

[1] Адиханов Ф. Х. Соотношение норм гражданского права и нори земельного права в регулировании земельных отношений в условиях рынка//Государство и право. 2001. No. 1. C. 39.

地法相互关系问题的解决。在按照立法者的意愿，民法规范被放置在土地立法的渊源中时，它们并不丧失自己的种属而仍然是民法的规范。在整体上，这种观点已经在土地法典的规范中得到了体现。根据《俄罗斯联邦土地法典》第3条第1款的规定，只有对将土地作为人民生活和活动基础的使用和保护关系，也就是说只有应当由公法规范予以调整的关系才属于土地关系。占有、使用和处分地块的财产关系，以及对地块实施的法律行为不在土地关系之内，且按照一般规则应由民事立法予以调整（第3条第3款）。

民事立法与土地立法的相互关系问题是民法与土地立法相互关系问题的构成部分。有的土地法学者认为，应当仅由土地立法调整的垂直和水平关系构成土地立法的对象。[1]尽管大部分土地法学者认同对象的同一，但是这些关系既可以由土地立法调整，也可以由民事立法调整。在这种情况下，不过是赋予了土地立法规范的优先地位而已。[2]实际上所有的民法学家（如 В. А. 朵佐尔采夫、А. П. 马科夫斯基、Е. А. 苏哈诺夫、Л. А. 戈洛西等）都认为，在宪法上受保护的不仅是国家或自治市所有的，而且还有私人所有的土地的可能性意味着对民法和土地法规范效力范围的变更。现在一般的观点是将土地立法作为综合立法部门。土地法学的代表人物邦科拉托夫（Н. Е. Пакратов）对该问题提出了类似观点，尽管没有使土地立法成为综合立法部门，但对在《俄罗斯联邦民法典》和2001年《俄罗斯联邦土地法典》中的民法规范的相互关系问题上，认为《俄罗斯联邦民法典》的规范具有优先性，而且土地法规范主要是指公法性的专门土地法规范。[3]

正确区分民事立法与土地立法还具有重要的实践意义，因为根据《俄罗斯联邦宪法》的规定，颁布土地立法属于俄罗斯联邦和俄罗斯联邦主体的共同管辖事项。而民事立法则相反，属于俄罗斯联邦专属管辖事项。因此，确认某个问题应由土地立法予以调整意味着允许俄罗斯联邦主体的立法予以解决。根据所形成的惯例，在联邦法律通过之前，允许俄罗斯联邦主体就该问

---

[1] Осокин Н. Н. Пути развития земельного законодательства Российской Федкрации（Материалы круглого стола）//Государство и право. 1999. No. 1. С. 52-53.

[2] Иконицкая И. А. Земельное право Российской Федерации. М., 2002. С. 37；Жариков Ю. Г. О некоторых проблемах развития земельного законодательства на современном этапе//Государство и право. 1997. No. 3. С. 41.

[3] Маковский А. Л. Гражданское законодательство. Пути развития//Право и экономика. 2003. No. 3. С. 37-38.

题通过自己的立法文件。将土地立法视为综合立法部门可以正确地解决这个问题，尤其是防止将与地块有关的民法规范转交给 80 多个俄罗斯联邦主体的意志。按照马科夫斯基的观点，俄罗斯联邦主体基本上可以通过变更地块法律制度变更其他的由联邦立法规定的不动产制度。[1]在俄罗斯，也发生了民法的联邦化现象，即联邦主体通过包含民法规范的法律。如莫斯科州在 2002 年 3 月 20 日之前就有一部 1995 年 10 月 27 日通过的《土地所有权终止程序法》[2]存在。依照《俄罗斯联邦宪法》第 55 条第 3 款和《俄罗斯联邦民法典》第 1 条第 2 款的规定，即使是对所有权的限制也应当是仅能通过联邦法律的规范进行，更遑论所有权的终止。

有学者提出，由于公民和法人的所有权和他物权，以及债权的法律关系构成了民法的调整对象，而目前没有理由由土地立法的规范调整这些土地权利，因此，在 2001 年《俄罗斯联邦土地法典》中的民法规范应当通过立法途径移出土地法典而载入民法典之中。此种做法的好处包括：第一，加强了对公民和法人的土地宪法权利的保护；第二，统一了对所有土地财产关系的法律调整，包括将土地作为不可动物的法律制度的调整；第三，可以重新审视对土地所有权、其他物权以及债权的公法限制；第四，由于《俄罗斯联邦民法典》中缺乏相邻权规范，将土地法典中的民法规范移入民法典中可以补充民法典缺乏相邻权规范之不足。

---

[1] Маковский А. Л. Гражданское законодательство. Пути развития//Право и экономика. 2003. No. 3. C. 38.

[2] 该法的效力被 2002 年 3 月 20 日莫斯科州第 11/2002 号"确认莫斯科州'莫斯科州土地所有权终止程序法'失效法"所终止。

现代俄罗斯法上的公共地役权制度

一、当代俄罗斯法上地役权

制度的二元分化从公法与私法区分的角度,役权可以区分为公共役权和私人役权。所谓私人役权,就是为了私的便利而设立的役权;所谓公共役权,就是为了公的便利而设立的役权。[1]具体而言,公共役权是指为了公益事业、国家或公众利益而存在的役权,其可分为公共人役权和公共地役权;而私人役权是指为了私人利益而存在的役权,其亦可分为私人地役权和私人人役权。仅就地役权而言,可以分为公共地役权和私人地役权。

在现代俄罗斯民法中,地役权的复兴与1994年10月21日《俄罗斯联邦民法典》的通过紧密相关。该法典第274条至第277条就是专门规定役权制度的,其中规定地役权制度的是第274条至第276条,第277条规定的是建筑物和构筑物役权制度。《俄罗斯联邦土地法典》(以下简称《土地法典》)2001年10月25日通过。该法典第23条规定了统一的地役权制度。《土地法典》明确了地役权可以是有期限的,也可以是无期限的,设定地役权应当尽可能地减轻供役地的负担,地役权都必须根据《俄罗斯联邦不动产权利及其法律行为国家登记法》进行登记。

在该规范的作用下,地役权制度被区分为具有实质性差别的两大体系。

第一,由《俄罗斯联邦民法典》规定的私人地役权制度,即作为属于一个不动产所有权人的对他人所有的相邻不动产的有限使用权。与罗马法的役

---

[1] 参见张建文:《公共役权的概念和性质》,载《美中法律评论:英文版》2008年第2期。

权概念一致，体现了役权制度存在的两个基本条件，即存在属于不同所有权人的一块土地为另一块土地的所有权人服务的两个不动产，而且这两块土地是相邻的。与公共地役权制度相比，其具有如下特点：

1. 主体特定性。也就是说，私人地役权只能发生在不动产所有权人与其相邻不动产所有权人或土地终身可继承占有权人或无期限使用权人之间。

2. 利益私人性。私人地役权制度解决的是相邻不动产之间的所有权人和特定的他物权（终身可继承占有权和无期限使用权）人之间为保障通过，铺设和使用输电线路、邮电线路和管道，保障给排水和改良土壤以及其他非设定地役权便不能保障的不动产所有权人的其他需要的目的。可见，该役权制度解决的利益冲突仅仅是为了私人之间的利益。

3. 设定契约性。根据《土地法典》第23条第1款，私人地役权根据民事立法设定。[1] 按照《俄罗斯联邦民法典》第274条第3款，地役权设立的主要方式或者第一位的方式是契约，而且该契约须进行不动产权利国家登记，只有在无法通过协议设定的时候，才可以启动司法程序，通过法院判决设定地役权。[2]

4. 在供役地权利人的保护上，主要是支付补偿费。承担私人地役权地块的所有权人有权要求为其利益设定地役权的人支付适当的费用，但联邦法律有相反规定的除外。

第二，由《土地法典》规定的公共地役权制度，其特点：

1. 主体不特定性。公共地役权的义务主体是特定的，但权利主体是不特定的，不是像私人地役权那样为相邻的不动产所有权人而设定，而是为不特定范围的人，即一般而言的所有公众而设定。

2. 利益公共性。也就是说，可以是为了公共利益、公产利益或者公众利益（亦即"保障国家、地方自治或地方居民的利益"）。具体而言，这些公共性利益包括：（1）通过地块；（2）利用地块维修市政的、工程的、电力的以及其他的线路和网络及交通基础设施；（3）在地块上设置界标和测量标志以及这些标志的通道；（4）在地块上实施排水工程；（5）取水和喂饮牲口；（6）赶牲口通过地块；（7）在适当条件和习俗的期间在地块上割草或放牧牲

---

[1] 参见《俄罗斯联邦环境保护法和土地法典》，马骧聪译，中国法制出版社2003年版，第57页。
[2] 参见《俄罗斯联邦民法典：全译本》，黄道秀译，北京大学出版社2007年版，第132~133页。

口，但森林资源土地范围内的同样地块除外；(8) 依照规定的制度在规定的时期，利用地块狩猎、在地块上的封闭水体捕鱼和采集野生植物；(9) 临时利用地块进行勘察、研究及其他工作；(10) 自由出入沿岸地带。

3. 设定立法性。在公共地役权的设立上，只能通过法律的明确规定来设立，而不能通过私法（合同）方式设立。按照《土地法典》的规定，主要有三种情形：一是俄罗斯联邦法律或其他规范性法律文件所设定的公共地役权；二是俄罗斯联邦主体（诸直辖市、州、共和国、区、边疆区等）的规范性法律文件所设立的公共地役权；三是地方自治机关规范性文件所设定的公共地役权。在设定公共地役权时，均应考虑公众听证会的结果。

4. 在供役地权利人的保护上更为全面。一方面是供役地权利人的司法保护请求权，即其权利和合法利益因设定公共地役权受到侵犯的人，可以通过司法程序维护自己的权利；另一方面是供役地权利人的反向征收权和补偿请求权。前者意味着在设定公共地役权致使地块无法利用的情况下，地块所有人、土地使用人、土地占有人有要求设定公共地役权的国家权力机关或地方自治机关征收他的这一地块的权利。在革命前的俄罗斯法中就有类似规定，如《俄罗斯帝国民事法律汇编》第10卷第1部分第584条第10款规定："如果剩余的被分割部分对占有人来说已经变得毫无益处，占有人可以要求全部转让财产。"该规定最早出现于1887年5月19日的法律中。后者意味着在设定公共地役权致使地块利用发生严重困难的情况下，地块所有人有权要求设定公共地役权的国家权力机关或地方自治机关支付适当的费用。值得注意的是，公共地役权的上位概念应当是公共役权，这个范畴最初为俄罗斯自然资源立法，后来为城市规划立法，最后为土地立法所采用，在俄罗斯私有化立法中也存在。在现实中，公共役权除了"公共土地役权"（《土地法典》第23条第2款、第3款）之外，还包括"公共水役权"（《俄罗斯联邦水法典》第43条和第44条）、"公共森林役权"（《俄罗斯联邦森林法典》第21条）和"公共城市规划役权"（《俄罗斯联邦城市规划法典》第64条）等，它们的共同特点就是没有具体的权利人而是授予无限制的（不特定的）人在某方面利用上述客体的权利。[1] 对于公共地役权的性质，有俄罗斯学者认为，公共役

---

[1] Е. А. Суханов. Понятие ивиды ограниченных вещных прав,《Вестник Московского университета》（сер. 11《Право》），2002，№4，С. 19-20.

权的概念与罗马法中的役权概念没有任何共同之处：它们并不是他物权的一种，而仅仅是体现了法律对所有权的限制；这种限制并不能被归入他物权的范畴，而只是构成了所有权行使的界限。[1]还有学者[2]甚至根本不承认公共役权的存在。按照十月革命前俄罗斯的立法术语，这种限制就是所谓的一般参与权，即法律无例外地为一切人的利益而规定的限制，如道路通行权、为船只和木筏拉纤而使用的河岸权、内河船行权等。[3]但也有学者认为，公共役权就是独立的民事物权类型，其权能就是对他人不动产客体的有限使用。[4]笔者倾向于认为，地役权的概念不仅在民法上，而且在行政法上以及国家法上都存在。尽管，通常的民法上的地役权是指在私人的不动产上为了私人的利益而设立的"一类以不可动物为对象的、有限度的享益物权"[5]，但在不少国家的民法典中，也存在为了公共利益而在私人不动产上设立的役权，如《法国民法典》第 649 条规定："法律规定的役权，得为公共的或地方的便宜，亦得为私人的便宜而设立。"[6]《智利共和国民法典》第 839 条规定："法定役权或关涉公共使用或关涉私人便利。"[7]

在《俄罗斯联邦民法典》中也有公共役权的规定，如第 262 条第 2 款规定了"土地自由通过权"，即"如果土地未被圈围，或者土地所有人未以其他方式表明非经许可不得入内，则任何人均可以在不对土地所有人造成损失或干扰的条件下穿越土地"。这里说的是私有土地，在同一条文的第 1 款中还规定了对于公用土地的一般使用，"公民有权自由地、无须任何准许地在国家所有或自治地方所有的并且不禁止公众通过的土地上，并在法律和其他法律文件以及该土地所有人许可的限度内使用这些土地上的自然客体"。因此，应当将公共地役权和私人地役权统一在役权的制度之下，尽管二者具有不少差别，但是二者的共同价值就在于解决利害关系人对相应的土地的利用冲突问题。

---

[1] Г. Ф. Шершеневич. Учебник русского гражданского права. Т. 1. М.：《СПАРК》，1995. С. 292.

[2] А. В. Копылов. Вещные права на землю. М.，Издва "Статут". 2002 г. С. 66.

[3] 参见张寿民：《俄罗斯法律发达史》，法律出版社 2000 年版，第 64 页。

[4] М. Н. Малеина. Право выеаспекты установлениияи прекращения публичного земельного сервитута// Журнал российского права. М.：Норма，2004. No. 12. С. 29.

[5] 黄风：《罗马私法导论》，中国政法大学出版社 2003 年版，第 223 页。

[6] 《拿破仑法典（法国民法典）》，李浩培等译，商务印书馆 1979 年版，第 86 页。

[7] 《智利共和国民法典》，徐涤宇译，金桥文化出版（香港）有限公司 2002 年版，第 187 页。

二、公共地役权的设定

公共地役权可以在作出提供土地所有权（永久无期限使用权、租赁权）的决定时同时设立，或者在提供土地所有权之后设立。公共地役权的设立可以划分为以下 5 个阶段：

第一，提出公共地役权设定申请。公民、法人、国家机关和地方自治机关都可以提出公共地役权的设定申请。利害关系人须向当局提出该申请。如根据 2003 年 2 月 17 日《伊尔库茨克公共役权条例》，公共役权设定申请要通过呈递给城市设施委员会的建筑城建局向市长提出（第 2.5 款）；[1]根据 2003 年 11 月 3 日的《秋明州公共地役权条例》，公共役权的设定申请要向该拟设公共地役权效力所及的地块所在的地方自治机关提出。在申请中，须指明设定役权的不动产客体、设定役权的种类与目的及其内容、效力范围与期限、设定的必要性、地块所有权人（土地使用人、土地占有人）的信息和役权设定利害所关系的人（人员名单或者范围）。

第二，国家权力机关或地方自治机关审查申请并指定公众听证。通常申请是由接受机关审查的。如在基洛夫州，申请就是由接受申请的国有财产部审查的，并由其委托地方自治机关进行公众听证。[2]

第三，组织和进行公众听证并按照听证的结果作出决定。按照《土地法典》的规定，设定公共地役权要考虑公众听证的结果。在联邦法律中并未规定组织公众听证的程序；而在司法实践中又认为，缺乏听证举行程序并不能免除公共地役权设定机关以各种方式获得公众对该问题的意见的义务。[3]在实践中，都是由拟设定的公共役权所在地区的俄罗斯联邦主体或地方自治机关进行公众听证。听证参加者的范围问题也是一个非常重要的问题。有学者建议，公众听证的参加者应当包括：（1）与役权设定利益攸关的地方单位的

---

[1] См.: РешениеГородской Думы Города Иркутскаот 17 февраля2003г. No 321－26г（з）оположении опубличных сервитутах.

[2] См.: П. 2. 1. , 2. 2. 2. Положения опорядке установления и прекращения Правительством Кировской области публичных сервитутов в отношенииземельных участков, находящихсяна терриорииобластиот14 мая2002 г.

[3] См.: Постановление ФАС Поволжского округа по делуNo 12-17236/ 02-C43 от10 апреля 2003 г. // Вестник ВАСРФ. 2003. No7.

居民；（2）在该相应区域的组织的代表；（3）（设定地役的）土地所有权人以及其他该地块的其他合法占有人（承租人、终身可继承使用权人等）；（4）国家权力机关或地方自治机关的代表。[1]

第四，国家权力机关或地方自治机关作出设立公共地役权的决定。公共地役权是按照俄联邦、俄联邦主体或地方自治机关的法律或者其他规范性法律文件设定的。在规范性法律文件中体现的公共地役权设立决定，包括不动产客体、其所在地、地块所有权人或者其他占有人的地籍编号、役权的名称、内容、效力期限和设定条件。通常，在俄联邦主体的实践中，都是由国家执行权力机关——俄联邦主体政府作出设立公共役权的决定。有时还在俄联邦主体当局下建立永久性咨询协商机关，其决定仅仅具有建议性质。在伊尔库茨克州，当局就建立了公共役权设立问题审查委员会，负责准备并向州长提出设立具体役权的建议。在自治市组织中，由市长作出决定[2]或者由集体机关——自治市组织当局作出决定。[3]

第五，对公共地役权进行国家登记。公共地役权在登入统一的不动产权利与法律行为国家登记簿之后生效。根据俄联邦1997年7月21日颁布的《不动产权利及其法律行为国家登记法》第27条第1款，役权的国家登记依据不动产所有权人的申请或者在所有权人同意的情况下依据为其利益设立役权的人的申请而进行国家登记。公共地役权国家登记规费是由俄罗斯联邦主体的文件规定的，但不得超过俄联邦政府规定的最高限额。在俄联邦政府的决议中，规定收取的公共地役权国家登记规费，自然人不得超过500卢布，法人不得超过7500卢布；[4]没有规定最低数额。在有的州甚至不收费，如列宁格勒州，该州使用自己的费用进行国家登记。如果一个不动产客体同时负担了几个役权，则每个役权都需要进行国家登记。负担公共役权的不动产客

---

[1] Малеина М. Н. Правовые аспекты установлениии прекращения публичного земельного сервитута// Журнал российского права, -М.：Норма, 2004. №. 12. С. 29-39.

[2] См.：п. 2. 3. Положения опорядке предоставления земельных участков, находящих сявсобственности иливедении муниципального образования "Город Йошкар-Ола" от17 июня2002 г.

[3] См.：п. 2. ст. 2. Положения об установлении публичных сервитутов в интересах муниципального образованияг. Кохмаот26 июня2003 г.

[4] См.：Постановление Правительства РФ от 26 февраля 1998 г. "обустановлении максимального размерплатыза государственную регистрациюправ на недвижимое имущест во исделоксними за предоставление информациииоза регистрированных правах"//СЗРФ, 1998. № 9. Ст. 1121.

体所有权人无视国家机关在公众听证基础上作出的公共地役权设立决定而拒绝进行国家登记的情形也是存在的，解决的办法就是由法院依照在役权设立文件中规定的使用人（任何一人）的请求而作出登记判决。因此，公共役权也可能是依照法院判决进行登记的。有些俄联邦主体将必须签订公共役权设立合同作为公共役权设立的额外依据。有学者指出，因为公共役权的基本特征都被揭示在规范性文件中了，所以没有必要签订额外的公共役权合同。公共地役权能否通过法院的判决设定，在《土地法典》中并未规定法院判决可以作为产生这种役权的依据，但在某些俄联邦主体和自治市组织的法案中却直接提到了这一点，认为公共地役权可以通过法院的判决设立。在仲裁实践中，法院的判决拒绝设立公共地役权，因为这种公共役权是由《土地法典》的专门规范规定以特别程序由俄联邦或者俄联邦主体的法律或其他规范性文件设立的。[1]因此，《土地法典》规定了通过公众听证而不是以合同形式或者以判决形式协调土地所有权人和将来的土地使用人之间的利益的可能性。尽管不能以司法判决形式设立公共役权，但是可以依照司法程序对拒绝设立公共役权的决定进行起诉。其法律依据有二：一是《俄罗斯联邦民法典》第12条、第13条的规定，公民和法人有权请求确认国家机关或地方自治机关的文件因不符合法律或者其他法案，并侵犯了公民的民事权利和合法利益而无效；二是受到损害的公民可以利用《对侵犯公民权利与自由的行为和决定向法院申诉法》第2条，将侵犯公民的权利与自由、阻碍公民行使其权利与自由、非法课加公民承担某种义务的集体的和单独的行为（决定）诉诸法院。

三、公共地役权的终止

根据《土地法典》第48条第2款，公共役权在其所设立的公共需要不存在时，通过作出废除设立役权的规范性文件而终止，而且公共地役权的终止应当进行国家登记。立法并未规定其他公共地役权的终止依据。在有些俄联邦主体的法案中规定，在期限届满时公共役权的效力通过废除役权的规范性

---

[1] См.：Постановление ФАС Московского округа по делу № КГ－А40/4955－02 от 30 августа 2002 г.

文件而终止。[1]不过，在许多法案中并未有这种规定。可以推断，有期限的公共役权随着期限届满而自动终止，无需通过规范性文件。在有的联邦主体和自治市组织的法案中规定，要求终止公共役权也须在公众听证基础上作出废除役权的法案，如基洛夫州政府 2003 年 5 月 14 日决议；而在另外一些州则相反，即不需要进行公众听证，如《秋明州公共地役权条例》第 4 款。

有学者认为，尽管在俄联邦立法上没有规定这一点，但在逻辑上可以规定一个一般规则：第一，如果规范性法律文件规定了永久性（无期限）公共地役权，则其废除也应当在考虑公众听证后依据规范性文件进行；第二，如果以规范性法律文件规定了有期限公共地役权，则其废除就不需要进行公众听证而依据规范性文件进行，因为役权终止的时间点在进行役权设立听证时，已经是听证的内容了，而且利害关系人可以表达自己的态度。[2]在基洛夫州 2002 年 5 月 14 日的决议第 3.6 款中规定，如果不能按照其用途使用供役地，公共役权也可以按照法院的判决而无需进行公众听证而终止。这并不符合《土地法典》第 23 条第 7 款的规定，根据该款，所有权人有权要求赎买或者互易等值地块，但役权并不终止。地块移转给新的所有权人后仍然负担公共地役权。

依照法院判决终止公共地役权，只可能有两种情形：一是在设立公共地役权的规范性文件被确认为无效时；二是在法院将公共地役权设立文件作为违法文件而不予适用时（《俄罗斯联邦民法典》第 12 条）。对于公共地役权能否以时效取得，俄罗斯学者探讨较少。从《土地法典》的规定来看，基本上排除了依据民法时效制度产生公共地役权的可能性。因为，一方面《土地法典》明确规定了私人地役权的设立依据民事立法，而公共役权的设立依据俄联邦、俄联邦主体和自治市组织的法律或其他规范性法律文件；而另一方面，从保障负担公共地役权的土地权利人与可能的使用权利人的利益平衡角度看，《土地法典》规定了强制性的公众听证制度，而通过时效制度的产生则缺乏这种正当程序的过滤与平衡。随着俄罗斯土地私有制度的更进一步深化，将来是含有产生类似时效形成公用地役关系的情形，尚属难料。

---

[1] См.: П. 14. Постановления Орловского Горсовета народных депутатов от 29 мая 2003 г. "Опорядке установления права ограниченного пользования чужим земельны мучастком (публичного-сервитута) на территории города Орла".

[2] Малеина М. Н. Правовые аспекты установлениияи прекращения публичного земельного сервитута// Журнал российского права, -М.: Норма, 2004. №. 12. С. 38-39.

第七章
俄罗斯知识产权立法完全法典化的进程与特点

2006年12月俄罗斯通过了《俄罗斯联邦民法典》第四部分"第七编 智力活动成果与个性化手段权"（简称"知识产权编"），自2008年1月1日起生效，完成了自1994年以来历时13年的民法典编纂进程。《俄罗斯联邦民法典》以其独特的结构和理念成为当今最年轻也最激进的民法典。《俄罗斯联邦民法典》各部分完全齐备，共七编，包括总则、所有权与他物权、债法总则、债的种类、继承、国际私法、智力活动成果和个性化手段权。而知识产权编包括九章（第69章~第77章）：一般规定、著作权、邻接权、专利权、育种成就权、微积分拓扑结构权、商业秘密权、法人、商品、工作、服务和企业个性化手段权、作为统一技术构成的智力活动成果使用权。其特点：一是实现了知识产权立法的完全法典化。完全法典化就是指将知识产权立法完全法典化并取代和废除知识产权单行法，此后知识产权法律的适用须依据统一法典。二是实现了知识产权立法的完全民法典化。所谓的完全的民法典化是指该法典化不是制定单独的知识产权法典，而是将之完全纳入民法典，成为民法典的组成部分。三是对传统知识产权制度进行了激进、大胆的改革与创新。如在民法典中规定了对动物和植物育种成就的一体化保护制度。

本书将综合俄罗斯知识产权立法参与者以及俄罗斯知识产权学者的观点介绍该立法的历史进程和特点。

一、俄罗斯知识产权立法完全法典化的历史进程

按照参与起草工作的专家谢尔盖耶夫的观点，俄知识产权立法法典化可以分为三个阶段，分别完成了三个主要的知识产权编草案。总体而言，前两

个阶段都是非完全法典化的编纂，共同点在于在将知识产权规范法典化的同时并没有废除现行的知识产权特别法，所不同的是在第一阶段试图将更为完整的知识产权体系纳入民法典；而第二阶段则试图仅将知识产权的一般规定法典化并纳入民法典，但在具体方法上存在分歧，即单独成编抑或是分散到现有的各部分；而最后一个阶段则是完全法典化的阶段，不但将知识产权的一般规定和展开规则都民法化，且同时废除现行的知识产权单行法。

（一）第一阶段：从 1994 年到 2001 年

在第一阶段，起草工作是由多佐尔采夫教授领导的私法研究中心的工作组完成的。最初起草者认为，知识产权部分应当纳入《俄罗斯联邦民法典》第二部分，但 1995 年年初公布的草案太过粗糙，不仅不适于纳入《俄罗斯联邦民法典》第二部分，甚至也不适于进行深入讨论，因此将涉及知识产权、继承法和国际私法的各编纳入《俄罗斯联邦民法典》第三部分。最初的知识产权编草案称为"创造活动成果与个性化手段权（专有权）"，由一般规定（11 个条文），著作权（21 个条文），邻接权（17 个条文），发明、实用新型（16 个条文），商业秘密、反不正当竞争保护（2 个条文），商品个性化方式、企业名称、商标、原产地名称（27 个条文）等七章构成，存在不少明显的矛盾、漏洞和错误。后来该草案被多次增补，增加了新的章节和新的权利保护客体。1997 年、1999 年和 2000 年草案就是该项工作的阶段性成果。2001 年，根据上述草案由原来的起草专家在俄联邦经济发展与贸易部的庇护下起草了最后的草案。实际上可以说 1997 年草案的轮廓基本上没有变，但最终草案在立法技术质量上有很大改善，篇幅也大大增加，受保护对象的范围也得到扩大，所有这些草案对知识产权关系的法律调整都持一致观点，多佐尔采夫教授是该观点的奠基人。他并不认同"知识产权"的术语，更愿意使用"专有权"的表述。他认为，知识产权立法法典化的最佳道路就是"包含一般规定的文件也包括了特殊部分，涉及客体种类的民事权利的基本规定。但同时还要存在几个特别法，尽管不是全部的而是个别的需要详细的主要是综合性地规制的客体种类的特别法"[1]。按照他的观点，该文件可以是民法典，也可以是某个专门文件，但最好是将专有权的一般规定纳入民法典。1995 年到

---

[1] Дозорцев В. А. Новая эра в охране исключительных прав. Система права и система законодательства. //Право и экономика. 1995. No15–16. С. 35.

2001 年的所有草案都是以该思想为基础的，这些观点在 1999 年 3 月 26 日由联合国教科文组织干事牵头的著作权国际学术理论研讨会上得到最大反响。[1] 但是，草案也遭到俄罗斯国内外大多数专家的激烈批判，主要集中在：试图不仅将知识产权的一般规定，而且也将关于其客体的展开规则规定在民法典中的做法、在民法典和特别法之间安排规范性材料不符合逻辑解释、编纂者们对专有权的本质的理解极为特殊、许多内在的矛盾和没有解决的问题、违背国际条约的规定及其他缺陷。最终该草案没有得到行政机关的支持，也没有提交国家杜马。其后，通过了不包括知识产权编的《俄罗斯联邦民法典》第三部分。

（二）第二阶段：从 2001 年到 2005 年

第二阶段对于民法典化的具体模式意见存有分歧。集中派认为，应当将知识产权的一般规定独立成编纳入民法典，并制定了相应草案，但没有得到官方支持。由于当时《俄罗斯联邦民法典》的其他部分都已经全部通过，因此主张对已经通过的《俄罗斯联邦民法典》各部分进行修改，将知识产权的一般规定分散补充到各个部分的观点（分散派）占了上风，得到了官方支持。

1. 知识产权成为民法典中的单独一编：集中派的知识产权法典化草案。集中派的首个草案是由圣彼得堡大学法律系民法教研室主任谢尔盖耶夫在 1999 年起草的，被称为圣彼得堡大学民法教研室草案或建议稿，[2] 有 25 个关于知识产权客体的一般性条文。2001 年该草案几经完善后由议员科米萨洛夫提交国家杜马。2002 年初俄联邦经济发展部组建了新的工作组，起草独立成编的知识产权一般规定的草案。该工作组由谢尔盖耶夫领导，最终工作成果就是第七编"知识产权"草案，包括"知识产权的一般规定（11 个条文）"、"知识产权权利的行使（10 个条文）"和"知识产权的保护（8 个条文）"三章。在该草案包括了多佐尔采夫草案的一些规定，但这些草案之间具有本质性差异（特别是对知识产权本质的理解）。该草案也没有得到权力机关的支持。

---

[1] Проблемы интеллектуальной собственности в Гражданском кодексе России//Труды по интеллектуальной собственности. Т. l. М．, 1999.

[2] В. Н. Лопатин Особенности кодификации законодательства об интеллектуальной собственности в Российской Федерации, М．, Издание Совета Федерации, С. 241.

知识产权规范散落民法典各部分：分散派的知识产权法典化草案。2003年在俄联邦出版、电报广播和大众通讯手段事务部（简称出版部）的保护下，推出了修改和补充《俄罗斯联邦民法典》第一、二、三部分的联邦法律草案，提出将知识产权的一般规定分散规定于民法典各处的解决方案。方案不仅考虑了以前起草的知识产权一般规定的草案（既有多佐尔采夫草案，也有经济发展部草案的规定），而且也包括了一系列新的规定。其中首次出现了概括性的范畴，诸如包括了专有权、人身非财产权利和其他不能纳入上述任一范畴的其他权利的知识产权（带附"2"的第149条）的概念。2003年9月，该草案得到了反对知识产权领域中侵权行为政府委员会的赞同并被发往民事立法法典化与完善委员会征求意见，并在当年12月得到了该委员会的赞同。2005年9月，俄联邦教育与科学部开始接手实现出版部的草案。但此时该草案的命运已经注定没有结果了，因为权力机构的代表们由于他们自己才知道的原因，已决定起草知识产权立法完全法典化草案，并废除所有特别法律。

（三）第三阶段：从2005年9月到2006年12月

第三阶段的起草工作是在极为秘密的状态下以极快的速度完成的。2006年2月22日，俄联邦贸工署知识产权委员会网站上首次公布了该草案，3月7日举行了知识产权保护联合圆桌会议，3月9日反对知识产权领域中侵权行为政府委员会对草案进行审议，3月14日俄联邦文化部举行了圆桌会议，3月17日举行了联合国教科文组织著作权与其他知识产权法部门干事特别会议，3月22日国家杜马举行了"娱乐行业：知识产权"圆桌会议，3月23日草案第二稿准备完毕，3月24日举行了第二次知识产权保护联合圆桌会议，3月30日俄联邦贸工署知识产权委员会举行例会，4月3日共和国知识产权科学研究所举行了"俄罗斯联邦民法典中的知识产权"圆桌会议，4月17日举行了国家杜马教育与科学委员会创新活动与知识产权专家委员会例会，6月5日民事立法法典化与完善委员会举行例会，7月18日俄总统将草案提交国家杜马和联邦委员会，9月15日俄联邦审计院专家咨询委员会进行讨论，10月5日国家杜马民事立法、刑事立法、仲裁立法和诉讼立法委员会进行国会听证，11月3日在俄联邦社会署进行讨论，11月8日进行了法律草案二读，11月24日进行了法律草案三读，11月28日草案提交联邦委员会，12月8日联邦委员会通过该法律，12月18日总统签署第230号联邦法律，12月22日该法律官方公报"俄罗斯报"公布。

二、俄罗斯知识产权立法完全法典化的特点

即使已获国家杜马通过，但是，俄罗斯知识产权界的专家对该法的争议仍然没有停止。如 B. H. 洛巴金认为，"如果我们所感兴趣的是实现俄联邦总统所提出的有效保护所有的包括国家在内的权利持有人的知识产权的任务，如果我们所感兴趣的不是破坏而是保留和完善该领域中的法律适用实践，如果我们所感兴趣的不是实现编纂者们的野心和制定独一无二的立法文件而是保留所有最好的东西并进一步发展，那么所能得到出的结论就只有一个：必须在知识产权领域中保留立法的二元结构，要么在该领域中保留和完善单行法将一般规定在《俄罗斯联邦民法典》中予以法典化，要么通过综合性的知识产权法典"。按照洛巴金的观点，俄罗斯知识产权立法完全法典化具有以下特点：

第一，在公众对法典化思想的支持上，存在着重大分歧：如何以及在何种范围内将知识产权立法法典化？法律的起草和通过是在学术界缺乏统一意见和缺乏该领域的主要学者支持的情况下进行的。部分起草者如雅卡夫列夫、马科夫斯基、巴甫洛夫、特拉赫滕格尔茨等，相信有必要完全法典化，将所有的知识产权立法规范都纳入民法典，同时废除知识产权领域中的六部单行法，他们认为，"完全法典化——这是最有效的提高知识产权客体保护水平的方法"。而其他学者如谢尔盖耶夫、惹宁、格拉多夫、菲多托夫等及绝大多数权利持有人都仅赞成将一般规定法典化，而同时保留知识产权立法的二元体系。

第二，法律的起草与审议是与社会和学术界的讨论平行进行的，没有考虑讨论的结果。以前讨论此类重要的基本问题时，国家通常是在学术和社会层面进行争论并考虑其讨论结果后作出决定的，这次则相反。从 20 多次对法律草案的讨论显示，大部分专家都坚持保留立法的二元体系和仅将知识产权一般规定法典化。在审议时，无论是在俄联邦审计院专家咨询委员会的综合鉴定结果，还是国会听证中都有支持保留知识产权立法二元体系的观点。但国家杜马并没有考虑这些观点和讨论结果。

第三，完全法典化违背俄宪法要求。按照《俄罗斯联邦宪法》第 71 条，知识产权的法律调整应与刑事立法、民事立法和其他部门立法分开进行。将

知识产权立法的规范在《俄罗斯联邦民法典》第四部分中予以完全法典化违背了宪法的要求。如 2003 年第 22 号联邦法律修改和补充的俄专利法，其中第 9.1 条赋予了国家通过被授权的行政机关对预算资助所取得的智力活动成果提出专利申请的权利，但是《俄罗斯联邦民法典》第四部分并没有条文规定联邦预算拨款，导致法律规范仅是被宣示而不能被执行。

第四，法典化不符合俄罗斯的国际义务以及国外和公约的经验。一是，在知识产权的定义上，用一个穷尽的、封闭的客体清单和一个开放的权利清单，引入了包含专有权、非财产权和其他权利的"知识权利"的概念，违背了世界知识产权组织所确定的"知识产权"、知识产权客体种类以及解决新出现的知识产权客体法律保护问题时所确立的基本规范。该法第 1226 条基本上改变了智力活动成果权的结构并且引入了全新的知识权利制度，所提出的结构不能纳入通常的根据客体特征建立的在财产法律关系和人身非财产法律关系区分之上的民事法律关系模式。二是，第 1225 条以封闭清单的形式列举了知识产权的客体范围，这就假定了基本上不可能出现新的知识产权客体，将严重阻碍建立新的知识产权保护机制，而且也排除了国际法所规定的知识产权客体，如将反不正当竞争保护排除在保护客体之外，将计算机软件作为独立的知识产权客体，这与俄罗斯和欧盟及其成员国的知识产权保护协议以及《世界知识产权组织版权公约》第 4 条和 TRIPS 协议（全称为《与贸易有关的知识产权协定》，以下简称为 TRIPS 协议）第 10 条并不一致。三是，在作品的自由使用上，忽视了国际法的基本原则，即对著作权的限制只有在不会给作品正常使用带来损害且不会以无理方式漠视作者的合法利益时才允许。这个原则在《伯尔尼公约》第 9 条、《世界知识产权组织版权公约》第 10 条、《世界知识产权组织表演与唱片公约》第 16 条、TRIPS 协议第 13 条、欧盟成员国的立法以及欧盟 2001 年第 29 号"关于协调在信息社会中著作权和邻接权的某些问题"的指令中都有规定。没有该原则的约束，在数字环境中自由使用知识产权客体肯定会实质性地降低作者权利的保护水平。四是，全世界知识产权立法都是体现为单行法和几个国际协议，将所有的知识产权规范予以完全民法典化将使俄罗斯处于一种特殊状态。

第五，不符合俄罗斯的法律结构和法典化传统。该法内容有 1/3 是行政立法规范，因此在结构、概念、部门属性上都与俄罗斯民法法典化的理念和传统相悖，破坏了俄民法典的一般逻辑，即以民事立法领域中民法典和单行法之间的法律调整负担为基点。根据这种学说，第四部分实际上废除了作为部门法的民法典并将其变成了综合法典。废除单行法导致俄民法典中纳入了大量的不属于民法的规范群，剥夺了立法者颁布某些种类的知识产权单行法的可能性，造成对蓬勃发展的知识产权关系法律调整进行技术性修改的难题，而且破坏已有的法律适用实践。值得注意的是，除了被废除的单行法之外，知识产权的规范还被包含在其他法律中，特别是《民间手工艺业法》《大地测量与制图法》《药品法》《大众信息传媒法》《建筑活动法》《商业秘密法》等。

第六，第69章的一般规定与其他单行法以及各章之间都存在严重的内在矛盾。知识产权立法法典化的核心问题之一就是确定智力活动成果在民事权利客体中的地位及其法律制度的问题。但在第69章"一般规定"中大部分都是特别规范，没有设立对立法的一般要求。特别是对诸如职务智力活动成果的法律制度、对在履行国家（自治市）订货时创造的智力活动成果的权利、智力活动成果自由使用（对知识产权的限制）原则、权利穷尽原则、某些智力活动成果平行保护的可能性、国家的智力活动成果权等重要问题，既没有一般的解决，也没有在各章中予以解决。

第七，在适用实践中可能会产生消极后果。完全民法典化将使俄罗斯知识产权立法走上了一条独一无二的特殊道路。俄罗斯在20世纪90年代前期颁布了知识产权单行法，并在这些法律的影响下形成了实践。这些单行法已经被国际专家公认为世界上最好的立法之一。新法律的规范在很多方面都是革命性的，这就会导致对自己的时代而言过于超前的立法规定在实践中实际上不会被适用。结果就需要整整十年来形成法律适用实践，培养通晓该法律规范并能按其适用程序审理案件的专家。而且，新立法的规模过于庞大，需要花费无数时间、物质和金钱的投入用于思考和学习新法律、解决新的不计其数的法律冲突。

三、结语

无论从形式上还是实质上，完全民法典化的俄罗斯知识产权立法都是世界上独一无二的。除了法国、菲律宾实行的单独的知识产权法典模式，[1]以

---

〔1〕参见胡开忠：《知识产权法典化的现实与我国未来的立法选择》，载《法学》2003年第2期。

及将知识产权的一般规定纳入民法典又在民法典之外保留知识产权单行法的折中模式（如《苏联民事立法纲要》及1964年《苏俄民法典》）之外，俄联邦采用的完全民法典化的模式[1]将对其知识产权法律实践带来较大冲击。但也必须看到，这在立法体例方面开创了现代知识产权立法的一个新时代。

---

[1] 参见王太平：《学术法·法典化·知识产权法典化》，载《电子知识产权》2006年第8期。

第八章
俄罗斯知识产权与民法典关系的立法史考察

2006年12月18日俄联邦总统普京签署总统令颁布《俄罗斯联邦民法典》第四部分"第七编 智力活动成果和个性化手段的权利",以此全部终结了自1994年开始的俄罗斯民法法典编纂,也意味着俄罗斯在世界上第一个将知识产权立法民法典化,而且是完全民法典化,这一创举性成果受到世人的广泛关注。普京总统在签字后感慨地说:"这是国家生活中的大工程和大事件……这完全是俄罗斯立法的一个重要里程碑。"而在此之前,在大陆法系国家中,除了法国和菲律宾等少数国家编纂了单独的知识产权法典外,世界上还没有一个国家将整个知识产权部分纳入到民法典之中一并规定。[1]荷兰民法典知识产权编也尚停留在草案阶段,至今尚未通过。[2]俄罗斯为何会一反世界主要资本主义国家的知识产权立法体例,将知识产权立法完全民法典化?就连俄罗斯的诸多学者也说不清楚,为何最后知识产权立法法典化的道路竟然是完全民法典化。正如有学者所说,"俄罗斯对于世界各国人来说,可以说包含着许许多多的谜——令人费解、费人猜详!那么,俄罗斯自己,该对自己、该对自己的民族有一个深刻的了解了吧?不然。请看白银时代俄国文坛首屈一指的大诗人、俄国知识界代表人物亚·勃洛克是怎么说的吧:俄罗斯是个斯芬克斯"。[3]本书认为,要回答这个问题,完全有必要从历史的角度探讨,近200年来在俄罗斯现代化转型过程中,对知识产权立法与民法典关系的立法实

---

[1] 参见郑成思:《知识产权论·前言》,社会科学文献出版社2007年版,第1页。

[2] 参见王志华:《论俄罗斯民法典的编纂及其历史承继性》,载《学习与探索》2008年第4期。

[3] 张冰:《俄罗斯文化解读——费人猜详的斯芬克斯之谜》,济南出版社2006年版,前言第1页。

践，从历史的轨迹去尝试回答一个看似很具有偶然性的问题，即何以俄罗斯会在世界上率先实现知识产权立法的完全民法典化？本书的基本观点是，俄罗斯知识产权立法的完全民法典化的模式选择，一方面是俄罗斯近200年来近现代化进程中处理知识产权立法与民法典关系上的传统见解（知识产权立法的民法典化模式）的历史性延续，另一方面也是现代俄罗斯立法者在知识产权立法民法典化模式道路上的极端性发展。

一、俄罗斯帝国时期知识产权立法与民法典关系的立法实践

（一）《俄罗斯帝国民事法律汇编》将知识产权纳入"所有权"的范畴

俄罗斯帝国的第一部著作权法是1828年生效的，而且只适用于作者和书籍出版人。在1830年颁布了《作者、译者和出版人条例》，1845年颁布了《音乐所有权规则》，1846年颁布了《艺术所有权条例》。从1887年起，所有的著作权规范都被重新放置于《俄罗斯帝国民事法律汇编》之中，作为第420条的附注，它囊括了关于科学和文学作品（словесности）的所有权、艺术所有权、音乐所有权的规定。[1]作为俄罗斯帝国时期实质意义上的民法典的《俄罗斯帝国民事法律汇编》第10卷第1部分，其第420条规定了所有权的定义，但并非仅仅对作为所有权客体的有形物适用，而且也适用于著作权，其附注二规定："关于文学及艺术之著作所有权利属于其著作人或其著作人之承继人，又属于从甲者或者乙者所授予所有权利者名为文学及艺术上之所有物，而关于音乐之著作所有权名为音乐上之所有物，又此类所有权利之根据，及享有其利之期限并与此所有权利合一之权利，有侵犯之争论时保护之顺序皆规定于相关之法律及民事裁判法中。"[2]可见，俄罗斯帝国时期此时的立法将著作权视为所有权之一种，与有形物的所有权并无多大区别，以民法典中的"物权（所有权）"规范调整著作权，这也是当时所流行的知识产权所有权理论影响的结果。此种立法在体例上也有其特点，那就对知识产权法律调整的一般规定放置于民法典中，且适用民法的一般规定，而在单行法中规定

---

［1］Свод Законов Российской империи. Свод Законов Гражданских. Т. X. Ч. I. СПб.：Государственная типо графия-，1990. C. 61，291-297.

［2］《俄罗斯民法》，耿济之译，司法部参事厅1921年版。

知识产权法律调整的特殊规定。

（二）《俄罗斯帝国民法典草案》试图在"物权法"范围内将知识产权法完全民法典化

在 1882 年~1917 年的俄罗斯民法典编纂活动中，这种知识产权的所有权理论得到进一步的张扬，而且出现了试图将知识产权的法律规范全部法典化纳入民法典的努力。在 1905 年《俄罗斯帝国民法典草案》中，第三卷"物权"的构成中包括八编：第一编一般规定，第二编所有权，第三编占有，第四编他物权，第五编抵押与质押，第六编土地所有权的特殊类型，第七编著作权，第八编发明、商标及商号权。

值得注意的是，著作权编包括文学所有权；音乐所有权；戏剧作品、音乐作品和音乐剧作品公开表演权；艺术所有权四章，而发明、商标及商号权编则包括了发明权、商标权和商号权三章。对于著作权的定义，第 1264 条规定："根据其属于文学作品、音乐作品或者艺术作品，著作权称之为文学所有权、音乐所有权或者艺术所有权。"涉及文学所有权的有 36 个条文，涉及音乐所有权的有 10 个条文，而涉及戏剧作品、音乐作品和音乐剧作品公开表演权的有 5 个条文，涉及艺术所有权的有 16 个条文，全编共计 68 个条文。发明、商标及商号权一编包括发明权、商标权和商号权三章，共计 12 个条文。

在立法体系上将包括著作权在内的知识产权纳入民法典"物权"部分是俄罗斯帝国时期知识产权立法的创见，百余年后俄罗斯联邦在知识产权立法的体例上与帝国时期的立法具有强烈的历史承继性，即将知识产权立法民法典化，但不同的地方在于，帝国时期的立法是将知识产权立法部分在"物权法"的框架内予以法典化，而《俄罗斯联邦民法典》是将知识产权立法作为与所有权和他物权相并行的独立一编予以法典化。

此外，值得一提的是，俄罗斯帝国最后一部著作权法是 1911 年 3 月 20 日通过的《著作权条例》。[1] 该法律将著作权适用于地图、拓扑图、天文图和其他类型图纸（астрономические ииногорода карты）、自然科学绘图（рисунки по естество знанию）、建筑图和其他技术图、绘画（рисунки）、平面图（чертежи）、

---

[1] С. А. Беляцкин. Новое авторское право вегооосновных принципах. СПб.：Право，1912；С. 142-143.

戏剧作品、音乐剧作品和摄影作品及类似作品。整体来说，这是一部先进的法律，它只是在某些关系方面没有追随国际惯例，特别是它允许自由翻译外国作品，不对电影作品提供保护等。该法律的这些特点不符合保护文学和艺术作品的《伯尔尼公约》的某些原则。俄罗斯当时并不认为有必要参加上述公约，因为当时的俄罗斯觉得拥有伯尔尼联盟的成员地位的好处并不明确。许多著名的文学家在反对加入伯尔尼联盟的同时，利用外国立法和外国的出版与司法判例成功地适用了双重标准原则保护了自己的著作权。

当代学者都承认，对俄罗斯帝国著作权法产生最大影响的是德国立法，法国立法稍次之。尽管长期被遗忘，但俄罗斯帝国著作权法的许多规定后来还是在苏联立法以及后来的《俄罗斯联邦民法典》和独联体国家立法中得到了体现。[1]

二、苏维埃俄罗斯时期知识产权立法与民法典关系的立法实践

（一）1922年《苏俄民法典》与知识产权立法的关系

在俄罗斯帝国被推翻后，著作权领域中的法律关系由苏维埃人民委员会部（Совета Народных Комиссаров，以下简称 СНК）在 1918 年[2]、1925 年[3]和 1928 年[4]颁布的命令和决议，以及加盟共和国苏维埃人民委员会部的决议所调整。与提高了作者权利保护水平的法国大革命的命令不同，苏维埃当局的命令与俄罗斯帝国1911年的《著作权条例》相比，是实质性地限制了作者们的权利。苏维埃当局命令的精神在许多方面是符合从俄罗斯帝国出版审查章程的内核中产生出来的俄罗斯著作权立法的意识形态的。依照 СНК1918 年的《关于科学、文学、音乐和艺术作品的命令》，任何作品都可以被宣布为共和国财产。尽管在任何被宣布为共和国财产的作品出版时，作者都会被发

---

[1] С. А. Судариков. Основы авторского права. -Мн.：Амалфея，2000：с. 46.

[2] Декрет СНК 《О научных, литературных, музыкальных и художественных произведениях》. 26 ноября 1918 года // СУ. 1918. № 86. Ст. 900.

[3] Декрет Совета Народных Комиссаров 《Об основах авторского права》 от 30 января 1925 года // СЗ. 1925. № 7. Ст. 66-67.

[4] Декрет Совета Народных Комиссаров 《Основы авторского права Союза ССР》 от 16 мая 1928 года // Собрание Узаконений. 1928. № 27. Ст. 245. Декрет Совета Народных Комиссаров 《Об авторском праве》 o8 октября 1928 года // Собрание Узаконений. 1928. № 132. Ст. 861.

给报酬，而在作者死亡时，其有需要的和无劳动能力的亲属享有通过省社会保障局获得维持生活（прожиточный）水平的物质帮助权，但是实际上还是废除了作者们的财产权。根据该命令，17位俄罗斯作者的作品，包括 A. 波罗金、П. 柴可夫斯基、M. 穆索尔科斯基、П. 利姆斯基·科尔萨科夫、A. 斯克里亚宾、A. 鲁宾斯泰因的作品都被宣布为俄罗斯苏维埃社会主义联邦共和国财产。[1]在决议中宣布"被宣布为国有的作品的继承人根据现行法律获得补偿"。在1925年宣布所有的 Э. 辛克勒作品的俄文译本和 Г.В. 普列汉诺夫的所有作品为俄罗斯苏维埃社会主义联邦共和国财产。[2]

值得注意的是，在1922年《苏俄民法典》中并没有规定知识产权的内容。有学者解释说，在1922年《苏俄民法典》中没有纳入著作权和发明权的规范也不令人惊奇，因为根本不能如期完成对它们的起草工作，[3]正如 А.Г. 盖伊赫·巴尔克所解释的，"由于非常复杂的关系，在我们这里相应的法还处在首先必须保护这些利益的有关部门的起草中"。[4]所以在民法典通过后的1924年9月12日颁布了发明专利权的决议，[5]1925年1月30日颁布了著作权法原则的决议。[6]这是苏维埃第一部著作权法，在1928年进行了某些修改。在1925年苏联著作权法中，著作权的有效期限不是作者终生，而是从作品公布之时起25年。在1928年著作权法中，著作权的效力期限为作者终生和自作者死后15年。在法律中包含了一些规范，在当时已经被认为是落后于现实的东西（анахронизм），特别是并不认为翻译他人作品、利用他人作品创作新作品等为侵犯著作权的行为。1928年著作权法直到20世纪60年代初仍然有效，当时它被修改的内容都进入了《苏联和加盟共和国民事立法纲要》。

（二）1964年《苏俄民法典》成为世界上第一个规定知识产权制度的民法典

在1922年《苏俄民法典》之后，试图修改该民法典的1940年、1947年、

---

[1]《О национализаци имузыкальных произведений некоторых авторов》/ПостановлениНародногКомиссариата Просвещения от 16 августа 1919 года// СУРСФСР. 1919. № 42. Ст. 414

[2]《О признании достоянием РСФСР всехпроизведений Г.В. Плеханова》/Постановление Народного Комиссариата Просвещенияот 14 мая 1925 года//СУ. 1925. № 43. Ст. 309.

[3] Т.Е. Новицкая. Граждански йкодекс РСФСР 1922 года. М.：ИКД "Зерцало–М"，2002. С. 108.

[4] Ⅳ сессия ВЦИК Ⅸ созыва//Бюллетень № 3. с. 8.

[5] 参见《法律汇编》，1924年，第9号，第97条。

[6] 参见《法律汇编》，1925年，第7号，第67条。

1948年和1951年苏联民法典草案中都包括了著作权规范，其中1940年和1951年草案还包括发明权规范的内容。1961年《苏联民事立法纲要》的内容就包括了著作权、发明权、合理化建议和工业设计以及发现权各编。

1964年《苏俄民法典》将著作权、发现权和发明权的内容单列为三编，以特别强调对这些权利的调整与保护。它是世界上第一个规定知识产权制度的民法典，它将知识产权制度纳入民法典的调整范围之内，确认了无形财产权与有形财产权的并重地位。[1]尽管在法国民法典颁布后，法国的判例和学说讨论过保护知识产权的可能性，[2]但一直未能行之于文；尽管在1883年就已经签订了巴黎公约，但1896年的《德国民法典》的"有体物理论框架"对此种无形财产也依然视而不见。1961年《苏联民事立法纲要》和1964年《苏俄民法典》则做到了这一点，同时法典也对知识产权制度本身也有创造性的规定，首创了发明人奖励制度，并将之纳入知识产权保护的范畴，尽管现在看来不能有效激励发明创造，但在当时无疑是社会主义知识产权制度的一个重要创新。

而同时期的其他社会主义国家民法典都没有规定知识产权制度，如《匈牙利民法典》共有687条，分为六个部分：总则（导论）、人、所有权、债权法、继承权和最终条款；《波兰民法典》共有1088条，分为四个部分：总则、所有权、债和继承；《捷克斯洛伐克民法典》包括前言和510个条文，分为八个部分：总则、社会主义财产所有权和个人财产所有权、住宅和土地使用权、劳务、其他法律行为产生的权利和义务、损害他人所应负的责任、继承和最终条款；《德意志民主共和国民法典》共有480条，包括法律的一般原则、社会主义所有权、关于组织物质生活和文化生活的合同、土地的使用权和建筑权、保障人身损害的赔偿、劳保和保护个人所有权、继承权、专门条款。[3]《苏俄民法典》分为八个部分：总则、所有权、债权、著作权、发现权、发明权、继承权、对外国人实施的法令（包括外国人和无国籍人的权利能力、外国民法、国际条约和国际协定的适用）。[4] E.A. 苏哈诺夫教授认为："民法

---

[1] 参见涂文：《试论1964年苏俄民法典》，载《株洲工学院学报》2004年第1期。

[2] 参见涂文：《试论1964年苏俄民法典》，载《株洲工学院学报》2004年第1期。

[3] 参见［罗］雷内埃·萨尼列维奇：《试论东欧社会主义国家民法典的体系和对象》，载司法部法学教材编辑部编审：《外国民法资料选编》，法律出版社1983年版，第159页。

[4] 参见中国社会科学院法学研究所民法研究室：《苏俄民法典》，中国社会科学出版社1980年版，目录第1~3页。

典里没有关于著作权、发明权和国际私法的编章，应该看作是它的本国特点。"[1]

苏联在1973年加入《世界知识产权组织版权公约》之后，苏联民事立法纲要和加盟共和国民法典中引入了一些扩大作者权利的新规范，特别是著作权在作者终生和其死后25年内有效。但是整体而言，苏联立法规范在保护的水平和范围上仍然逊色于1911年《著作权条例》。

尽管在这个时期表演者、录音制品录制者和广播组织权利保护罗马公约[2]已经生效，其中包含了许多邻接权规范，但是苏联立法还是没有提到表演者和录音制品录制者的邻接权。邻接权保护在苏联立法中的缺位意味着，任何表演、录音制品实际上都是公共财产而且可以被任何人、任何组织自由使用。苏联法律体系以自己的不连贯性、自己的保守性为知识产权海盗行为（пиратства），首先是邻接权领域中的海盗行为的繁荣创造了条件。后来独联体国家处境艰难，就是因为知识产权的海盗行为也被扩展到了科学、文学和艺术作品从而给民族经济带来了巨大损失。

三、俄罗斯联邦时期知识产权立法与民法典关系的立法实践

（一）单行法与民法典的双重保护阶段

在独联体国家，知识产权保护的新阶段是从三个立法文件生效后开始的：一是1991年5月31日《苏联和加盟共和国民事立法纲要》；二是1992年9月23日俄罗斯联邦《计算机软件和数据库权利保护法》；三是1993年7月9日俄罗斯联邦《著作权与邻接权法》。

俄罗斯联邦《著作权与邻接权法》草案是由著名的俄罗斯专家小组起草的，而且其中增加了许多在俄罗斯和其他国家中提出的内容。这部法律符合这个时代著作权和邻接权保护的国际规范。可以说，俄罗斯在过了1982年后才拥有了一部在本质上超越了1911年俄罗斯帝国《著作权条例》的立法。著作权的有效期限达到了1837年规定的标准，法律也开始承认了对邻接权以及

---

[1] [苏]Е.А.苏哈诺夫：《社会主义民法典的体系》，载司法部法学教材编辑部编审：《外国民法资料选编》，法律出版社1983年版，第151页。

[2] Авторское право и смежные права. Законы, конвенции, договоры и соглашения/Под ред. С. А. Сударикова. Мн. ：Пейто，1998：С.202-215.

对许多新的科学、文学和艺术作品类型的保护，用专章规定了自1870年起就开始发展的作者财产权利集体管理体制。

俄罗斯联邦《著作权与邻接权法》成为所有独联体国家制定民族立法的基础。因此独联体国家在著作权和邻接权领域中的立法在很大程度上都是统一的。

（二）《俄罗斯联邦民法典》的一元保护时期

不管该法律的制定和生效多么具有创造性，以民法典和著作权与邻接权法对著作权和邻接权进行双重保护的意图就是很危险的，因为在这两个立法文件中存在着许多不可重复的规范，在具体调整上就导致了立法上的矛盾和不一致。这也使得后来的单行法的现代化与和谐化更为困难。由于在著作权和邻接权客体的创作与使用领域中技术的飞速发展，如互联网技术和互动电视系统等，要求立法回应现代社会的需求，因此这部法律慢慢地就显得不完全符合现代国际标准，所以就需要修改。

但是对于修改的思路，不同的学者有不同的意见。有学者认为，应当修改著作权与邻接权的单行法。如谢尔盖耶夫教授提出的修改草案，[1]不论是对于俄罗斯，还是对于独联体各国，对在该领域中立法的现代化而言都具有重要意义。修改著作权与邻接权的单行法要比修改民法典简单得多，对民法典的重新审查需要极大的时间与人力投入。

另有学者认为，应当在民法典编纂过程中，将包括著作权与邻接权在内的知识产权规定纳入民法典。如 多佐尔采夫教授领导的直属于俄罗斯联邦总统的私法研究中心起草工作组就制定了"俄罗斯联邦民法典第三部分（第5编专有权）"草案。这个草案被多次讨论，特别是在1997年的"俄罗斯著作权与邻接权发展趋势"学术与实务会议、1999年"俄罗斯民法典中的知识产权问题"国际学术与实务会议上被讨论。专家们多认为，通过这个草案将会导致在知识产权保障方面的法律混乱，因为草案的规定不仅在术语学上，而且在内容上，违背了现行俄罗斯联邦立法，同时也违背了国际公约、协议和条约。令人惊讶的不是该草案是基于可疑的原则，而是它没有包含TRIPS协

---

[1] А. П. Сергеев. Проект Федерального Закона 《О внесениии зменений и дополнений в Закон Российской Федерации Обавторском праве и смежных правах》. СПб.：Кафедра гражданского права Санкт-Петербургского государственного университета. 16 марта 1999 года.

议和《世界知识产权组织版权条约》中的任何新的著作权与邻接权规范。草案的起草者们也表态："对文本的了解表明，在草案面前面临着一个无条件的保障其完全符合不仅是俄罗斯联邦已经参加的，而且还有俄罗斯联邦将要参加的国际条约的任务。这是从宪法中产生的要求。如果发现不一致，则草案就需要无条件地予以修改。"[1]当时对草案中著作权与邻接权部分的批评[2]主要集中于：专有权客体的分类违反了《罗马公约》（第1111条）；对于"录音"和"录像"的术语而言通用的是其他的术语（第1111条）；在草案中缺乏被《伯尔尼公约》承认为人身非财产权的信誉保护权（第1131条）；邻接权的客体清单违背了《罗马公约》、TRIPS协议以及《伯尔尼公约》，后者将电影（摄制作品）作为著作权的客体，而不是邻接权的客体（第1145条）；《世界知识产权组织表演与录音制品条约》规定表演者的信誉保护权为人身非财产权，但草案中没有该权利（第1149条）等。这些批评有的得到了修改，有的并没有，但是这个民法典草案对独联体各国产生了很大影响，特别是其所灌输的民法典与单行法之间的相互关系原则加强了独联体各国对著作权与邻接权的双重保护。独联体成员国议会间大会通过的《独联体成员国示范民法典》为此作出了重要贡献。《独联体成员国示范民法典》的规范为边界邻近的许多独联体国家的民法典（特别是《白俄罗斯共和国民法典》《哈萨克斯坦共和国民法典》）的通过奠定了基础。[3]《独联体成员国示范民法典》第五编"知识产权"由总则、著作权、邻接权、发明、实用新型、工业设计权、植物新品种和动物新品种权、未披露信息免受非法使用保护权、民事流转参加者、商品和服务个性化方式七章组成。

在独联体各国，不少学者认为，在这种双重保护下，民法典应当包含少数知识产权法律保护的原则性规定，而具体的规范则应当在知识产权保护的单行法（如著作权与邻接权法、专利法、育种成就法、商标法等）中规定。因此，对独联体各国的专家而言最感兴趣的是谢尔盖耶夫领导的圣彼得堡大学

---

[1] Труды по интеллектуальной собственности. Т. I. Проблемы интеллектуальной собственностив Гражданском кодексе Российской Федерации. М.：Инстит утмеждународного права и экономикиимени А. С. Грибоедова，1999：15.

[2] С. А. Судариков. Основыавторскогоправа. -Мн.：Амалфея，2000：53-54.

[3] Инфомационный бюллетень Межпарламентской Ассамбле и государств-участников СНГ，№ 10.

民法教研室集体起草的"俄罗斯联邦民法典知识产权编建议稿"。[1]根据国际惯例，草案只包括了针对任何知识产权客体的一般规定和规范，而"对与具体的知识产权客体的产生、利用和保护有关的关系，由联邦法律和其他的补充性法律文件进行调整（第1110条第3款）"[2]。当时不少学者都期望，这种模式能在俄罗斯联邦实现，因为它可能对力图使自己的立法与俄罗斯联邦的立法协调化的独联体各国具有重要意义。

然而，《俄罗斯联邦民法典》编纂的进程和结果都是出人意料的，无论是多佐尔采夫的草案，还是谢尔盖耶夫的草案都没有被完全接纳，2006年12月18日俄联邦总统签署了第230号联邦法律宣布：自2008年1月1日起，废除知识产权领域中的六部主要单行法，包括俄罗斯联邦《著作权与邻接权法》《专利法》《计算机软件与数据库权利保护法》《育种成就法》《集成电路布图设计权利法保护》等，在俄罗斯知识产权领域中的法律关系统由《俄罗斯联邦民法典》的相关规范调整。至此，俄联邦立法机关以极为激进的方式将全部知识产权法律规范纳入民法典来实现知识产权立法完全民法典化的结构与体例，终结了俄罗斯长达14年的民法典编纂进程。

四、结论

综上，可以得出结论：第一，从立法沿革的角度看，俄罗斯知识产权立法与民法典具有极为密切的关系，民法典的规范，特别是关于物权法的规范，成为俄罗斯知识产权立法的一般性规范。

第二，从立法结构的变革看，知识产权的法律规范呈现独立次部门法化的倾向。在《俄罗斯帝国民事法律汇编》和《俄罗斯帝国民法典草案》中，知识产权法律规范受到物权法的较大影响，是作为物权法的一个构成部分而存在的，到1964年《苏俄民法典》及2006年《俄罗斯联邦民法典》第四部分通过，俄罗斯知识产权法律规范逐渐集中，从对所有权概念的依附，逐渐

---

[1] Труды по интеллектуальной собственности. Т. I. Проблемы интеллектуальной собственности в Гражданском кодексе Российской Федерации. М.：Инстит утмеждународного права и экономикиимени А. С. Грибоедова，1999. C. 115 -123.

[2] Труды по интеллектуальной собственности. Т. I. Проблемы интеллектуальной собственности в Гражданском кодексе Российской Федерации. М.：Инстит утмеждународного права и экономикиимени А. С. Грибоедова，1999. C. 115 -123.

在物权法中独立成编,最后在整个民法典中独立成编,成为民法典中与总则、物权法、债法等相并立的一个独立部分。

第三,从立法调整的模式看,知识产权法律调整的单行法与民法典双重模式逐渐被废止。从《俄罗斯帝国民事法律汇编》、《俄罗斯帝国民法典草案》、1964年《苏俄民法典》以及到2006年12月《俄罗斯联邦民法典》第四部分通过之前,尽管知识产权法律规范已经被纳入民法典,但是并没有废除单行法在知识产权法律调整方面的重要作用。直到2006年12月《俄罗斯联邦民法典》第四部分的通过,意味着知识产权立法实现了最大限度的完全民法典化,自2008年1月1日起,主要的知识产权单行法均被废除,因此,主要知识产权法律调整的单行法与民法典双重模式也不复存在。

◆ 俄罗斯数据安全风险的法律控制

CHAPTER 9 第九章
俄罗斯个人资料法研究

一、俄罗斯个人资料法的立法背景

《俄罗斯联邦个人资料法》于 2006 年 7 月 8 日由国家杜马通过，随后 14 日获联邦委员会赞同。

信息社会的典型特征就是信息、信息获取权[1]和对信息保护权的重要性增长。[2]个人资料保护在俄罗斯法体系中属于信息法的组成部分。[3]俄罗斯对个人资料的保护以 1993 年《俄罗斯联邦宪法》对个人私生活秘密权的保护（第 23 条）为宪法基础，[4]与以往的苏联宪法不同，该宪法明确规定了人、其权利与自由为最高价值，[5]引起了俄罗斯政治生活、国家制度和国家权力组织的深刻变革，[6]维护俄罗斯人民的权利和自由至高无上成为国家活动的根本，"自由好过不自由"。[7]1993 年《俄罗斯联邦宪法》、俄罗斯联邦新民

---

[1] Щербович А. А. Свобода слова в Интернете: конституционно‐правовой аспект. Монография. М.: ТЕИС. 2013. С. 136.

[2] Амиржан К. Ж. Становление теории информационного общества. Вестник Омского университета. Серия право. 2014. №3 (40). С. 54.

[3] В. И. Шаров. Структра информационного права. Юридическиая техника. 2013. №7 (ч. 2). С. 878.

[4] Бархатова. Е. Ю. Комментарий к Конституции Российской Федерации. 2‐еизд. перераб. и доп. М.: Проспект. 2017. С. 40.

[5] 参见刘向文、宋雅芳：《俄罗斯联邦宪政制度》，法律出版社 1999 年版，第 34 页。

[6] 参见傅荣：《私法复兴——俄罗斯新民法典研究》，吉林人民出版社 2003 年版，第 64 页。

[7] 赵嘉麟：《梅德韦杰夫传》，湖北人民出版社 2008 年版，第 91 页。

法典（1994年~2006年），[1]以及1992年俄罗斯新司法体系改革被视为转型时期俄罗斯法律领域中最重大的成就。[2]

1996年2月28日，俄罗斯签署《欧洲人权公约》，接受欧洲人权法院的司法管辖，[3]这成为俄罗斯国内立法创制和变革的重要推动力。在这段时期，俄罗斯在立法上选择了在人权问题上调整国内立法，[4]以符合《欧洲人权公约》规定的标准，全面贯彻人权高于主权原则。[5]在俄罗斯当代法治国家概念中，国际法规范优先于国内法的规范已经成为其重要内容。[6]在美国和俄罗斯，国际条约的效力都高于国内法。[7]实际上在苏联解体前，俄罗斯苏维埃社会主义联邦（РСФСР）最高苏维埃在1991年11月22日通过了《人和公民的权利与自由宣言》，其第1条第2款就明确宣布，"公认的有关国际人权的国际规范高于俄罗斯苏维埃社会主义联邦共和国的法律，并直接产生俄罗斯苏维埃社会主义联邦共和国公民的权利和义务"。[8]

俄罗斯个人资料立法的最直接推动力来自俄罗斯2001年加入，2005年12月19日批准的《在自动化处理个人数据时保护自然人欧盟公约》。2003年年底俄罗斯国家杜马审议了《俄罗斯联邦个人资料法》草案，2006年7月27日通过并正式公布《俄罗斯联邦个人资料法》。[9]作为跨国信息交换的基本前提和促进电子商务与网络经济发展的基本保障，该法对保障俄罗斯与欧盟成员国进行跨国信息交换和促进其电子商务及网络经济的发展意义至巨[10]。

---

〔1〕参见鄢一美：《俄罗斯当代民法研究》，中国政法大学出版社2006年版，第1页。

〔2〕Кодификация российского частного права 2015 /под ред. П. В. Крашенинникова. М.：Статут. 2015. С. 10.

〔3〕Петухова Н. Ю. Последствия возможного выхода России из - под юридикции Европейского Суда по права человека. Евразийская адвокатура. 2015. № 5. с. 61.

〔4〕К. А. Кирсанова. Россия и Совет Европы：20 лет вместе. Проблемы российского права. 2016. №2. С. 22-23.

〔5〕参见王志华：《俄罗斯与欧洲人权法院二十年：主权与人权的博弈》，载《中外法学》2016年第6期。

〔6〕参见张俊杰：《俄罗斯法治国家理论》，知识产权出版社2009年版，第153页。

〔7〕参见魏磊杰、张建文主编：《俄罗斯联邦民法典的过去、现在及其未来》，中国政法大学出版社2012年版，第175页。

〔8〕Все о правах человека：сборник номативных актов. Москва：Проспект. 2017. С. 9.

〔9〕Кучеренко А. В. Этапы и тенденции нормативно - правого регурирования оборота персональных данных в Российской Федерации. Информационное право. 2009. №19 (4)，С. 32-36.

〔10〕参见肖秋会：《俄罗斯信息法研究综述》，载《中国图书馆学报》2013年第6期。

技术进步最剧烈地形塑了世界政治地图，改变了国家的角色。[1]截至2017年9月底，该法迭经19次修改，不少最初的条文被废止或更替，同时也引入了最为前沿的制度。目前该法共计六章：一般规定、个人资料处理的原则和条件、个人资料主体的权利、处理人的义务、对个人数据处理的监督和监察以及违反本联邦法律的责任、最终条款，整部法律共计25条。

在中国，对俄罗斯个人资料立法的研究，要么是不够完整全面地介绍和分析俄罗斯的个人资料立法，仅抽取其中的部分内容做介绍和分析，要么就是因为俄罗斯个人资料立法的修改频繁，导致所使用的法律文本较为陈旧。因此，笔者认为有必要以目前最新版本的《俄罗斯联邦个人资料法》为蓝本，为国内介绍俄罗斯个人资料立法的基本制度和保护机制，特别是阐明俄罗斯个人资料法的全貌和与欧盟公约相比较而言的重要差异，以期为中国的个人资料立法创制提供更有效、更全面、更细致的比较法助益。

二、俄罗斯个人资料立法的目的与适用范围

俄罗斯个人资料立法（Законодательство Российской Федерации в области персональныхданных）的概念要广于个人资料法的概念。

在立法层级上，个人资料立法以《俄罗斯联邦宪法》和俄罗斯联邦的国际条约为基础，由个人资料法和规定个人资料处理之情形与特点的其他联邦法律构成，如《俄罗斯联邦劳动法典》第85~89条规定由于雇主和具体的劳动者之间的劳动关系而处理个人资料的特点和对劳动者的保护，《国家民事公务法》第22、42、48条规定了由于履行国家民事公务而处理个人资料的特点和对公务员的保护，《自治市公务法》也有类似规定，还有《公民健康保护基础法》[2]在医疗活动中对参与提供医疗服务的人和向其提供医疗服务的人的个人资料的处理等；在《俄罗斯联邦劳动法典》（第81、90、192条）、《行政违法法典》（第13.11、13.12、13.13、13.14条）以及《刑法典》（第137、140、272条）中规定了违反个人资料处理程序的责任。

国家机关、俄罗斯银行、地方自治机关在自己的职权范围内可以依据并

---

[1] Алферов А. Н. Развитие теоретических основ и формирование структуры информационного права. Сибирский юридический вестник. 2008. №1（40）. С. 22.

[2] СЗ РФ. 2011. № 48. ст. 6724.

为了执行联邦法律而就涉及个人资料处理的具体问题发布规范性法律文件，但是不得包含限制个人资料主体权利、设立联邦法律没有规定的限制处理人活动或者由处理人承担联邦法律没有规定的义务的条款，而且这些规范性法律文件应当公布（第4条第2款）。[1]如2012年11月1日俄罗斯联邦政府《关于批准在个人资料信息系统中处理个人资料时保护个人资料的要求》的决议，规定了对在个人资料信息系统中处理个人资料时的保护要求和保护等级。这里的个人资料信息系统就是指通过几乎可以提供无限信息交换与信息发布机会的全球性电子信息通信网络（Internet）[2]实现个人资料处理的信息系统。

在规范效力上，国际条约的规定优先于联邦法律适用。"如果俄罗斯联邦的国际条约规定了不同于本联邦法律的规则，则适用国际条约的规则"（第4条第4款）。在该领域中最为重要的法源是2005年12月19日俄罗斯批准的欧盟《在自动化处理个人数据时保护自然人欧盟公约》，但是俄罗斯在加入该公约时做了三项保留：第一，俄罗斯不将公约适用于（1）自然人仅为个人和家庭需要而处理的个人资料；（2）对依照俄罗斯联邦国家秘密立法规定的程序属于国家秘密的个人资料的处理。第二，如果公约的适用符合没有使用自动化设备而实施的个人资料行为的特征，则俄罗斯将公约适用于未经自动化处理的个人资料。第三，俄罗斯为自己保留为保护国家安全和公共秩序目的而对个人资料主体获取自己个人资料的权利设立限制之权力。[3]这三项保留奠定了俄罗斯个人资料法与欧盟个人资料保护规范之不同的基础。2006年2月10日俄罗斯联邦总统签署了第54号《关于签署〈在自动化处理个人数据时保护自然人欧盟公约〉涉及监督机关和资料跨境移转的补充备忘录》总统令。[4]

该法为俄罗斯在隐私权保护领域的首次专门立法。其第2条明确规定，该法的目的为"保障维护在处理个人资料时人和公民的权利与自由"，包括维

---

[1] См. часть 2 в ред. Федерального закона от 25.07.2011 N 261-ФЗ.

[2] Н. Н. Парыгина. Новеллы главы 8 гражданского кодекса российской федерации: между ретроспективой и перспективами. Вестник Омского университета. Серия Право. 2014. № 2（39）. С. 147.

[3] Федеральный закон от 19 декабря 2005 г № 160-ФЗ // СЗ РФ. 2005. № 52（ч. 1）. ст. 5573.

[4] СЗ РФ. 2006. № 7. ст. 769.

护私生活（неприкосновенность частнойжизни）、[1]个人和家庭秘密不可侵犯的权利。该条意味着"赋予人以受到国家保障的监督有关自己的信息，阻止披露个人的亲密性的信息的权利"。[2]在俄罗斯联邦民法典现代化过程中专门增加了"保护公民私生活"的第152.2条，[3]俄罗斯高度重视保护公民的互联网隐私，[4]2016年7月俄罗斯还通过了关于被遗忘权的立法。[5]

根据《俄罗斯联邦个人资料发》第3条的规定，个人资料（персональные данные）意味着"属于直接或间接确定或可以确定之自然人的任何信息"，[6]该自然人即个人资料主体（субъект персональныхданных），[7]个人资料意味着不仅可据以将某人与他人相区分，还可以准确地查明（识别）他。[8]"个人资料——这是将个人与社会和所有他的情势，首先是与每个单独的个人为自己所选择的情势相连结的线。"[9]根据权威法律辞典的列举，个人资料包括姓、名、父称，出生年月日，出生地，住址，家庭、社会和财产状况，教育，职业，收入和其他信息。[10]

个人资料的处理，是指"使用自动化设备或者不使用此类设备而进行的

---

[1] Анисимов А. П., Рыженков А. Я., Чикильдина А. Ю. Обьекты гражданских прав：новые векторы правового регулирования. Вестн. Волгогр. гос. Ун－та. Сер. 5，Юриспруд. 2013. № 4（21）. С. 11.

[2] Права человека：учебник／отв. ред. Е. А. Лукашева. 3-еизд.，перераб. М.：Норма：ИНФРА-М. 2015. С. 144.

[3] Андреев В. К. Существо нематериальных благ и их защита. Журнал российского права № 3. 2014. С. 32.

[4] 参见曲颂：《俄罗斯高度重视保护公民互联网隐私》，载《人民日报》2016年1月8日，第21版。

[5] 参见张建文：《俄罗斯被遗忘权立法的意图、架构与特点》，载《求是学刊》2016年第5期。

[6] 肖秋会：《近五年来俄罗斯信息政策和信息立法进展》，载《图书情报知识》2010年第4期。

[7] 在中国，有学者提出所谓的"公司等组织的个人信息受法律保护"问题，实在是对个人资料法的立法宗旨和保护对象的本质性误解。参见崔建远：《我国〈民法总则〉的制度创新及历史意义》，载《比较法研究》2017年第3期。

[8] П. У. Кузнецов. Основы информационного права：учебник для бакалавров. М.：Проспект. 2016. С. 261-262.

[9] Информационное право：актуальные проблемы теории и практики／под общ. ред. И. Л. Бачило. М.：Юрайт. 2009. с. 473.

[10] Юридическтий энциклопедический словарь под ред. А. В. Малько. 2 -еизд. М.：Простпект. 2016. С. 436.

任何个人资料行为（作业）或者行为（作业）之总和",此类行为包括"收集、记录、体系化、积累、保存、更正（更新、更改）、抽取、使用、移转（传播、提供、获取）、匿名化、封存、删除、销毁个人资料"。较之于《俄罗斯联邦民法典》所规定的"未经公民同意不得收集、保存、传播和使用任何关于其私生活的信息"的范围，[1]大大地扩展了个人资料所保护的范围。所谓的"自动化处理个人资料"是指"借助于计算机技术进行的个人资料处理"；传播个人资料是指"旨在向不特定的人群披露个人资料的行为"；提供个人资料是指"旨在向特定的个人或者特定的人群披露个人资料的行为"；而移转个人资料的行为还包括跨境移转个人资料，即"向外国境内的外国国家权力机关、外国自然人或者外国法人移转个人资料"；封存是指"暂时停止处理个人资料"；销毁是指"其结果为导致不可能恢复个人资料信息系统中个人资料之内容的行为，以及（或）其结果为销毁个人资料之材料载体的行为"；匿名化是指"其结果为非使用补充信息而不可能确定个人资料之于具体个人资料主体之归属的行为"。处理人包括两类：一类是"独立或与他人共同组织和（或）实施个人资料处理的国家机关、自治市机关、法人和自然人"；另一类是虽然不直接组织也不直接处理个人资料，但"可以决定个人资料处理之目的、应当处理之个人资料的构成，以及对个人资料之行为（作业）"的国家机关、自治市机关、法人和自然人。[2]

根据《俄罗斯联邦个人资料法》第1条第1款的规定，《俄罗斯联邦个人资料法》适用范围较广，既适用于国家机关（联邦国家权力机关、俄罗斯联邦主体的国家权力机关以及其他国家机关）和自治市机关（地方自治机关和其他自治市机关）所进行的个人资料处理，也适用于法人和自然人进行的个人资料处理；既适用于使用自动化设备的个人资料处理，也适用于不使用自动化设备的个人资料处理，只要该不使用自动化设备的个人资料处理符合使用自动化设备的个人资料行为（作业）的特点，也就是"允许依照给定的算法查询固定在物质载体上和包含在卡片文件中或其他体系化的个人资料汇编中的个人资料，并（或）获取此类个人资料"，这一点构成了个人资料处理行为

---

[1] Гражданское право: учебник: в 2 т./Под ред. С. А. Степанова. 2-еизд., перераб. и доп. М.: Проспект. 2017. С. 190.

[2] в ред. Федерального закона от 25.07.2011 N 261-ФЗ.

的本质性特点；既适用于在电子通信信息网络中的个人数据处理，也适用于非在电子通信信息网络中的个人数据处理。[1]

同时，该法明确规定不适用以下三种情形：（1）自然人专为个人和家庭需要进行的个人资料处理，在此情况下不得侵犯个人资料主体的权利；（2）依照俄罗斯联邦档案事务立法组织保存、募集（комплектования）、点核和使用包含个人资料的俄罗斯联邦档案基金文件及其他档案文件；（3）依照规定程序处理属于构成国家秘密之个人资料。较之前的五种情形已经大为减少了不适用个人资料法保护的例外情形，[2]有利于保护个人资料主体的权利和合法利益。三种例外情形有两种，即第一种和第三种就是直接来源于俄罗斯加入欧盟公约时所作的保留。构成国家秘密的信息清单由联邦法律规定，任何人无权任意决定某项信息的保密性质并以此限制宪法自由。[3]值得注意的是，对于提供、传播、移转和取得包含个人资料的俄罗斯联邦法院之活动信息，管理和使用为创建获取上述信息之条件的信息系统和电子通信信息网络等不属于个人资料法之效力范围，由专门的联邦法律《保障获取俄罗斯联邦法院活动信息法》规定。[4]

可以说，在个人资料的规制范围上，《俄罗斯联邦个人资料法》的适用范围较欧盟广泛，且更符合当今个人资料法发展的趋势，即将公共机关进行的个人资料处理与私营部门以及个人进行的个人资料处理均纳入立法的效力范围之内。[5]

三、俄罗斯法上个人资料处理的原则、条件与分类

（一）个人资料处理的原则

根据《俄罗斯联邦个人资料法》第 5 条[6]规定，个人资料处理有七项

---

[1] См. часть 1 в ред. Федерального закона от 25.07.2011 N 261-ФЗ. Конституционное право Российской Федерации: учебник /М. В. Баглай.

[2] 参见涂咏松:《俄罗斯个人资料保护制度探析》，载《求是学刊》2014 年第 1 期。

[3] Конституционное право Российской Федерации: учебник /М. В. Баглай. 10-еизд., изм. и. доп. М.: Норма: ИНФРА -М. 2013. С. 251.

[4] См. часть 3 введена Федеральным законом от 29.07.2017 N 223-ФЗ.

[5] 相比之下，中国全国人大常委会于 2012 年 12 月 28 日通过的《关于加强网络信息保护的决定》作为保护公民个人（电子）信息的基本法律，仅仅规制网络服务提供者和其他企业事业单位所进行的个人信息的处理，并没有涵盖国家机关或者基层群众性自治组织进行的个人信息处理行为，不能不说是一大遗憾，有待未来专门的个人信息法之补正。

[6] в ред. Федерального закона от 25.07.2011 N 261-ФЗ.

原则。

第一，合法与公平原则，即"个人资料处理应当在合法和公平的基础上进行"。

第二，目的限制原则，即"个人资料处理应当仅限于为达致具体的事先确定的合法目的。不允许与个人资料收集目的不相容的个人资料处理"。也就是说，个人资料的处理目的必须具备具体性、事先确定性和合法性三项特征，同时，禁止违背个人资料收集目的的个人资料处理行为。

第三，禁止数据库混合原则，也就是"不允许将包含个人资料的为相互不相容目的而进行个人资料处理的数据库混合"。

第四，只能处理符合处理目的之数据原则，即"只有符合处理目的的个人资料才应当被处理"。

第五，内容和范围限制原则，也就是"所处理的个人资料的内容和范围应当符合所提出的处理目的。所处理的个人资料相对于所提出的处理目的不应当为多余的"。

第六，资料质素原则，即"在处理个人资料时应当保障个人资料的准确性、完整性，而在必要的情况下还应当保障对个人资料处理目的而言的时效性。处理人应当采取必要措施保障对不完整或不准确的资料进行删除或者更正"，意味着要求个人资料要具备准确性和完整性两个一般要求，在特定情况下，还要具备个人资料的时效性的特殊要求。这一点对删除权的存在和行使具有极为重要的意义，而且在这里不是规定个人资料主体的权利，而是规定处理人的基本义务。

第七，禁止永久保存原则，即"个人资料的保存应当以可以确定个人资料主体的形式进行，不得超过个人资料处理目的所要求的时限，但联邦法律、个人资料主体作为合同受益人或者保证人的合同有不同规定的除外。所处理的个人资料在处理目的的达成或者在达成此类目的之必要性丧失时，应当删除或匿名化，但联邦法律有不同规定的除外"。一方面是关于保存时限的一般性规定，即不得超过个人资料处理目的所要求的期限，在这方面允许当事人可以使用合同规定不同期限；另一方面是在目的达成或者目的达成必要性丧失时的强制性删除或者匿名化要求，只有联邦法律（排除俄罗斯联邦主体的立法）才可规定例外。

(二) 个人资料处理的条件

个人资料处理的条件是指在遵守前述规定的原则和规则的前提下在哪些情况下允许对个人资料进行处理。《俄罗斯联邦个人资料法》第6条第1款规定了12种情形：(1) 经个人资料主体同意而进行的个人资料的处理；(2) 为达致俄罗斯联邦国际条约或法律规定的目的，为履行和完成俄罗斯联邦立法赋予处理人的职能、权限和义务所必要的个人资料的处理；(3) 由于个人参加宪法诉讼、民事诉讼、行政诉讼、刑事诉讼、仲裁诉讼而进行的个人资料的处理；(4) 为履行司法文书所必要的个人资料的处理，即为履行司法文书、其他机关或负责人的依照俄罗斯联邦强制执行立法应当履行的文书而进行的个人资料的处理；(5) 为履行联邦执行权力机关、国家非预算基金机关、俄罗斯联邦主体执行权力机关、地方自治机关的权限，以及参与提供相应国家服务和自治市服务的组织的职能所必要的个人资料的处理；[1] (6) 为履行个人资料主体作为受益人或保证人的合同，为缔结按照个人资料主体提议的合同或个人资料主体将作为受益人或保证人的合同所必要的个人资料的处理；[2] (7) 在不可能取得个人资料主体同意的情况下，为保护其生命、健康或其他重大生存利益（иные жизненноважные интересы）所必要的个人资料的处理；(8) 为处理人或第三人行使权利和合法利益，以及为达致重大社会目的所必要的个人资料的处理，其条件是在此情况下不得侵犯个人资料主体的权利和自由；[3] (9) 为记者从事职业活动和（或）大众信息传媒从事合法活动，以及为科学、文学或创作活动所必要的个人资料的处理，其条件是在此情况下不得侵犯个人资料主体的权利和合法利益；(10) 为统计或其他研究性目的进行的个人资料的处理，其条件是必须将个人资料做匿名化处理；(11) 对个人资料主体提供或按照其要求提供给不限定范围的人获取的个人资料（也就是个人资料主体使之成为可以公开获取的个人资料）的处理；(12) 对依照联邦法律应当公布或强制披露的个人资料的处理。

在个人资料处理问题上，还有一些特别的要求，如对国家保护对象及其

---

[1] в ред. Федерального закона от 05.04.2013 N 43-ФЗ.

[2] в ред. Федеральных законов от 21.12.2013 N 363-ФЗ, от 03.07.2016 N 231-ФЗ.

[3] в ред. Федерального закона от 03.07.2016 N 231-ФЗ.

家庭成员的个人资料的处理要考虑相应特别立法的规定,[1]对特种个人资料和生物个人资料规定了专门条款。处理人除了亲自处理个人资料外,在联邦法律没有不同规定的情况下,还允许经个人资料主体同意依据与他人缔结的合同委托他人处理,包括国家订货契约或自治市订货契约,以及通过国家机关或自治市机关作出相应的文件而委托他人处理。依照处理人的委托从事个人资料处理的人,有义务遵循个人资料法规定的个人资料处理原则和规则。在处理人的委托中应当规定由实施个人资料处理的人实施的个人资料行为(业务)清单和处理目的,应当规定该人对个人资料保密的义务并保障个人资料在处理中的安全,还应当指明保护所处理的个人资料的要求(第6条第3款)。依据处理人的委托从事个人资料处理的人没有义务取得个人资料主体对处理其个人资料的同意(第6条第4款)。在处理人和受处理人委托处理个人资料的人之间,"处理人对该人的行为向个人资料主体承担责任。受处理人委托实施个人资料处理的人向处理人承担责任"(第6条第5款),也就是说,受委托人仅向委托人承担责任,而处理人(委托人)向个人资料主体承担责任,而受委托人不对个人资料主体直接承担责任。

(三) 个人资料处理的分类

在俄罗斯法上,限制获取的信息作为一项法律制度,涵盖了包括但不限于个人资料在内的多项信息制度,如国家秘密、职务秘密、职业秘密、商业秘密、发明的实质性信息等。[2]

《俄罗斯联邦个人资料法》对个人资料的分类包括四类:公众可获取的个人资料(公开个人资料)、普通个人资料、特种个人资料和生物个人资料。实际上根据是否限制对资料的获取,只能分为公开资料和限制获取的资料两种,[3]但是为了对存在特定风险的个人资料的处理更为严格和审慎,尽可能地为个人敏感资料创造安全的环境,[4]俄罗斯联邦个人资料法将特种个人资

---

[1] в ред. Федерального закона от 03.07.2016 N 231-ФЗ.

[2] М. В. Бундин. Система информации ограниченного доступа и конфиденциальность. Вестник Нижегородского университета им. Н. И. Лобачевского. 2015. №1. С. 124.

[3] Алфёров А. Н. Теоретические аспекты информационного права. Сибирский юридический вестник. №3 (38). С. 2.

[4] 参见卧龙传说:《俄罗斯"个人数据保护法"任性实施 从"存储本地化"到数据安全之路还有多长》,载《信息安全与通信保密》2015年第10期。

料和生物个人资料单独作为独立的个人资料类型予以更加严格的法律调整。无论是哪种个人资料，在个人资料法上，处理人和其他取得对个人资料之获取的人原则上都负有保密义务，有义务不得向第三人披露，也不得未经个人资料主体同意而传播个人资料，除非联邦法律有不同规定（第7条）。

1. 公众可获取的个人资料（公开个人资料）

公开个人资料（открытая информация），也被称为公众可获取的个人资料（Обще доступные источники персональных данных），指为了保障信息的目的而建立的公众可获取的个人资料来源，包括指南、地址簿、传记、书目、电话簿、私人广告等。[1]这是信息法上的新制度，是为了保障信息的目的而建立的制度。[2]可以纳入公众可获取的个人资料来源的个人资料须经个人资料主体书面同意，通常包括其姓、名、父称，出生年份和地点，地址，用户号码，职业信息以及其他由个人资料主体提供的个人资料。该制度的特点在于，个人资料主体的信息应当在任何时候都按照个人资料主体的要求以及法院判决或其他主管国家机关的决定而从公众可获取的个人资料来源中删除。[3]

2. 普通个人资料

普通个人资料，实际上并没有明确列举，也没有明确的概念。但是从《俄罗斯联邦个人资料法》第8~11条可以看出，在公开个人资料、特种个人资料以及生物个人资料之外的个人资料，就是所谓的普通个人资料，因为在针对这三种有特别制度规定的个人资料之外，还规定了一般性的对个人资料处理的同意原则，而对特种个人资料和生物个人资料在此基础上提出了更加严厉的要求。

对普通个人资料的处理来说，较为重要的问题是关于个人资料主体对处理其个人资料的同意。

个人资料主体在同意提供和撤回问题上享有完全的自由。"个人资料主体自由地以自己的意愿为自己的利益作出提供个人资料的决定和给予处理其个人资料的同意。处理个人资料的同意应当是具体、知情和自觉的"（第9条第

---

〔1〕 参见独联体成员国议会间大会第十四次全体会议于1999年10月16日第14-19号决议通过的独联体成员国《个人资料示范法》第4条第4款。

〔2〕 О. А. Городов. Информационное право：учебник для бакалаврров. 2-е изд. М.：Проспект. 2016. С. 84.

〔3〕 в ред. Федерального закона от 25.07.2011 N 261-ФЗ.

1 款)。处理个人资料的同意可以由个人资料主体或其代理人以任何可以证明取得同意之事实的形式提供,在从个人资料主体代理人处取得处理个人资料之同意时,该代理人以个人资料主体的名义给予同意的权限由处理人审查。个人资料处理的同意可以由个人资料主体撤回。在撤回的情况下,处理人不得继续处理,但在存在该法第 6 条第 1 款第 2~11 项以及第 10 条第 2 款和第 11 条第 2 款时,允许无需个人资料主体的同意继续处理个人资料,且可以从非为个人资料主体的人取得个人资料(第 9 条第 3、8 款)(参看前文部分和下文部分)。处理人承担对取得个人资料主体的同意和存在无需个人资料主体同意而处理其个人资料的理由的证明义务(第 9 条第 2~3 款)。对于个人资料主体的同意有形式和内容上的要求。在联邦法律规定的情况下,个人资料处理须经个人资料主体书面同意。在这里,依照联邦电子签名法签署的电子文件形式的同意,等同于包含个人资料主体亲笔签名的在纸质载体上的书面同意。书面同意应当包括以下内容:(1)个人资料主体的姓、名、父称,地址,基本身份证明文件的编号、签发日期和签发机关信息;(2)(在从个人资料主体代理人取得同意的情况下)个人资料主体代理人的姓、名、父称,地址,基本身份证明文件的编号、签发日期和签发机关信息,授权委托书或其他证明其代理人权限的必备条件;(3)取得个人资料主体同意的处理人的名称或姓、名、父称及地址;(4)个人资料处理的目的;(5)个人资料主体同意处理的个人资料清单;(6)如果处理是委托给他人的,依照处理人委托实施个人资料处理的人的名称或者姓、名、父称及地址;(7)同意实施的个人资料行为的清单,对处理人所使用的个人资料处理方式的一般描述;(8)个人资料主体同意的有效期限及撤回的方式;(9)个人资料主体签名(第 9 条第 4 款)。在个人资料主体无行为能力时,处理其个人资料的同意由其法定代理人提供;在个人资料主体死亡时,处理其个人资料的同意由其继承人提供,但该同意已经由个人资料主体生前提供的除外(第 9 条第 6~7 款)。

3. 特种个人资料

特种个人资料制度的目的主要是加强对特种个人资料(Специальные категории персональныхданных)的保护和明确允许处理特种个人资料的情形。

《俄罗斯联邦个人资料法》将特种个人资料列入原则上禁止处理的范畴,仅在例外的情况下才允许处理。此类特种个人资料包括涉及种族归属、民族归属、政治观点、宗教或哲学信念、健康状况、性生活的个人资料（第10条第1款），以及犯罪前科（第10条第3款）。而且，在法律允许处理的例外情况下进行的特种个人资料处理，在导致其进行处理的原因消除后应当立即终止，但联邦法律有不同规定的除外（第10条第4款）。[1]

允许处理的例外情况包括：（1）个人资料主体书面同意处理自己的个人资料；（2）个人资料主体使个人资料成为公众可获取资料，[2]其分为由于履行有关遣返的俄罗斯联邦国际条约所必要的个人资料处理[3]与依照俄罗斯联邦全俄居民登记法进行的个人资料处理，[4]以及依照俄罗斯联邦国家社会救助立法、劳动立法和退休立法进行的个人资料处理[5]三个方面；（3）为了保护个人资料主体的生命、健康或其他重大生存利益，以及他人的生命、健康或其他重大生存利益，且不可能取得个人资料主体的同意；[6]（4）出于医学预防目的，为进行医疗诊断、提供医疗和医疗社会服务进行的个人资料处理，其条件是个人资料处理是由职业性从事医疗活动的人并依照俄罗斯联邦立法负有保守医生秘密的人进行；（5）由相应依据俄罗斯联邦立法进行活动的社会团体或者宗教组织为了达致其设立文件规定的合法目的而对社会团体或者宗教组织成员个人资料的处理，其条件是个人资料未经个人资料主体书面同意不得传播；（6）为设立或者行使个人资料主体或第三人的权利所必要的个人资料处理，由于进行司法审判而进行的个人资料处理亦同；[7]（7）依照俄罗斯联邦国防、安全、反恐、交通安全、反腐败、业务搜索活动、强制执行、刑事强制执行立法而进行的个人资料处理，[8]包含由检察机关为进行监察监督而对在俄罗斯联邦立法规定的情形下取得个人资料的处理；[9]（8）依照强制保险立法和保险立法而进行的个人资料处理；（9）在俄罗斯联邦立法

---

[1] в ред. Федерального закона от 25.07.2011 N 261-ФЗ.

[2] п.2 в ред. Федерального закона от 25.07.2011 N 261-ФЗ.

[3] п.2.1 введен Федеральным законом от 25.11.2009 N 266-ФЗ.

[4] п.2.2 введен Федеральным законом от 27.07.2010 N 204-ФЗ.

[5] п.2.3 введен Федеральным законом от 25.07.2011 N 261-ФЗ; в ред. Федерального закона от 21.07.2014 N 216-ФЗ.

[6] п.3 в ред. Федерального закона от 25.07.2011 N 261-ФЗ.

[7] п.6.1 введен Федеральным законом от 23.07.2013 N 205-ФЗ.

[8] п.7.1 введен Федеральным законом от 23.07.2013 N 205-ФЗ.

[9] п.7.1 введен Федеральным законом от 23.07.2013 N 205-ФЗ.

规定的情况下由国家机关、自治市机关或组织为安置无父母监护儿童在寄养家庭的教养而进行的个人资料处理;[1](10) 依照俄罗斯联邦国籍法而进行的个人资料处理[2](第10条第2款)。值得注意的是，对于犯罪前科的个人资料的处理可以由国家机关或自治市机关在依照俄罗斯联邦立法赋予的权限范围内处理，以及由他人在联邦法律规定的情形下并依照其规定的程序处理（第10条第3款）。

4. 生物个人资料

所谓生物个人资料（Биометрические персональные данные），是指"可以据以查明人的身份的表征人的身体特征和生物特征"。在生物个人资料被处理人用以查明个人资料主体的身份时，仅可在存在个人资料主体书面同意时方可处理（第11条第1款）。例外的允许无需个人资料主体同意而进行生物个人资料处理的情形：由于履行关于遣返的俄罗斯联邦国际条约，由于进行司法审判和执行司法文书，以及在俄罗斯联邦国防、安全、反恐、交通安全、反腐败、业务搜索活动、国家公务、刑事执行、出入境程序、国籍立法规定的情形[3]（第11条第2款）。

（四）个人资料的跨境移转

个人资料的跨境移转是个人资料处理行为之一种，由于其涉及个人资料主体权利国际保护问题，因此成为个人资料法关注的基本问题。

俄罗斯个人资料跨境移转制度，与欧盟关于在自动化处理个人资料时保护自然人的公约相衔接，区分转入国是否为欧盟公约成员国，是否能够保障有效保护个人资料主体权利的标准，建立了一个由作为欧盟公约当事国的外国、能够有效保障个人资料主体权利的外国和不能有效保障个人资料主体权利的外国构成的不同层级的跨境保护机制。

原则上在作为欧盟公约成员国的外国境内以及在能够保障有效保护个人资料主体权利的外国境内，可以依照《俄罗斯联邦个人资料法》进行个人资料跨境移转，但是该移转可以为了保护俄罗斯联邦宪政制度基础、道德、公民的健康、权利和合法利益，保障国家防务和国家安全而予以禁止或者限制

---

[1] п. 9. введен Федеральным законом от 25.07.2011 N 261-ФЗ.

[2] п. 10 введен Федеральным законом от 04.06.2014 N 142-ФЗ.

[3] в ред. Федерального закона от 04.06.2014 N 142-ФЗ.

(第12条第1款)。个人资料主体权利主管保护机关负责批准不是欧盟公约成员国,但能够有效保障个人资料主体权利的外国名单。其标准为虽然该国不是欧盟公约成员国,但是在该国有有效的法规范和所适用的个人资料安全措施符合前述公约的规定(第12条第2款)。可见在这里所采取的标准是以欧盟公约的保护水平和规则作为实质性标准。而且,处理人在开始实施个人资料跨境移转之前有义务确保个人资料移入国能有效保障个人资料主体权利(同条第3款)。对于不能有效保障个人资料主体权利的外国,仅在以下五种情形下才允许进行个人资料的跨境转入:(1)存在个人资料主体对其个人资料跨境转移的书面同意;(2)俄罗斯联邦国际条约规定的情形;(3)联邦法律规定的为保护俄罗斯联邦宪政制度基础,保障国家防务和国家安全,以及保障交通综合体的稳定和安全运行,保护个人、社会和国家在交通综合体免受非法干涉领域内的利益的情形;(4)履行个人资料主体作为当事人的合同;(5)在无法取得个人资料主体书面同意时保护个人资料主体或他人的生命、健康、其他重大生存利益(第12条第4款)。

四、个人资料主体的权利

俄罗斯学者认为,非物质利益主观民事权利的内容通常有三种:请求权、积极行动权和诉权。积极行动权可能由多个权限构成。[1]个人资料主体的权利[2]是一个由多项权利构成的权利束。主要包括四种:一是获取其个人资料的权利;二是在为推销市场上的商品、工作和服务,以及为进行政治鼓动时的权利;三是在仅依据自动化个人数据处理作出决定时的权利;四是对处理人作为或者不作为的申诉权利。

(一)个人资料主体获取其个人资料的权利

1. 个人资料主体取得涉及其个人资料处理的信息的权利

个人资料主体有权获取以下信息:(1)确认处理人处理其个人资料的事

---

〔1〕 Мужанова В. А. О положительном содержании субъективного гражданского права на нематериальные блага. Сибирский юридический вестник. № 4(55). 2011. С. 77.

〔2〕 在中国,有学者认为,"个人信息受法律保护"的规定并未确认个人信息权,只是从信息安全的角度规定了主体外的其他人的义务。参见郭明瑞:《关于人格权立法的思考》,载《甘肃政法学院学报》2017年第4期。

实；(2) 处理个人资料的法律依据和目的；(3) 个人资料处理的目的和处理人所使用的方式；(4) 处理人的名称和所在地，可能依据与处理人之间的合同或依据联邦法律获取个人资料或向其披露个人资料的人（处理人的工作人员除外）的信息；(5) 被处理的属于个人资料主体的个人资料，取得的来源，但联邦法律规定了提供这些资料的其他程序的除外；(6) 个人资料处理的期限，包括保存期限；(7) 个人资料主体行使联邦法律规定权利的程序；(8) 已经实施或预定的跨境资料移转的信息；(9) 如果处理是委托或将委托某人，受处理人委托实施个人资料处理的人的名称或姓、名、父称和地址；(10) 本联邦法律或者其他联邦法律规定的其他资料（第 14 条第 1、7 款）。对前述资料的形式、内容和提供方式，《俄罗斯联邦个人资料法》也有具体的规定。该类资料"应当以可获取的方式由处理人提供给个人资料主体，而且其中不得包含属于他人的个人资料，但对披露该类个人资料有合法利益存在的情形除外（第 14 条第 2 款）"。该类资料"在个人资料主体或其代理人来访或收到其来函时提供给个人资料主体或其代理人"，来函应当包括证明个人资料主体或其代理人身份的基本证明文件，文件签发日期和签发机关的信息，证明个人资料主体参加与处理人之间关系的信息 [合同编号、合同缔结日期、有条件的口头名称和（或）其他信息]，以及以其他方式证明处理人处理个人资料的事实的信息，个人资料主体或其代理人的签名。函件可以电子文件形式提交并经依照俄罗斯联邦立法的电子签名签署（第 14 条第 3 款）。获取前述资料的权利可以再次行使。在前述信息以及所处理的个人资料已经按其来函提供个人资料主体了解的情况下，个人资料主体有权在不早于第一次到访或发出第一次函件之后 30 日内再次造访处理人或向其发出第二次函件，以取得前述信息和了解此类个人资料，但依照联邦法律、规范性法律文件或个人资料主体作为其受益人或保证人的合同规定了更短期限的除外。由于处理初次来访而没有提供完整的此类信息和（或）所处理的个人资料，个人资料主体有权在前述期限届满之前再次造访处理人或向其发送第二次函件，以便获取前述信息以及了解所处理的个人资料。第二次去函除了包含前述规定的信息之外，还应当说明再次来函的理由（第 14 条第 4~5 款）。处理人有权拒绝履行不符合规定条件的第二次来函，该拒绝应当叙明理由。处理人承担证明其拒绝履行第二次来函之合理性的义务（第 14 条第 6 款）。值得注意的是，获取个人资料的权利是可以被限制的。在以下情况下可以依照联邦法律予以限制：(1) 个人资料处理，包括对因业务搜索、反侦查和侦查活动而取得的个人资料的处理，是为了国家防务、国家安全和维护法律秩序而进行的；（2）个人资料处理是因怀疑个人资料主体实施犯罪行为而由对其执行拘留的机关，或对个人资料主体提起刑事指控的机关，以及对个人资料主体采取诉前强制措施的机关进行的，但俄罗斯联邦刑事诉讼立法规定允许嫌疑人或被指控者了解此类个人资料的情形除外；（3）依照反犯罪途径收入合法化（反洗钱）立法和资助恐怖主义立法的个人资料处理；（4）个人资料主体获取其个人资料将侵犯第三人权利和合法利益；（5）个人资料处理是在俄罗斯联邦交通安全立法规定的情况下，为保障交通综合体稳定安全运作，保护个人、社会和国家在交通综合体免受非法干涉领域的利益而实施的（第14条第8款）。

2. 更正、封存和销毁个人资料的权利和要求处理人采取措施保护自己权利的权利

个人资料主体有权在其个人资料不完整、陈旧、不准确、非法取得时或非为所申明的处理目的所必要时要求处理人更正、封存或销毁其个人资料，以及采取法律规定的措施保护自己的权利（第14条第1款）。如果处理人拒绝更正，则可能会承担传播不实贬损性信息的责任。在俄罗斯联邦最高法院的司法实践中曾确认"欧洲人权法院在其判决中所使用的诽谤（диффамация）的概念等同于俄罗斯联邦民法典第152条所包含的传播不实的贬损性信息的概念"。[1]

相比较以促进独联体成员国立法统一化为目的的《独联体成员国示范个人资料法》而言，[2]《俄罗斯联邦个人资料法》没有更进一步区分更正、封存和销毁所针对的具体情形。根据《独联体成员国示范个人资料法》第12条第4~6款的规定，在存在相应文件证实的理由时，个人资料主体有权要求资料持有人修改自己的个人资料；在个人资料主体发现其不准确或对个人资料处理的合法性提出争议时，则有权要求持有人封存这些资料；在查明个人资

---

[1] Постановление Пленума Верховного суда РФ от 24 Февраля 2005 г. No 3 《О судебной практике по делам о защите чести и достоинстваграждан，а также деловой репутации граждан и юридических лиц》，Бюллетень Верховного Суда РФ. 2005. No4.

[2] 参见张建文：《独联体成员国示范民法典》，法律出版社2014年版，第12页。

料处理存在非法行为时，个人资料主体有权要求赔偿损失。[1]但是，均没有规定在何种情况下可以销毁这些资料，而且也没有规定删除权的问题。这是留待被遗忘权立法予以处理的问题。

（二）个人资料主体在为推销市场上的商品、工作和服务，以及为进行政治鼓动时的权利

根据《俄罗斯联邦个人资料法》第15条，只有在经个人资料主体事先同意的条件下，才允许通过借助于通信设备直接联系潜在的消费者以推销市场上的商品、工作和服务，以及为了进行政治鼓动目的的个人资料处理。如果处理者不能证明已经取得该同意，则前述个人资料处理被视为未经个人资料主体事先同意。处理人有义务按照个人资料主体的要求立即终止处理其个人资料。

（三）个人资料主体在仅依据自动化个人数据处理作出决定时的权利

原则上，《俄罗斯联邦个人资料法》禁止仅依据自动化个人资料处理作出对个人资料主体产生法律后果或以其他方式影响其权利和合法利益的决定（第16条第1款）。但是，存在两种例外情形：一是存在个人资料主体的书面同意时；二是在联邦法律规定的情况下，且该法律规定了保障个人资料主体权利和合法利益的措施（同条第2款）。在此情况下，处理人负有四项义务：(1) 向个人资料主体解释仅依据自动化个人资料处理作出决定的程序和该决定可能的法律后果；(2) 提供针对该决定提出异议的可能性；(3) 解释个人资料主体保护自己权利和合法利益的程序；(4) 处理人有义务在自收到个人资料主体异议之日起30日内审处异议并就该异议的审处结果通知个人资料主体（第16条第3~4款）。[2]

（四）个人资料主体对处理人作为或者不作为的权利

如果个人资料主体认为处理人对其个人资料的处理违反个人资料法的要求或以其他方式侵犯其权利和自由，则个人资料主体有权就处理人的作为和

---

〔1〕 参见独联体成员国议会间大会第十四次全体会议于1999年10月16日第14-19号决议通过的《独联体成员国示范个人资料法》第12条第4~5款。

〔2〕 вред. Федерального закона от 25.07.2011 N 261-ФЗ.

不作为向个人资料主体权利保护主管机关提出投诉或依照司法程序提起诉讼。个人资料主体有权保护自己的权利和合法利益，包括依照司法程序要求赔偿损失和（或）精神损害赔偿（第17条）。根据《俄罗斯联邦个人资料法》的规定，包括处理人在内的"因过错违反本联邦法律要求的人，均承担俄罗斯联邦立法规定的责任"，而且"由于侵犯其权利、违反本联邦法律规定个人资料处理规则，以及违反本联邦法律规定保护个人资料的要求而给个人资料主体造成的精神损害，应当依照俄罗斯联邦立法予以赔偿"，"精神损害赔偿独立于财产损害赔偿和给个人资料主体造成的损失的赔偿"（第24条）。[1]有关精神损害赔偿的一般规定和特别规范，应当以《俄罗斯联邦民法典》第151条和第1099~1101条的规定为基本渊源。[2]

五、处理人的义务

个人资料处理人的义务，是俄罗斯个人资料法立法的重点问题。有关处理人义务规范的比重占到了整个个人资料法近一半的篇幅，是所有个人资料法诸章中篇幅最大的一章，处理人的义务及其履行机制构成了俄罗斯个人资料法律制度实施中最庞大、最复杂也是最重要的部分。

主要包括：（1）处理人收集个人资料时的义务；（2）处理人保障履行本联邦法律规定义务的措施；（3）在个人资料处理时保障个人资料安全的措施；（4）处理人在个人资料主体来访或在收到个人资料主体或其代理人以及个人资料主体权利保护主管机关来函时的义务；（5）处理人消除处理个人资料时违反立法的行为，更正、封存和销毁个人资料的义务；（6）个人资料处理的通知；（7）专责组织个人资料处理的人（个人资料专员）。

（一）处理人在收集个人资料时的义务

根据《俄罗斯联邦个人资料法》第18条，处理人在收集个人资料时的义务主要有四项。第一，依照请求提供法定信息的义务。"处理人在收集个人资料时有义务按照个人资料主体的请求向其提供本联邦法律第14条第7款规定

---

[1] часть 2 введена Федеральным законом от 25.07.2011 N 261-ФЗ.

[2] А. Т. Табунщиков. Компенсация морального вреда: учебно-практическое пособие. Москва: Проспект. 2017. С. 19.

的信息"(第1款)。第二,解释拒绝提供个人资料法律后果的义务。"如果提供个人资料根据联邦法律是强制性的,则处理人有义务向个人资料主体解释拒绝提供其个人资料的法律后果"(第2款)。第三,自第三方取得个人资料时提供法定信息的义务。"如果个人资料不是从个人资料主体取得的,处理人在开始处理此类个人资料时有义务向个人资料主体提供以下信息:(1)处理人或其代理人的名称或姓、名、父称和地址;(2)个人资料处理的目的和法律依据;(3)个人资料的预定使用人;(4)本联邦法律规定个人资料主体的权利;(5)个人资料的来源(第3款)。"该项义务在以下情况可以豁免:(1)个人资料主体已经被相应处理人通知所实施的个人资料处理;(2)个人资料是由处理人依据联邦法律或由于履行个人资料主体作为受益人或保证人的合同而取得;(3)个人资料是由个人资料主体使之成为公众可获取的或从公众可获取来源而取得;(4)处理人为统计或其他研究性目的,为从事记者职业活动或科学、文学或其他创作性活动而进行个人资料处理,且在此时不侵犯个人资料主体权利和合法利益;(5)向个人资料主体提供本条第3款规定的信息侵犯第三人的权利和合法利益,(第4款)。第四,俄罗斯联邦公民个人资料的本地化保存义务。也就是,在包括通过电子信息通信网络"Internet"收集个人资料时,处理人有义务保障通过使用俄罗斯联邦境内的数据库记录、体系化、积累、保存、更正(更新、更改)、提取俄罗斯联邦公民个人资料(第5款),[1]其例外是在为履行国际条约或者法定职能、权限和义务,为参与诉讼、履行司法文件,以及为从事记者与大众信息传媒的职业活动与各种创作活动而处理个人资料的情形。有评论认为,这是对Facebook、推特等美国社交网站的排挤。[2]

  值得注意的是,这一规定与《中华人民共和国网络安全法》第37条相比有较大的不同:第一,在个人资料的保护范围方面,俄罗斯法的适用范围大于中国法的规定。俄罗斯强调的是所有处理人收集和产生的所有涉及俄罗斯联邦公民的个人资料均应实现本地化存储,而《中华人民共和国网络安全法》则只强调关键信息基础设施的运营者在中国境内收集和产生的个人信息要履行本地化存储义务。第二,在本地化存储的范围方面,中国法的范围要远远

---

[1] часть 5 введена Федеральным законом от 21.07.2014 N 242-ФЗ.
[2] 参见方亮:《俄罗斯如何管制互联网》,载《南风窗》2014年第15期。

大于俄罗斯法的规定。《俄罗斯联邦个人资料法》仅强调俄罗斯联邦公民个人资料，而《网络安全法》强调的是"在中华人民共和国境内运营中收集和产生的个人信息和重要数据"。可见，中国法要求本地化存储的范围更大，不限于本国公民的个人信息，即使是在中国境内收集和产生的外国公民或无国籍公民的个人信息也在该规定的效力射程之内，而且除了本国境内收集和产生的个人信息之外，重要数据也在本地化存储的义务之列，所谓重要数据的定义和范围并没有立法规定，尚有待进一步明确。存储本地化的要求具有强烈的反"信息殖民主义"[1]的色彩，也具有强烈的彰显国家网络主权[2]、信息主权[3]，强化以国家行政管理为主的网络管理体制[4]意味。对该问题国际上缺乏统一的认识，如何避免因过分强调立法的国家权力性[5]和所谓的国情而阻碍国际信息流通与国际电子商务的发展，值得深入思考。

（二）处理人保障履行个人资料法规定义务的措施

第一，采取必要和充分保障履行法定义务的措施的义务。在法律没有不同规定的情况下，处理人可以自主确定必要和充分保障履行法定义务的措施的构成和清单。《俄罗斯联邦个人资料发》规定了属于此类措施的六项内容：（1）作为法人的处理人任命负责组织个人资料处理的人（个人资料专员）；（2）作为法人的处理人发布确定处理人在个人资料处理方面政策的文件，就个人资料处理问题的本地文件，以及规定旨在预防和产生违反联邦立法的行为、消除这些违法行为后果的程序的本地文件；（3）采取保障个人资料安全的法律、组织与技术措施；（4）对个人资料处理是否符合本联邦法律和依照该法颁布的规范性法律文件、对个人资料保护的要求、处理人在个人资料处理方面的政策、处理人的本地文件的内部监督和（或）审计；（5）对在违反本联邦法律时造成的损害、前述损害与处理人所采取的保障履行本联邦法律

---

[1] 尹建国：《我国网络信息的政府治理机制研究》，载《中国法学》2015年第1期。

[2] 参见程琳：《加快信息网络法治建设 维护网络社会安全秩序》，载《中国人民公安大学学报（社会科学版）》2013年第1期。

[3] 参见张文显：《习近平法治思想研究（上）——习近平法治思想的鲜明特征》，载《法制与社会发展》2016年第2期。

[4] 参见陈俊良、李友根、肖冰：《论计算机网络管理的法律问题》，载《南京大学法律评论》1996年第1期。

[5] 参见刘德良、班志刚：《论我国信息网络法治化的必要性与对策》，载《郑州大学学报（哲学社会科学版）》2003年第4期。

规定义务之措施的相互关系进行评估；(6) 让处理人直接从事个人资料处理的工作人员了解俄罗斯联邦个人资料立法的规定，包括对个人资料保护的要求，决定处理人在个人资料处理方面政策的文件、就个人资料处理问题的本地文件，和（或）培训前述工作人员（第18.1条第1款）。

第二，公开相关政策文件等的义务。处理人有义务公开或以其他方式保障无限制地获取规定其个人资料处理政策的文件、对已实施的保护个人资料要求的信息。使用电子通信信息网络收集个人资料的处理人有义务在相应的电子通信信息网络中公开决定其个人资料处理政策的文件和所实施的保护个人资料要求的信息，并保障通过使用相应电子通信信息网络设备获取前述文件（第18.1条第2款）。对于国家机关和自治市机关作为处理人时的保障履行法定义务的措施的清单由俄罗斯联邦政府规定。

第三，提交相关政策文件的义务。处理人有义务按照个人资料主体权利保护主管机关的来函提交决定处理人个人资料处理政策的文件和相关本地文件（同条第4款）。

（三）在个人资料处理时保障个人资料安全的义务与措施

处理人在处理个人资料时负有义务采取必要的法律、组织和技术措施或保障采取这些措施以保护个人资料免受非法或意外的获取、销毁、修改、封存、复制、提供、传播，以及个人资料方面的其他非法行为（第19条第1款）。保障个人资料安全的途径包括：(1) 确定在个人资料信息系统中处理个人资料时个人资料的安全威胁；(2) 在个人资料信息系统中处理个人资料时，采取保障个人资料安全的组织性和技术性措施，这是为完成俄罗斯联邦政府规定的个人资料保护等级对个人资料保护的要求所必要的；(3) 对依照规定程序采取的信息保护手段的符合性进行评估；(4) 在个人资料信息系统投入使用前评估所采取的个人资料安全保障措施的有效性；(5) 清点个人资料的计算机载体；(6) 发现未经许可的获取个人资料的事实并采取措施；(7) 恢复由于未经许可的获取而被修改或被销毁的个人资料；(8) 设立获取在个人资料信息系统中所处理个人资料的规则，以及保障登记和清点对个人资料信息系统中个人资料所实施的所有行为；(9) 监督所采取的个人资料安全保障措施和个人资料信息系统保护等级（第19条第2款）。在这里，所谓的个人资料安全威胁是指"能够产生包括意外获取个人资料在内的未经许可的个人资料获取，导致销毁、修改、封存、复制、提供、传播个人资料，以及在个人信息系统中处理个人资料时的其他非法行为之虞的条件和事实的总和"，个人资料安全保护等级指"表征用以中和在个人资料信息系统中处理个人资料时保障个人资料安全威胁的要求的综合指标"（第19条第11款）。在个人资料安全保障方面，俄罗斯联邦政府、有关联邦执行权力机关，以及数据处理人协会、联盟和社团各有不同的义务和权限，同时《俄罗斯联邦个人资料法》还规定了前述相关主体的强制协商程序。

对俄罗斯联邦政府来说，主要是规定前述保护个人资料安全的要求，而安全保障领域中联邦执行权力机关和反技术侦查以及对信息的技术性保护措施领域中联邦执行权力机关在各自的权限范围内，规定完成俄罗斯联邦政府规定的保护个人资料的要求而对每一保护等级所必要的在个人资料信息系统中处理个人资料时保障个人资料安全的组织性和技术性措施[1]（第19条第4款）。国家机关（包括在规定活动领域中履行制定国家政策和规范性法律调整职能的联邦执行权力机关、俄罗斯联邦主体的国家机关、俄罗斯银行、国家非预算基金的机关及其他国家机关）在自己权限范围内可以发布规范性法律文件，根据个人资料的内容、处理的特点和方式规定从事相应活动时使用个人资料信息系统处理个人资料时现实的个人资料安全威胁（第19条第5款）。与此同时，处理人协会、联盟和其他处理人社会团体也有权以自己的决定，根据个人资料的内容、处理的特点和方式规定此类协会、联盟和其他处理人社会团体的成员在从事相应活动时使用个人资料信息系统处理个人资料时的补充性现实个人资料安全威胁（第19条第6款）。《俄罗斯联邦个人资料法》还规定了强制协商程序，以提高前述主体相互之间在确定安全威胁方面的协调性和一致性。国家机关的规范性法律文件草案起草及施行，应当与安全保障领域中联邦执行权力机关和反技术侦查与对信息的技术保护领域中联邦执行权力机关进行协商。处理人协会、联盟和其他处理人社会团体决定的草案也应当与前述联邦执行权力机关按照俄罗斯联邦政府规定的程序进行协商。前述联邦执行权力机关拒绝对前述决定草案进行协商应当叙明理由（第19条

---

[1] По вопросу разработки нормативных правовых актов, определяющих угрозы безопасности персональных данных, см. Методическиерекомендации, утв. ФСБ России 31 03. 2015 N 149 /7 /2 /6-432.

第 7 款）。在国家监督和监察方面，对于在国家个人资料信息系统中进行个人资料处理时履行保障个人资料安全的组织性和技术性措施的监督和监察由安全保障领域中联邦执行权力机关和反技术侦查与对信息的技术保护领域中的联邦执行权力机关在各自的权限范围内进行，但是无权了解在个人资料信息系统中所处理的个人资料（第 19 条第 8 款）。对于使用非国家个人资料信息系统处理个人资料时，对其所采取的个人资料安全保障组织性和技术性措施的监督，根据所处理的个人资料的重要性和内容，可以以俄罗斯联邦政府决定的方式授予前述联邦执行权力机关监督的权限，但前述联邦执行权力机关无权了解在个人资料信息系统中所处理的个人资料（第 19 条第 9 款）。对于个人资料信息系统之外生物个人资料的使用和保存只能在此类信息的物质载体上，并使用足以保障这些数据免受非法获取或意外获取、销毁、修改、封存、复制、提供和传播的保存技术进行（第 19 条第 10 款）。

（四）处理人在个人资料主体来访时、在收到个人资料主体或其代理人或个人资料主体权利保护主管机关来函时的义务

在处理前述有关来访或来函时，处理人负有以下具体义务：[1]第一，在来访或来函时提供个人资料是否存在之信息，以及了解该类个人资料之机会的义务。在个人资料主体或其代理人来访时，或者在自收到个人资料主体或其代理人来函之日起 30 日内，处理人有义务按照法定程序向个人资料主体或其代理人提供属于相应个人资料主体的个人资料是否存在的信息，并提供了解这些个人资料的机会（第 20 条第 1 款）。第二，拒绝提供时须出具附理由书面答复的义务。在个人资料主体或其代理人来访或收到其来函时拒绝提供是否存在关于相应个人资料主体的个人资料存在的信息或个人资料时，处理人在自个人资料主体或其代理人来访之日起或在自收到其来函之日起 30 日内有义务提供包含援引作为拒绝依据的联邦法律的附理由书面答复（第 20 条第 2 款）。第三，无偿提供、更改、销毁个人资料的义务。处理人有义务无偿向个人资料主体或其代理人提供了解属于该个人资料主体之个人资料的机会。在自个人资料主体或其代理人提交证明该个人资料不完整、不准确或不具时效性的信息之日起不超过 7 个工作日的期限内，处理人有义务对之进行必要

---

[1] в ред. Федерального закона от 25.07.2011 N 261-ФЗ.

修改。在自个人资料主体或其代理人提交证明该个人资料为非法取得或非为所申明的处理目的所必要的信息之日起不超过 7 个工作日的期限内，处理人有义务销毁这些个人资料。处理者有义务就所做的修改和所采取的措施通知个人资料主体或其代理人，并采取合理措施通知该主体的个人资料曾经被移转给的第三人（第 20 条第 3 款）。第四，向个人资料主体权利保护主管机关提供信息的义务。处理人有义务按照个人资料主体权利保护主管机关的函询在自收到该函询之日起 30 日内告知该机关必要的信息（第 20 条第 4 款）。

（五）处理人消除在处理个人资料时违反立法的行为、更正、封存和销毁个人资料的义务

第一，处理人的封存义务。"在非法处理个人资料时，个人资料主体或其代理人来访以及个人资料主体或其代理人或个人资料主体权利保护主管机关来函时，处理人有义务在自到访或者收到来函之时起至整个审查期间对非法处理的属于个人资料主体的个人资料实施封存，或者（如果个人资料处理是由他人按照处理人委托进行的，则）保障对该个人资料实施封存"；"在发现不准确的个人资料时，个人资料主体或其代理人来访或来函，以及个人资料主体权利保护主管机关来函时，处理人有义务对属于个人资料主体的个人资料实施封存，或者（如果个人资料处理是由他人按照处理人的委托进行的，则）保障对该个人资料实施封存，但是封存个人资料侵犯个人资料主体或第三人的权利和合法利益除外"（第 21 条第 1 款）。第二，处理人的更正义务。保障信息的可靠性也是俄罗斯信息法学的基本原则。[1]"在证实个人资料不准确的情况下，处理人有义务依据个人资料主体或其代理人以及个人资料主体权利保护主管机关提交的信息或其他必要文件在自提交给此类信息之日起 7 个工作日内更正个人资料，或者（如果个人资料处理是由他人按照处理人委托进行的，则）保障更正的该个人资料，并解除对个人资料的封存"（第 21 条第 2 款）。第三，处理人的终止义务。"在出现由处理人或依照处理人委托行为的人非法处理个人资料时，处理人有义务在不超过自其出现之日起 3 个工作日内终止非法个人资料处理，或由依据处理人委托行为的人保障终止非

---

[1] А. В. Минбалеев. Принципы информационного права. Вестник ЮУрГУ. Серия право. 2015. No1. C. 80.

法的个人资料处理。在不可能保障个人资料处理的合法性的情况下，处理人有义务在不超过自非法个人资料处理出现之日起 10 个工作日内销毁这些个人资料或保障销毁这些个人资料。处理人有义务将消除所犯的违法行为或销毁个人资料，在个人资料主体或其代理人来访时，通知个人资料主体或其代理人，在个人资料主体权利保护主管机关来函的情况下，还应通知该机关"（第 21 条第 3 款）。第四，处理人在处理目的达成时的终止与销毁义务。"在个人资料处理目的达成时，处理人有义务在自处理目的达成之日起不超过 30 日内终止个人资料处理，或者（如果个人资料处理是由他人按照处理人委托进行的，则）保障终止个人资料处理，并销毁个人资料或者保障销毁个人资料，如果个人资料主体作为受益人或保证人的合同、处理人和个人资料主体之间的其他协议没有不同规定，以及处理人未经个人资料主体同意，无权依据本联邦法律或其他联邦法律进行个人资料处理的话"（第 21 条第 4 款）。第五，在个人资料主体撤回同意时的终止与销毁义务。"在个人资料主体撤回处理其个人资料的同意时，处理人有义务在上述撤回提交之日起不超过 30 日内终止处理其个人资料，或者（如果个人资料处理是由他人按照处理人委托进行的，则）保障终止该处理，而在如果保存个人资料对个人资料处理之目的而言不再需要时，有义务销毁个人资料，或者（如果个人资料处理是由他人按照处理人委托进行的，则）保障销毁个人资料，如果个人资料主体作为受益人或保证人的合同、处理人和个人资料主体之间的其他协议没有不同规定，而处理人未经个人资料主体同意无权依据本联邦法律或者其他联邦法律进行个人资料处理的话"（第 21 条第 5 款）。第六，处理人在不能如期销毁时的封存与销毁义务。在出现非法个人资料处理、处理目的达成，以及个人资料主体撤回同意的情况下，在不能按照前述期限销毁个人资料时，"处理人实施对此类个人资料的封存，或者（如果个人资料处理是由他人按照处理人的委托进行的，则）保障对此类个人资料的封存，并保障在不超过 6 个月期限内销毁个人资料，但联邦法律规定了不同期限的除外"（第 21 条第 6 款）。

（六）个人资料处理的通知（处理人登记簿）

处理人在开始处理个人资料之前，有义务就自己实施个人资料处理之意图通知个人资料主体权利保护主管机关（第 22 条第 1 款）。个人资料主体权利保护主管机关在收到个人资料处理通知之日起 30 日内将第 22 条第 3 款指明的信息以及前述通知提交的日期载入处理人登记簿。处理人登记簿中包含的信息除处理个人资料时保障个人资料安全的手段的信息外,均为公众可获取的信息(第 22 条第 4 款)。在提交的第 22 条第 3 款规定的信息不完整或者不准确时,个人资料主体权利保护主管机关有权在载入处理人登记簿之前,要求处理人更正所提交的信息(第 22 条第 6 款)。在第 22 条第 3 款规定的信息变更,以及个人资料处理终止时,处理人有义务在自此类变更产生之日或个人资料处理终止之日起 10 个工作日内就此通知个人资料主体权利保护主管机关(第 22 条第 7 款)。[1]值得注意的是,处理人并不承担与个人资料主体权利保护主管机关审查个人资料处理通知有关的以及与将信息载入处理人登记簿有关的费用(第 22 条第 5 款)。处理人的通知可以纸质文件或电子文件呈送并由被授权者签署。通知应当包含如下信息:[2](1)处理人的名称(姓、名、父称)、地址;(2)个人资料处理的目的;(3)个人资料的类别;(4)其个人资料被处理主体的类别;(5)个人资料处理的法律依据;(6)个人资料行为的清单,对处理人所使用的个人资料处理方法的一般描述;(7)对保障履行本联邦法律规定义务的措施和在处理个人资料时保障个人资料安全的措施的描述,包括是否存在加密(密码)设备的信息以及这些设备的名称;[3](8)负责组织个人资料处理的自然人的姓、名、父称或者法人的名称,以及其联络电话号码、通信地址和电子邮箱地址;[4](9)个人资料处理的开始日期;(10)个人资料处理的终止期限或者条件;(11)在处理进程中是否存在跨境个人资料移转;[5](12)包含俄罗斯联邦公民之个人资料信息的数据库所在地的信息;[6](13)依照俄罗斯联邦政府规定的个人资料保护要求保障个人资料安全的信息[7](第 22 条第 3 款)。通知的义务可以被豁免,在以下情况下,处理人有权无需通知个人资料主体权利保护主管机关而处理个人资料:(1)依照劳动立法进行的个人资料处理;[8](2)对由于缔结个人资料主

---

[1] часть 7 в ред. Федерального закона от 25. 07. 2011 N 261-ФЗ.

[2] в ред. Федерального закона от 25. 07. 2011 N 261-ФЗ.

[3] п. 7 в ред. Федерального закона от 25. 07. 2011 N 261-ФЗ.

[4] п. 7. 1 введен Федеральным законом от 25. 07. 2011 N 261-ФЗ.

[5] п. 10 введен Федеральным законом от 25. 07. 2011 N 261-ФЗ.

[6] п. 10. 1 введен Федеральным законом от 21. 07. 2014 N 242-ФЗ.

[7] п. 11 введен Федеральным законом от 25. 07. 2011 N 261-ФЗ.

[8] п. 1 в ред. Федерального закона от 25. 07. 2011 N 261-ФЗ.

体作为当事人的合同而取得的个人资料的处理,但未经个人资料主体同意不得传播,也不得向第三人提供,且由处理人仅用于履行前述合同和与个人资料主体缔结合同;(3)对属于社会团体或宗教组织成员(参加者)的个人资料,且由相应社会团体或宗教组织依据俄罗斯联邦立法为其设立文件规定的合法目的而进行的处理,其条件是未经个人资料主体书面同意个人资料不得被传播或向第三人披露;[1](4)对个人资料主体使之成为公众可获取的个人资料之处理;[2](5)对仅包括个人资料主体之姓、名和父称之个人资料的处理;(6)为办理个人资料主体一次性进出处理人所在区域的出入证目的,或其他类似目的的个人资料处理;(7)对载入依照联邦法律具有国家自动化信息系统身份的个人资料信息系统,以及载入为保护国家安全和公共秩序为目的而建立的国家个人资料信息系统的个人资料的处理;[3](8)对依照联邦法律或规定个人资料处理时保障个人资料安全和遵守个人资料主体权利的其他规范性法律文件,不使用自动化设备进行的个人资料处理;(9)在俄罗斯联邦交通安全立法规定的情况下,为保障交通综合体的稳定安全运行,保护交通综合体领域免受非法侵入行为的个人、社会和国家之利益目的而进行的个人资料处理。[4]

（七）专门负责组织个人资料处理的人：个人资料专员制度

在俄罗斯联邦个人资料法的修改中,加入了专门负责组织个人资料处理的人（Лица, ответственные за организацию обработки персональных данных в организациях）的规定（第22.1条[5]）,属于作为法人的处理人中的"个人资料专员"的制度。

作为法人的处理人任命负责组织个人资料处理的人。负责组织个人资料处理的人直接从作为组织的法人执行机关取得指示并向其报告工作。处理人有义务向负责组织个人资料处理的人提供该法第22条第3款规定的信息。负责个人资料处理的人负有以下义务:(1)实施对处理人及其工作人员遵守俄

---

[1] в ред. Федерального закона от 25.07.2011 N 261-ФЗ.

[2] п. 4 в ред. Федерального закона от 25.07.2011 N 261-ФЗ.

[3] в ред. Федерального закона от 25.07.2011 N 261-ФЗ.

[4] п. 9 введен Федеральным законом от 25.07.2011 N 261-ФЗ.

[5] введена Федеральным законом от 25.07.2011 N 261-ФЗ.

罗斯联邦个人资料立法，包括对遵守个人资料保护要求的内部监督；（2）引起处理人的工作人员对俄罗斯联邦个人资料立法、就个人资料处理问题的本地文件的规定，以及对保护个人资料的要求的重视；（3）组织接收和处理个人资料主体或其代理人的来访来函，并（或）对接收和处理此类来访来函实施监督。

在该制度中，负责个人资料事务处理的人具有独立的法律地位，他虽然是由作为处理人的法人所任命，且是从法人执行机关取得指示并向其报告工作的，但是其法律义务却是直接来自法律的规定，更重要的是其作为个人资料处理事务的内部监督者的地位是立法直接赋予的，这构成了俄罗斯个人资料制度自动实施机制中极为重要的一环。

六、个人资料处理的国家监督与监察：个人资料主体权利保护主管机关

在国家对个人资料处理的监督和监察问题上，也即在个人资料主体权保护主管机关（Уполномоченный орган по защите прав субъектов персональных данных）的问题上，《俄罗斯联邦个人资料法》并没有追随欧盟设立独立保护机关的做法，而是以附设在联邦执行权力机关（行政机关）内的方式设立个人资料主体权利保护主管机关（以下简称保护机关）。

（一）保护机关的法律地位与活动方式

根据《俄罗斯联邦个人资料法》的规定，"履行对个人资料处理是否符合俄罗斯联邦在个人资料领域中立法的要求的监督和监察的联邦执行权力机关为个人资料主体权利保护主管机关"（第23条第1款）。[1]这就意味着在俄罗斯个人资料主体权利保护主管机关是联邦执行权力机关，即联邦行政机关，而且是不具有独立法律地位的联邦行政机关，也意味着该项事务属于联邦管辖事务，而非俄罗斯联邦主体和地方自治的管辖事务。因此，在预算拨款的来源上，"对个人资料主体权利保护主管机关的拨款从联邦预算资金中拨付"（第23条第8款）。尽管保护机关并非独立的机关，但是其活动方式却体现了较高的法律地位：一是保护机关每年要向俄罗斯联邦总统、俄罗斯联邦政府

---

[1] часть 1 в ред. Федерального закона от 22.02.2017 N 16 -ФЗ.

和由国家杜马与联邦委员会构成的联邦大会[1](也就是俄罗斯联邦国会[2])提交工作报告;二是该报告应当在大众信息传媒上公布(第23条第7款)。

(二) 保护机关的职责与职权

保护机关的职责为"保障、组织和实施对个人资料处理的国家监督和监察",也就是"保障、组织和实施对个人资料处理是否符合本联邦法律以及依照该法通过的规范性法律文件的要求之国家监督与监察"(第23条第1.1款)。[3]主要的工作方式为"处理个人资料主体关于个人资料的内容和处理方式是否符合其处理目的,并作出相应的决定"(第23条第2款),但是该决定并非终局性的,而是行政性的,因此可以其"决定可以依照司法程序提起诉讼"(第23条第6款)。保护机关在履行职责的过程中,享有以下职权:(1) 向自然人或法人索取为履行自己权限所必要的信息并无偿取得该信息;(2) 实施对包含在个人资料处理通知中信息的审查,或延请其他国家机关在其权限范围内进行此种审查;(3) 要求处理人更正、封存或销毁不真实或以非法途径取得的个人资料;(4) 按照联邦立法规定的程序限制获取违反个人资料领域俄罗斯联邦立法处理的信息;[4](5) 依照联邦立法规定的程序采取终止或终止违反本联邦法律处理个人资料的措施;(6) 向法院提起诉讼以保护个人资料主体的权利,包括保护不特定范围人群的权利,并在法院代表个人资料主体利益;[5](7) 向负责安全保障领域中联邦执行权力机关和反技术侦查与信息技术保护领域中联邦执行权力机关针对其活动领域发送关于采取安全领域保障措施的信息;(8) 向负责处理人活动许可的机关发出审查按照俄罗斯联邦立法规定的程序采取暂停其活动或注销其相应许可的措施问题的建议,如果许可从事此类活动的条件是禁止未经个人资料主体书面同意不得将个人资料移转给第三人;(9) 向检察机关、其他护法机关移交材料,以决定是否依据管辖根据侵犯个人资料主体权利的犯罪行为的特征启动刑事案件;(10) 向俄罗斯联邦政府提出完善个人资料主体权利保护的规范性法律调整的

---

[1] Конституция Российской Федерации с комментариям для изучения и понимания / сост. Л. Ш. Лозовский, Б. А. Райзберг. 3-е изд. М.: ИНФРА-М. 2017. С. 38. Конституция Российской Федерации.

[2] Официальный текст с изменениями. М.: ИНФРА-М. 2016. С. 58.

[3] часть 1 в ред. Федерального закона от 22.02.2017 N 16-ФЗ.

[4] п. 3.1 введен Федеральным законом от 21.07.2014 N 242-ФЗ.

[5] в ред. Федерального закона от 25.07.2011 N 261-ФЗ.

建议；(11) 对因过错违反本联邦法律的人处以行政责任（第 23 条第 3 款）。值得注意的是，根据 2011 年的法律修改，增加了保护机关的国际合作职能，"实施与外国的个人资料主体权利保护主管机关的合作，包括关于个人资料主体权利保护信息的国际交换，批准有效保障个人资料主体权利保护外国名单"（第 23 条第 5.1 款）。[1]

由此可见，保护机关的职权较为广泛，既包括在国内事务中的职责，也承担了国际合作与交流方面的职责；既包括了在行政领域中的职权，也包括了在法院中代表个人资料主体利益而提起诉讼的权力；既包括自己独立作出处以行政责任决定的权力，也包括了与其他行政机关相衔接处理行政事务（如中止或撤销许可）、与其他司法机关衔接转入刑事诉讼程序等内容；既包括行政事务的处理职权，也包括了提出改善法律调整的建议、提供信息等职权。总体而言，保护机关的职权较为全面细致，实现了行政机关之间以及与司法机关和联邦政府之间的工作衔接。

（三）保护机关的义务

个人资料主体权利保护主管机关的义务：(1) 对在履行自己工作中获悉的个人资料负有保密义务（第 23 条第 4 款）；(2) 依照本联邦法律和其他联邦法律的要求组织个人资料主体权利保护；(3) 审理公民和法人就与个人资料处理有关问题的投诉和来访，并在自己的职权范围内根据对前述投诉和来访的审理结果作出决定；(4) 负责办理处理人登记簿事务；(5) 实施完善个人资料主体权利的保护措施；(6) 依照俄罗斯联邦立法规定程序，根据负责安全保障领域联邦执行权力机关、负责国家保护领域中联邦执行权力机关或者负责反技术侦查和信息技术保护领域中联邦执行权力机关的意见采取终止或终止个人数据处理的措施；[2] (7) 就其来访或者来函向国家机关以及个人资料主体提供个人资料主体权利保护领域中事务状况信息；(8) 履行俄罗斯联邦立法规定的其他义务（第 23 条第 5 款）。

---

[1] п. 5.1 введен Федеральным законом от 25.07.2011 N 261-ФЗ.

[2] в ред. Федерального закона от 01.07.2017 N 148-ФЗ.

七、结语

从上可知,《俄罗斯联邦个人资料法》虽然以《在自动化处理个人数据时保护自然人欧盟公约》为标准,但也有自己鲜明的特色,值得中国在制定个人资料法时予以关注和借鉴。第一,在个人资料法的适用范围上涵盖了非自动化处理个人资料的情形,明确排除了对构成国家秘密的个人资料处理的适用,允许以国家安全和公共秩序为目的限制个人资料主体对其个人资料的获取。第二,在个人资料法的内容建构上,明确了个人资料主体的权利内容,建立了庞大细密严实的处理人义务群,设置了处理人登记簿制度,以此保障个人资料主体和处理人以及国家(社会)之间的利益平衡。尤其是占据个人资料法最大篇幅的处理人义务规范是俄罗斯个人资料法的创新。第三,在个人资料法的实施机制上,明确提出了俄罗斯联邦公民个人资料保存的本地化要求,在作为法人的处理人内部设立个人资料专员制度,在国家的监督监察机制上,创设了非独立的属于行政机关性质的个人资料主体权利保护主管机关的模式,而非欧盟式的作为独立机构的个人资料主体权利保护主管机关模式,由此创新性地构成了俄罗斯个人资料法的鲜明特色,特别是本国公民个人资料保存的本地化要求也成为西方世界批评和攻击俄罗斯的对象和理由。

俄罗斯被遗忘权立法的意图、架构与特点

2014年5月13日，欧盟法院在"谷歌西班牙公司案"[1]中最终裁定谷歌西班牙公司败诉，首次在欧盟司法实践中确认被遗忘权的存在。俄罗斯在2015年5月29日至同年7月22日迅速完成了自己的被遗忘权立法，该法案自2016年1月1日起正式生效。

在俄罗斯法上的被遗忘权具有多层面性，而且相互补充。在实体法上存在民法典意义上的被遗忘权和信息法意义上的被遗忘权，在程序法上存在民事诉讼法典意义上的被遗忘权，三者分工明确，相互配合，共同保障公民被遗忘权的实现。此外，俄罗斯的被遗忘权立法赋予了俄罗斯联邦司法机关为保护俄罗斯联邦境内的消费者而对外国人行使管辖的权限，也就是说，俄罗斯法上的被遗忘权还具有域外效力。

一、俄罗斯被遗忘权立法的时代价值

2015年5月29日，由四位国家杜马议员[2]联名按照《俄罗斯联邦宪法》向俄罗斯联邦议会下院国家杜马提出了第804132-6号名为"关于修改关于信息、信息技术和信息保护的联邦法律和某些俄罗斯联邦立法文件"的联

---

[1] See Case C-131/12, Google Spain SLand Google Inc. v. Agencia EspaNola de Protectón de Datosand Mario Coste-ja González.

[2] 他们分别是：А. В. Казаков，В. Е. Деньгин，О. М. Казакова，Л. И. Калашников，在6月16日之前，又有七位杜马议员——Н. В. Герасимова，Е. Н. Сенаторова，М. А. Кожевникова，В. В. Иванов，З. Г. Макиев，Н. А. Шайденко，С. В. Железняк加入。

第十章　俄罗斯被遗忘权立法的意图、架构与特点 ❖

邦法律草案[1]（以下简称"法律提案"），被称为"被遗忘权法"（Закон о праве на забвение）。该法案被列入社会政策法案的主题范畴，纳入信息化、信息系统、技术和保障手段的立法领域，在立法权限上属于俄罗斯联邦的事务范围，由国家杜马信息政策、信息技术和通信委员会作为责任单位负责办理。6月16日，国家杜马一读通过；6月30日，国家杜马二读通过；7月3日，国家杜马通过该法律；7月7日，（相当于俄罗斯联邦议会上院的）联邦委员会预备审议了该法案并建议赞成该法案；7月8日，该法案得到联邦会员会赞成，并呈送俄罗斯联邦总统签署（同时通知国家杜马）；7月13日，俄罗斯联邦总统签署该法案（第264号联邦法律），7月16日和22日分别在俄罗斯报和议会公报上公布。至此立法程序完结，该法案由提案而成为具有法律效力的立法文件。

从立法程序上看，整个立法程序在不到2个月内走完，出奇地顺利。从比较法的角度而言，欧盟自2012年起在加强保护个人资料促进个人资料自由流通的理念[2]下，为革新现有的个人资料保护框架，实现数字化欧洲，提出被遗忘权的概念之后，欧盟关于被遗忘权规制的相关工作一直没有取得突破性进展，仍然处在前立法的阶段，直到2016年4月6日欧盟《一般数据保护条例（GDPR）》通过，情况才有所改观。相较而言，俄罗斯联邦的被遗忘权法案在"谷歌西班牙公司案"之后迅速完成立法程序，成为最新的被遗忘权立法。该法案的立法意图、规范架构及其立法特点，对于所有希望引入被遗忘权的国家都具有重要的比较法意义。而且俄罗斯联邦的被遗忘权法案与欧盟法院的前述判决之间的关系也值得关注。

二、俄罗斯被遗忘权的立法意图

要弄清楚俄罗斯联邦被遗忘权法案的立法意图，需要从俄罗斯联邦被遗忘权法案的提案代表提交给国家杜马的立法理由书着手，该理由书共有九段

---

[1] проект федерального закона № 804132-6 О внесении изменений в Федеральный закон Обинформации, информационных технологиях и о защите информации и отдельные законодательные актыРоссийской Федерации. http://asozd2.duma.gov.ru/main.nsf/ （SpravkaNew）? OpenAgent&RN = 804132-6&02.

[2] 参见罗浏虎：《欧盟个人资料保护改革研究》，西南政法大学2013年硕士学位论文。

文字。[1]

在该法律提案的理由书第一段文字中就表明了该提案的直接意图："制定关于修改《关于信息、信息技术和信息保护》的联邦法律和某些俄罗斯联邦立法文件的联邦法律草案是为了建立限制在电子信息通信网络——互联网上传播关于公民的不准确的、不具有现实意义的或者违反立法而传播的信息之链接的机制。"对于该机制的内容，理由书第二段进一步叙明："在互联网上传播的关于公民的信息并非总是符合具有现实意义、准确可靠的原则，而且还可能是违反立法而传播的，因此，法律草案建议赋予公民要求互联网搜索系统管理人终止提供可以获取接近关于该公民的信息的链接的权利。"在该段中提出了被遗忘权的概念，即公民要求互联网搜索系统管理人终止提供链接的权利。

对于该法案与欧盟法院司法实践的关系，可以从该法案理由书第七段中发现线索，即"所提法案与全欧洲解决类似问题的实践一致"。从该法案理由书第九段对该法案的作用和意义的自我评价可以知道该法案的根本意图，即"法案的通过将会有助于更加全面地、更及时地保护公民的名誉、尊严和业务信誉"。明白了这一点将会在研究俄罗斯被遗忘权的立法架构时有助于弄清楚俄罗斯被遗忘权立法的规范设计和内容设定的理由。

值得注意的是，该法案理由书对立法意图还从否定层面进行了明确，即"必须指出，法律草案的内容并非要限制对直接传播关于公民的信息资源的获取，法律草案规定的是建立终止搜索系统提供对不准确的、不具有现实意义的或者被违反立法传播的信息的链接的机制"。

因此，可以说俄罗斯联邦的被遗忘权立法的直接目的就是建立限制搜索系统提供不准确的、不具有现实意义的或者违反传播的关于公民的信息的机制，其更深远的目的在于保护公民的人格，即名誉、尊严和业务信誉。

---

[1] ПОЯСНИТЕЛЬНАЯ ЗАПИСКА к проекту федерального закона О внесении изменений в Федеральныйзакон Об информации, информационных технологиях и о защите информации и отдельныезаконодательные акты Российской Федерации, 即《对修改信息、信息技术和信息保护联邦法律以及某些俄罗斯联邦立法文件的联邦法律草案的理由书》，来自俄罗斯联邦国家杜马网站：http://asozd2.duma.gov.ru/main.nsf/（SpravkaNew）?OpenAgent&RN=804132-6&02. 以下简称"法案理由书"。

三、俄罗斯被遗忘权立法的结构

（一）信息法上的被遗忘权

在被遗忘权立法的方法上，主要是采用对三部法律进行修改的方式来实现的。根据该法律提案的内容以及该法案的理由书和最终通过的第264号联邦法律[1]的内容，可以发现，俄罗斯联邦关于被遗忘权立法的规范结构基本上遵循了理由书的结构，但是也存在重要的偏离。

为了便于更加直观地展示法律提案与最终立法的区别，笔者将从立法理由书，到法律提案，再到立法文本的次序，比较和分析其中的差异。在本部分将主要研究对《信息、信息技术和信息保护法》[2]的修改。

1. 关于搜索系统、链接和搜索系统管理者的定义

根据该法案理由书的规定，"法律草案还对该联邦法律的概念部分增加了诸如链接、搜索系统、搜索系统管理者等定义"（理由书第五段）。在法律草案中规定将《信息、信息技术和信息保护法》第2条增补第20~22款，分别规定搜索系统、链接和搜索系统管理者的定义。

首先，搜索系统的定义。提案第20款将搜索系统定义为"按照使用者的查询在电子信息通信网络上查找特定内容的信息，并将可获得该信息的链接提供给使用者的信息系统，但联邦法律规定的具有全国性意义的信息系统除外"。该搜索系统的定义较为模糊，特别是没有限定在互联网上，而是可能扩大到各种局域网中，失之过宽，而且在该提案中关于被排除在被遗忘权立法效力之外的信息系统的表述是比较模糊的。经过立法程序的反复修改，在最终的立法文本中，搜索系统的定义被修改为："按照使用者的查询，在互联网上执行查找特定内容的信息，并将有关据以获取位于属于他人的互联网网站上的被查询信息的互联网网页的索引提供给使用者的信息系统"，特别是明确了在互联网上执行查找和提供互联网上属于他人网站的网页之索引，更加清

---

[1] Российская газета-Федеральный выпуск №6725 (154).

[2] Собрание законодательства Российской Федерации, 2006, №31, ст. 3448; 2010, №31, ст. 4196; 2011, №15, ст. 2038; №30, ст. 4600; 2012, №31, ст. 4328; 2013, №14, ст. 1658; №23, ст. 2870; №27, ст. 3479; №52, ст. 6961, 6963; 2014, №19, ст. 2302; №30, ст. 4223, 4242; №48, ст. 6645; 2015, №1, ст. 84.

晰明确。此外，对豁免被遗忘权影响的信息系统的范围也更加确定，即"用以履行国家和自治市职能，提供国家和自治市服务的信息系统，以及用以履行联邦法律规定的其他公共权限的信息系统除外"，由此可以看出，受到被遗忘权影响的信息系统主要是在社会领域和商业领域中的信息系统，国家和自治市所使用的公共信息系统则被豁免适用被遗忘权，但并非所有的公共系统都可以被豁免，而是仅限于履行联邦法律规定的公共权限的系统。

其次，关于链接和搜索系统管理者的定义。提案规定"链接"为"关于在电子信息通信网络上包含搜索系统按照使用者查询所提交的信息的网页和（或）网站的索引的资料"；将"搜索系统管理者"定义为"执行保障信息系统和（或）预定用于和（或）正在用于按照使用者查询查找和提交关于在电子信息通信网络上传播的信息的链接的电子计算机软件运行活动的人"。这两个定义没有被最终的立法所采纳，笔者认为，主要是由于这两个定义对网络的理解过于宽泛，即将网络理解为所有的电子信息通信网络，而被遗忘权的立法所针对的主要是作为电子信息通信网络之一种也是最重要的一种——"互联网"。其实，通过对搜索系统的准确定义已经明确了链接的定义。对于为何不规定搜索系统管理人的定义，笔者认为主要是由于该定义将搜索系统管理人定义为了具体的执行人而且是自然人，显然与通常的在互联网领域中作为法律主体承担法律责任的法人不相符。不明确规定链接和搜索系统的管理人，也不会造成查找和确定搜索系统管理人的困难，反而有助于更加灵活和符合实际地确定法律责任主体。

2. 关于搜索系统管理者的义务

根据该法案理由书的设想，对《信息、信息技术和信息保护法》的修改需要增加一个新的条文：该条文包含"规制公民对搜索系统管理者提出包含上述要求的请求的程序、该请求的内容，以及搜索系统管理者审查公民该类请求的程序的规定"（理由书第三段）；"联邦法律草案还规定，搜索系统的管理者在拒绝满足所审查的公民请求时，必须对自己的拒绝说明理由，公民可以对该拒绝依照司法程序提起诉讼。搜索系统管理者无权披露关于申请人向其提出所审查的请求的事实的信息"（理由书第四段）。

根据法律提案的最初规定，增加"103. 搜索系统管理者的义务"一条，而且该条文由8款构成，与最终通过的立法的条文构成相同，但是在具体内容上有不小的变化。

第十章 俄罗斯被遗忘权立法的意图、架构与特点 ❖

关于搜索系统管理者的基本义务的规定。法律提案规定："1. 在电子信息通信网络——互联网上传播信息和（或）旨在针对俄罗斯联邦境内消费者的广告的搜索系统管理者，有义务按照公民（以下简称申请人）的请求终止提供可以获取关于该申请者的以下信息的链接：（1）不准确的信息；（2）在三年以前发生或者实施的事件的准确信息，但包含具有刑事处罚特征的且其刑事责任追溯期尚未届满之事件的信息，以及关于公民所实施的未被赦免或者撤销前科的犯罪行为的信息除外；（3）违反立法被传播的信息。"（提案第103条第1款）但是，最终立法对该条文有不小的变化，整个条文表述为："1. 在互联网上传播旨在吸引位于俄罗斯联邦境内的消费者的广告的搜索系统管理者，按照公民（自然人）（在本条以下简称申请人）的请求有义务终止提供关于可以获取有关申请人的被违反俄罗斯联邦立法传播的信息、不准确的信息，以及由于后来的事件或者申请人的行为而对申请人而言丧失意义的不具有现实意义的信息，但是包含具有刑事处罚特征的且其刑事责任追溯期尚未届满的事件的信息，以及关于公民所实施的未被赦免或者撤销前科的犯罪行为的信息除外。"

整体来说，提案和最终立法中规定的变化并不是无足轻重的：

首先，是直接明确且仅将"在互联网上传播旨在吸引俄罗斯联邦境内的公民的注意的广告"的搜索系统管理者作为被遗忘权的义务主体，而非将"传播信息的搜索系统管理者"也纳入被遗忘权的主体，更加突出被遗忘权对商业性互联网搜索系统的针对性，以此保护他人传播信息的言论自由或者信息自由，也即"保障公民和法人使用互联网和获取互联网信息的自由"[1]。在独联体成员国的本国立法中，信息自由已经被列为与思想自由、言论自由、出版自由同位阶的基本权利而受到高度关注。[2] 对作为人和公民的基本权利的信息自由的保障也成为独联体各成员国在进行信息社会建设和信息法制建构中的一项基本原则。[3]

---

[1] 张建文：《独联体成员国〈示范互联网调整基准法〉的基本内容及对我国互联网管理立法的启示》，载《重庆邮电大学学报（社会科学版）》2014年第3期。

[2] 参见张建文：《独联体〈信息获取权示范法〉述评》，载《重庆邮电大学学报（社会科学版）》2011年第3期。

[3] 参见任允正、于洪君：《独联体国家宪法比较研究》，中国社会科学出版社2001年版，第111~113页。

其次，将被遗忘权所针对的关于公民的信息进行了更为细化的规定。除了关于不准确的信息和违反立法被传播的信息这两种类型之外，对不具有现实意义的信息这种被遗忘权所针对的对象进行了更为准确的表述。在法律提案中采用时间标准将该类型的信息一律界定为"在三年以前发生或者实施的事件的准确信息"，而在最终的立法中采用的是对申请人而言的意义标准，即"由于后来的事件或者申请人的行为而对申请人而言丧失意义的不具有现实意义的信息"，前者的时间标准具有客观性，优点是简洁明了直接，但是一律以3年前发生作为标准可能会导致漠视了事件对申请人的意义，很可能即使是在3年以内发生的事件或者申请人的行为也可能导致其丧失现实意义，因此，后者采用的以对申请人而言是否具有意义为评价标准的表述，虽然不似前述标准那般客观简洁明了直接，但是具有较强的弹性和灵活性。值得注意的是，作为被遗忘权所要否定其继续存在的对象的该类信息具有明确的例外规定，即包含具有刑事处罚特征的且其刑事责任追溯期尚未届满的事件的信息和关于公民所实施的未被赦免或者撤销前科的犯罪行为的信息。对有关申请人不准确的信息或者违反立法而被传播的信息，则没有例外性规定。

3. 关于申请人的请求内容、搜索系统管理者的处理程序方面的规定

在对申请人的请求内容方面，无论是法律提案还是最终立法都比较一致。根据最终立法的规定，《信息、信息技术和信息保护法》第103条第2款规定："申请人的请求应当包含：（1）姓、名、父称，护照资料，联系信息[电话和（或）传真号码，电子邮箱地址，通信地址]；（2）在本条第1部分指明的应当终止提供对其的链接的关于申请人的信息；（3）本条第1部分指明的信息所位于的互联网网站网页的索引；（4）搜索系统终止提供链接的依据；（5）申请人对处理其个人资料的同意。"

在搜索系统管理者处理申请的程序方面，所不同的是最终的立法将法律提案中关于相关问题处理的期限一律从"三个公历日"延长为"十个工作日"。根据最终立法的规定，《信息、信息技术和信息保护法》第103条第3款规定了搜索系统管理者在申请人的请求不完整、不准确或者有错误时的权利，即"搜索系统管理者在发现申请人的请求中资料不完整、不准确或者错误时有权在自收到上述请求之日起十个工作日内通知申请人更正提交的资料。搜索系统管理者也有权通知申请人必须提交证明其身份的文件。上述通知可以一次性发给申请人"。第4款规定了申请人在资料不完整、不准确或者有错

误时的义务，即"申请人在自收到本条第3款指明的通知之日起十个工作日内采取措施补充未提交的资料，消除不准确的和错误的地方，并将更正后的资料以及（在必要情况下）将证明其身份的文件提交给搜索系统管理者"。第5款规定了搜索系统管理者对请求的处理方式，即"搜索系统管理者有义务在自收到申请人提交的请求或者（在向申请人发出本条第3款指明的通知的情况下）自收到申请人更正后的材料之日起十个工作日内，在按照搜索系统使用者的查询显示包含申请人名和（或）姓的查找结果时，终止提供对申请人请求中指明的信息的链接，就此通知申请人，或者向申请人发出附理由的拒绝"。第6款规定了搜索系统管理者发出各种通知的形式，即"搜索系统管理者以与所收到的前述请求相同的形式向申请人发出关于满足本条第1款指明的申请人请求的通知或者发出附理由的拒绝满足其请求的通知"。

关于申请人获得司法救济的权利和搜索系统管理者的保密义务。根据最后立法的规定，申请人在被拒绝的情况下有权诉至法院。《信息、信息技术和信息保护法》第103条第7款规定："认为搜索系统管理者的拒绝缺乏理由的申请人，有权向法院起诉要求终止提供对申请人请求中指明的信息的链接。"而搜索系统管理者负有保密的义务，即第8款规定："搜索系统管理者有义务不泄露关于申请人向其提出本条第1款指明的请求的事实的信息，但联邦法律规定的情况除外。"

（二）民法典上的被遗忘权

根据该法案理由书第六段的设想，"法律草案也对俄罗斯联邦民法典和俄罗斯联邦民事诉讼法典进行了修改"。从前述对《信息、信息技术和信息保护法》的修改可以看出，对被遗忘权在规范结构上的设计侧重于通过明确和强调搜索系统管理者的义务，而不是直接确认公民的被遗忘权的方式来间接确立被遗忘权的存在。在提案人提交的法律提案中，对被遗忘权在民法典中的构建也提出了建议。

根据法律提案第2条对如何在俄罗斯联邦民法典中建构被遗忘权的问题提出了具体详细的条文方案。建构的方法是对2013年修改后的《俄罗斯联邦民法典》[1]第152条第5款的修改，"1. 如果有损公民名誉、尊严或业务信

---

〔1〕 Собрание законодательства Российской Федерации, 1994, №32, ст. 3301; 2013, №27, ст. 3434.

誉的资料，或者在本条第 10 款指明的资料，在其被传播后成为在互联网上可获取的资料，则公民有权要求以保障反驳可以传递到互联网使用者的方式反驳上述资料，也有权要求任何传播该信息的人或者在互联网上提供了其所在地资料的人删除相应信息。在法律规定的其他情况下，公民也有权要求删除信息"。

但是该修改建议没有被最终的立法所采纳，笔者认为，这是由于该方案与经 2013 年 7 月 2 日第 142 号联邦法律修改后的第 152 条第 5 款并无实质性差异，"5. 如果有损公民名誉、尊严和业务信誉的资料在被传播之后成为互联网上可获取的资料，则公民有权要求删除相应信息，以及以可保障反驳传递到互联网使用者的方式反驳上述资料"。[1]在文本内容上并无二致，而且相对来说更为简洁。根据俄罗斯联邦的司法实践，所谓的"传播"包括在出版物上公布、广播或者电视转播、在时事新闻节目和其他大众信息传媒上展示、在互联网上传播，以及在职务鉴定书、公开演讲、提交给负责人的申请书中的陈述，或者任何形式的包括口头形式的即使是对一个人的通知。[2]在修订后的民法典关于非物质利益保护的章节，除了关于保护名誉、尊严和商业信誉的条款（第 152 条第 5 款）外，有两处提到了互联网上的删除权问题，在第 1521 条第 3 款关于保护公民肖像的条款中也规定了肖像权人的删除权，即"如果违反本条第 1 款取得或者使用的公民的肖像在互联网上被传播，则公民有权要求删除该肖像，以及制止或者禁止进一步传播"。

根据整个第 152 条（特别是第 5 款）以及 2013 年 7 月 2 日第 142 号联邦法律对第 1 条的两个增加条款（第 1521 条和第 1522 条）可以明白，在俄罗斯联邦民法典现代化中，对非物质利益制度的修改，已经开始关注到互联网时代人格权保护的最新难题，即被遗忘权的问题。

由此，需要重新评估 2015 年 7 月 13 日第 264 号联邦法律确立被遗忘权制度的意义。可以说，民法典意义上的实体性质的被遗忘权已经在 2013 年 7 月

---

[1] Гражданский кодекс Российской Федерации: Часати перавая, вторая. третья и четвертая. - М.: Издательство 《Омега-Л》, 2015. С. 82.

[2] Комментарий к гражданскому кодексу Российской Федерации части первой, части второй, части треьей, части четвертой. Новая редакция ГК РФ с фундамеиталными изменениями + Проекты дальнейшей модернизацииГК РФ! Постатейный. Спостатейными материалами и практическими разьяснениями официальных органовю14- е издание, переработанное и дополненное. Автор комментариев и составитель -А. Б. Борисов- М.: Книжный мир, 2014. С. 196.

2日第142号联邦法律对第152条的修改中被确立了。在大数据时代被遗忘权建构的基础内容就是删除。〔1〕被遗忘权与数据删除权含义相同,〔2〕两个表述可以互用。〔3〕单纯从《俄罗斯联邦民法典》第152条第5款的规定上看,该款的规定也有其缺陷,即未能明确究竟侵权人是删除权的义务主体,还是说权利人可以越过侵权人直接向互联网网站的管理者提出删除,但是结合2015年7月13日第264号联邦法律对《信息、信息技术和信息保护法》的修改,以及2013年7月2日第142号联邦法律对《俄罗斯联邦民法典》第152条的修改,可以发现,最新的被遗忘权立法确切地说是在《信息、信息技术和信息保护法》意义上的被遗忘权,弥补了民法典意义上被遗忘权的缺憾,即明确了搜索系统管理者的删除义务。从被遗忘权与个人资料权的关系而言,俄罗斯立法并未将被遗忘权与个人资料保护法联系起来,相反是放在关于公民的名誉、尊严和业务信誉(人格权)的保护之中,从诉讼法的角度看,关于保护被遗忘权的诉讼与保护个人资料主体权利的诉讼以及保护公民名誉、尊严、行业业务信誉的诉讼均为相互独立相互分离的诉讼类型。因此,笔者认为,俄罗斯法上的被遗忘权是与隐私权、个人资料权相互独立的,〔4〕虽然目的也是保护公民的名誉、尊严、业务信誉和肖像,却是一种独立的诉讼类型。

值得补充说明的是,根据《俄罗斯联邦民法典》第152条第8款的规定,"如果无法查明传播有损公民的名誉、尊严或业务信誉的资料的人,则该被传播的资料所涉及的公民有权向法院提起要求确认所传播的资料不符合事实的诉讼"。也就是说,在俄罗斯联邦还可以用确认之诉来保护公民的人格权,这是一种新型的人格权保护措施,同样可以用来保护互联网环境下的人格权。

综上所述,可以说在实体法意义上,俄罗斯法上的被遗忘权在两个层面上存在,即民法典意义上的被遗忘权和信息法意义上的被遗忘权,二者分别

---

〔1〕 参见邵国松:《被遗忘的权利:个人信息保护的新问题及对策》,载《南京社会科学》2013年第2期。

〔2〕 参见吴飞:《名词定义试拟:被遗忘权(Right to Be Forgotten)》,载《新闻与传播研究》2014年第7期。

〔3〕 参见伍艳:《论网络信息时代的被遗忘权——以欧盟个人数据保护改革为视角》,载《图书馆理论与实践》2013年第11期。

〔4〕 在我国,不少学者倾向于在个人信息或者个人资料的立法之下或者之中来保护被遗忘权(参见梁辰曦、董天策:《试论大数据背景下"被遗忘权"的属性及其边界》,载《学术研究》2015年第9期)。

在一般法的层面上和特别法的层面上确认和保障被遗忘权的实现。

(三) 程序法上的被遗忘权

被遗忘权的立法最困难的地方在于对涉及互联网有关案件的域外管辖权的问题。[1]简言之,那就是国内法院能否对外国人(外国公民或外国法人)实行域外管辖,以及如何实现这种域外管辖。对《俄罗斯联邦民事诉讼法典》[2]的修改主要就是为了解决诉讼管辖的问题,核心问题是解决便利权利人实现诉权的管辖设计问题。

根据该法案理由书第六段,"关于删除在电子信息通信网络互联网上提供的搜索链接和(或)限制获取信息资源的诉讼不仅可以向被告所在地法院提起,也可以向在大众信息传媒、大规模通信、信息技术和通信领域履行监督和监管职责的联邦执行权力机关所在地法院提起,或者向原告住所地法院提起。而且,如果申请包含了要求删除或者限制获取在包括以电子信息通信网络—互联网上传播的信息的情况下,法律草案的规定赋予俄罗斯联邦境内的法院审理有外国人参与的案件的权利"。

从该法案理由书的角度看,对诉讼管辖的设计考虑三个平行的地域管辖权,即传统的被告所在地法院管辖和新增加的监管机构所在地法院管辖与原告住所地法院管辖。同时明确了俄罗斯联邦境内的法院在该类诉讼中的域外管辖权。

根据2015年7月13日第264号联邦法律第2条可知,最终立法只采纳了原告住所地法院的管辖设计,没有规定可以向监管机构所在地法院起诉,这是为了便利原告行使诉讼。在《俄罗斯联邦民事诉讼法典》第29条"按照原告选择的管辖"中增加了一款(第6.2款):"关于要求搜索系统管理者终止提供可以获取电子信息通信网络—互联网上的信息的链接的诉讼可以向原告住所地法院提起。"值得注意的是,这是一项单独的诉讼类型,尽管在信息法上被遗忘权的立法规范中使用了"俄罗斯联邦境内的消费者"的表述,但民事诉讼法典并没有适用传统的消费者权益保护之诉的诉讼管辖设计(原告住

---

[1] 参见张建文:《中国网络管理法制化建设研究的基本问题》,载《重庆邮电大学学报(社会科学版)》2011年第1期。

[2] Собрание законодательства Российской Федерации, 2002, №46, ст. 4532; 2012, №7, ст. 784; 2013, №19, ст. 2326.

所地、原告所在地、合同缔结地和合同履行地法院均有管辖权），而是将其确定为新的独立的诉讼类型，这一点值得引起重视和关注。从诉讼类型看，该类诉讼与保护个人资料主体权利之诉 ["6.1 关于包括损害赔偿和（或）精神损害赔偿在内的保护个人资料主体权利之诉"[1]] 相同，都可以由原告住所地管辖。二者本质上都属于在信息时代特别是大数据时代保护公民（自然人）而非仅仅是消费者的新型诉讼类型。

同时被增加的还有《俄罗斯联邦民事诉讼法典》第 44 章 "俄罗斯联邦法院对外国人参与的案件的管辖"，在第 402 条 "管辖规则之适用" 中，修改了两个条款，作为俄罗斯联邦境内的法院行使管辖权的条件：

第一，对被告而言，"2）被告在俄罗斯联邦境内拥有财产，且（或）在电子信息通信网络—互联网上传播旨在吸引俄罗斯联邦境内的消费者的广告" 即俄罗斯联邦法院行使管辖权的依据。值得注意的是这里的表述是并列加选择式的，也就是说只要被告有 "在电子信息通信网络—互联网上传播旨在吸引俄罗斯联邦境内的消费者的广告" 的行为即可构成俄罗斯联邦法院行使管辖权的理由，至于被告是否在俄罗斯联邦境内拥有财产亦可不论。

第二，对原告而言，明确："11）要求搜索系统管理者终止提供对可以获取在电子信息通信网络—互联网上的信息链接的案件，原告在俄罗斯联邦拥有住所地。"与有外国人参与的［包括赔偿损失和（或）精神损害赔偿的］个人资料主体权利保护的诉讼类型相同，均要求原告在俄罗斯联邦拥有住所地。

根据笔者掌握的资料，在以前的有关互联网的司法案件中，有过国外法院行使管辖权的先例，[2]但是在立法上明确规定在互联网案件中对外国人行使管辖权的情形极为罕见，因为这很可能会涉及 "一个国家是否有权对其他国家人民按照其本国法律并不违法的行为施加约束"[3]的问题。

---

〔1〕 该诉讼类型是由 2013 年 5 月 7 日第 99 号联邦法律引入《俄罗斯联邦民事诉讼法典》第 29 条的，即第 6.1 款。

〔2〕 刘晗：《互联网法律动态（2004 年 1 月至 2005 年 3 月）》，载张平主编：《网络法律评论》（第 8 卷），北京大学出版社 2007 年版，第 13 页。

〔3〕 参见郝振省：《中外互联网及手机出版法律制度研究》，中国书籍出版社 2008 年版，第 79 页。

四、俄罗斯被遗忘权立法的启示

综上,可以发现俄罗斯被遗忘权立法具有以下特殊性:

第一,俄罗斯被遗忘权立法在实体法上属于典型的民法典与单行法的二元立法模式。在实体法上,存在民法典上的被遗忘权和信息法上的被遗忘权,而且民法典与单行法在对被遗忘权的规定上存在明确的分工。民法典上的被遗忘权规范(《俄罗斯联邦民法典》第152条第5款)更具象,因此也具有更大的解释空间,其规范结构直接以权利规范的形式出现,更凸显被遗忘权的权利意蕴,而信息法上的被遗忘权规范(《信息、信息技术和信息保护法》第10.3条第1款),更具特别法的色彩,其含义和内容更为具体,即直接针对的是搜索系统管理人的义务,其规范结构不以权利规范的形态出现,而是以被遗忘权的义务主体的主要义务的形态出现,侧重的是被遗忘权义务主体的义务层面。信息法上的被遗忘权在特定范围内即在搜索系统领域中填补了民法典意义上的被遗忘权的规定义务主体不明确的缺点,而民法典意义上的被遗忘权规范作为民法上关于被遗忘权的一般规定,对特别民法(或者特别民法规范)的解释具有重要的基准价值,而且也能够因应未来信息社会的持续发展,发挥进一步建构或者解释被遗忘权的内涵和外延的重要作用。毕竟这是一项范围极端广泛且内容极其不确定的权利,[1]在现阶段过度宽泛地确立被遗忘权未必就是适当的。[2]

第二,俄罗斯被遗忘权立法具有同时考虑和设计实体法规范与程序法规范的优点。在程序法上,被遗忘权立法同时解决了关于被遗忘权民事诉讼的国内和涉外难题:首先,确立了要求搜索系统管理者终止提供对可以获取互联网上关于公民信息的链接的诉讼作为独立的、新型的诉讼类型的地位,该诉讼类型与保护个人资料主体权利的诉讼类型相当且为相互独立的诉讼,确立并凸显了被遗忘权与个人资料权在诉讼法上的独立地位;[3]其次,以方便原告行使诉讼权利保障被遗忘权的实现为目的,在不改变通常的原告就被告

---

[1] 参见叶名怡:《真实叙事的边界:隐私侵权抗辩论纲》,载《中外法学》2014年第4期。

[2] 参见吴飞、傅正科:《大数据与"被遗忘权"》,载《浙江大学学报(人文社会科学版)》2015年第2期。

[3] 在我国有学者就认为被遗忘权应纳入个人信息权之中(参见郑志峰:《网络社会的被遗忘权研究》,载《法商研究》2015年第6期)。

的管辖权确定规则的同时，又明确了该类诉讼的管辖权的特殊确定规则，即该类诉讼可以由原告住所地法院管辖，这也是对涉及互联网案件的司法管辖的重大改变；最后，针对要求搜索系统管理者终止提供对关于公民的信息的链接的民事诉讼，明确规定了国内法院对有外国人参与的案件的管辖权，而且不以作为外国人的被告在国内有财产为限，也就是说即使在本国没有财产，也不影响国内法院作出相关判决。

无疑，对于试图引入被遗忘权的国家来说，俄罗斯立法模式所提出的确立民法典关于被遗忘权的一般规定，确立搜索系统领域中保护被遗忘权的具体案型，以及确立被遗忘权之诉的特殊管辖权确定规则和被遗忘权的域外效力等问题，都是思考被遗忘权立法所不可或缺的。

CHAPTER 11 第十一章

建设以阿西莫夫机器人学法则为基础的现代人工智能伦理
——以《机器人学与人工智能示范公约》的解读为基础

新兴技术，特别是可能产生颠覆性效果的技术研发必须有相应的且被有效遵守和监督的科技伦理为基础。其中，智能机器人和人工智能技术就是极为迫切地需要建设详细的伦理规则的技术领域。图灵测试，作为最重要的智能机标准，几乎也是关于智能存在与否的唯一可操作的标准，[1]本身就蕴含着这样的矛盾："只有我们不知道机器在想什么、怎么想时，才认为它有智能。"[2]也就是说，人工智能的本质中就隐含着它们最终失控的可能性。笔者曾经提出过，阿西莫夫的机器人学法则，并不是法律原则，也不是法律规范，而应当属于关于调整机器人与人类关系的伦理原则。[3]既然作为伦理原则，那就是说可以作为机器人学伦理规则建设的伦理指针，以机器人学法则为基础提出机器人学和人工智能发展的伦理规则。2017年11月，俄罗斯自治科研组织机器人与人工智能调整问题研究中心的负责人 Андрей Незнамов 和该中心学术顾问 Виктор Наумов 起草了《机器人学与人工智能示范公约》，特别是提出了《创建和使用机器人与人工智能规则（1.0版）》。这个公约提出的相关机器人学与人工智能的伦理规范，提供了一个机会去观察以阿西莫夫机器人学法则为基础的机器人学与人工智能发展的伦理规则何以可能与如何构建的问题。诚然，目前关于机器人学与人工智能发展的伦理规则并不是只

---

[1] 参见[英]玛格丽特·博登编著：《人工智能哲学》，刘西瑞、王汉琦译，上海译文出版社2001年版，译者序第2页。

[2] 刘慈欣：《AI时代的曙光》，载李彦宏等：《智能革命：迎接人工智能时代的社会、经济与文化变革》，中信出版社2017年版，第19页。

[3] 参见张建文：《阿西莫夫的教诲：机器人三法则的贡献与局限——以阿西莫夫短篇小说〈汝竟顾念他〉为基础》，载《人工智能法学研究》2018年第1期。

有俄罗斯学者提出的示范公约，而是有多个版本，如2017年年初美国的《阿西洛马人工智能原则》、2018年1月中国有关单位发布的《人工智能标准化白皮书（2018版）》、2018年4月10日在布鲁塞尔签署的《人工智能领域合作宣言》、2018年12月18日欧盟委员会人工智能高级专家小组发布的AI开发和使用的《可信赖AI的道德准则草案》等。选择俄罗斯学者提出的《机器人学与人工智能示范公约》作以解读并不纯粹出于笔者能够深度阅读俄语文本的个人偏好，而是基于该文本所具有的特点，那就是非常全面和详细，涉及机器人学和人工智能的一般概念、安全规则、创建和使用机器人的规则、人工智能的研发规则、军事机器人的使用限制规则以及该公约所提出的机器人学与人工智能规则的发展机制等。当然，在解读的过程中，笔者也会将其他版本的人工智能伦理规则作为参考。

一、以阿西莫夫机器人学法则为基础的现代人工智能伦理何以可能：人工智能发展与人类命运共同体的安全焦虑

根据该公约作者们的观点，之所以起草该公约，是考虑到以下因素：[1]在现阶段人类面临着确定最近几十年的发展道路的全球性目标；思考科技进步的角色和确定其所提出的可能性，以及评估科技进步对世界秩序、国家、经济、社会和人类个体的影响的风险与后果，成为现代性的优先任务之一；在科技进步的框架内最近几十年来变得日渐广泛应用和积极发展各种用途的包括机器人在内的物理网络系统；人类整体寄予发展机器人学与人工智能太多的期望，它们客观上能够解决诸多积累的问题并推动全球社会的发展；在开放前景的条件下绝不能忽视由于使用新的机器人学与人工智能技术而可能产生的潜在危险和威胁；绝不能排除可能会产生对现存世界秩序或者整个人类种族产生灾难性后果的大规模应用机器人与人工智能的场景；尽管机器人和物理网络系统的数量在增长，整体而言全球社会并未研究出关于使用它们的互动规则的综合观念；到目前为止尚不存在关于使用高度危险的机器人的协议或者规则，这将引起不安，它们由于自己的构造和用途能够给相当多数的人们造成伤害；相当部分的人们关于人类与智能机器人的关系的观念主要

---

[1]《Модельная конвенция о робототехнике и искусственном интеллекте》前言部分，http://robopravo.ru/matierialy_ dlia_ skachivaniia#ul-id-4-35.

是通过大众文化形成的，而且常常局限于艾泽科·阿西莫夫的机器人学法则，这可能会导致误解，认为上述法则将会在研发所有的物理网络系统时被广泛考虑；尽管世界上有几个国家在近年来开始发展人工智能立法，但是国际法和大部分民族法律体系并没有提出专门的调整与使用机器人有关的社会关系的模式和机制；在当前所形成的条件下就产生了联合所有利益相关的国家、创新行业代表、国际科学团体和专家制定创建、发展、推广、使用和传播物理网络系统领域中的一般立场、法律规范和伦理规范，致力于理解必须全力创建作为开放发展文本的本公约，邀请所有利益相关方参与讨论和完善该公约。

机器人学与人工智能的伦理规则之所以必要，在于新兴科技发展与进步对人类整体的未来影响的不确定性，这种不确定性引发的焦虑感，迫使人们不得不考虑对科学家的理论与技术创新活动施加必要的限制，以保障科学界从科技发展中所释放的力量不会毫无方向性，以至于毁灭了创新者自己和创新者所在的或大或小的人类社会，乃至整个人类社会。

机器人学与人工智能的快速发展引起了人类整体的、深深的集体焦虑和迫切的安全担忧，为了给机器人学和人工智能的发展确定安全、可靠、可控的方向，制订人工智能伦理的倡议者们呼吁全世界的专家学者们共同参加关于这一问题的讨论，该问题的解决至少在目前是悬而未决且待尽快解决的。根据该公约前言部分的表述，作者们提出该公约的意图在于：“确定由于积极发展物理网络系统而可能会在社会和法律体系中产生的基本问题，总结在不同时期由不同专家们提出的机器人学基本规则，标识解决现存的和（或）可期待的问题的可能方向；倡导在不同国家的专家之间为制订统一的关于创建和使用机器人与人工智能的规则的、伦理的和法律的观念而进行讨论。”[1]针对机器人和人工智能的法律调整问题，A. Незнамов 不无感慨地用所谓的“红旗法案”[2]暗喻：“机器人化的生产、自动化交通、机器人-医生、可穿戴植入设备等等已经出现，但许多国家且不说完全缺乏立法基础，而且对机器人化也持怀疑态度。正如以前对汽车适用通常的马车的法律那样，现在也正对机器人

---

〔1〕《Модельная конвенция о робототехнике и искусственном интеллекте》前言部分。

〔2〕 An Act for Further Regulating the Use of Locomotives on Turnpike and other Roads for agricultural and other purposes (5th July 1865), URL: ht- tps://archive.org/stream/statutesunitedk30britgoog#page/n246/mode/2up（дата обращения：21.01.2018）.

第十一章　建设以阿西莫夫机器人学法则为基础的现代人工智能伦理 ❖

适用通常的机械的法律。久远过往的教训在物联网时代也完全是现实的。"〔1〕他和该公约的另一位作者提出了关于适用于不同阶段的机器人创建与使用调整原则,其中综合性的原则可以适用于所有种类的机器人,包括安全与机器人安全优先原则、机器人危险性(或者安全性)感知原则、设计安全原则、通过设计的隐私原则、来自人类一方的对机器人实施监督的原则、禁止机器人主动造成伤害原则;专门性原则主要是用于个别类型机器人的,诸如对高度危险机器人强制适用额外的规则,如黑匣子、红色按钮、行为撤销、切入灾难模式等,再如递推的自我完善的监督原则只能适用于所谓的强人工智能。

二、现代人工智能伦理如何构建(一):适用的主体、对象及其范围

从该公约的文本来看,作者们将该公约分为前言、介绍性条款、机器人安全规则、创建机器人的一般规则、使用机器人的一般规则、研发人工智能的规则、使用军事机器人的限制、机器人学与人工智能规则的发展,共计8个部分,42个条款。

作者们首先规定了机器人学的主体和客体,将"机器人学领域的研究者、研发者、资助机器人学研究与研发的人,以及机器人的生产者、所有者、占有者、操作者,国家权力机关和任何调控机关,还有使用者和其他与机器人包括具有人工智能的物理网络系统进行互动的人"均称为"机器人与具有人工智能的物理网络系统的创建、推广或者使用进程的参加者",也就是机器人学的主体。〔2〕机器人学的客体包括"在最宽泛理解上的所有种类的机器人,无论其用途、危险程度、可移动性或者自主性,以及任何形式的具有人工智能的物理网络系统"。作者们特别指出,"在此情况下,除非可以从该公约文本中直接得出不同规定,为示范公约的目的,'机器人'的术语在公约文本中将被在最广泛的意义上予以解释,也包括机器人化的装置和物理网络系统,具有人工智能的物理网络系统也在其中"。

可以说,在该公约的意义上,机器人的术语涵括了可能不具有人形的机

---

〔1〕 А. Незнамов. Красный флаг для робота. Стандарт. 2018. №2 (181), С. 30.

〔2〕 相对而言,在我国,对于人工智能伦理规范的适用主体范围问题,主流的观点将主体范围集中于系统设计者和开发者(参见中国信息通信研究院安全研究所:《人工智能安全白皮书(2018年)》,第30页),而没有考虑从事人工智能基础工作的研究者以及资助研究和研发的人。

器人化的装置以及具有或者不具有人工智能的物理网络系统。针对前述术语的概念，公约的作者们提出：首先，"机器人"和相近的诸如"机器人化的装置"或者"智能机器人"概念的内容，将根据这些概念在具体国家和（或）针对具体的机器人类型中最广为接受的意义予以确定；其次，实在无法确定时，按照国际标准确定，"如果这些概念的意义无法确定，则可以使用现有的国际标准，特别是 ISO8373-2012《机器人和机器人装置标准词汇表》"。也就是说，国际标准组织制定的相关标准仅具有补充性，是第二意义上的标准。

按照公约作者们的意见，他们所设计的创建、推广和使用机器人的规则具有通用性，可以适用于所有的机器人学主体。但是，规则的通用性并不意味着要排斥其他可适用的规范，相反公约要求尊重其他可适用的法律规范、伦理规范和宗教规范，并赋予所适用的立法规范以更为优先的地位，即"机器人创建、应用和使用进程的参加者有义务了解并遵守机器人被使用地或者被计划使用地有效立法（'所适用的立法'）的要求，亦需考虑到包括伦理规范和宗教规范的其他可适用的规则"。

三、现代人工智能伦理如何构建（二）：机器人安全规则

机器人安全规则尽管只是该公约的一部分，却体现了阿西莫夫机器人不得伤害人类整体的零号法则以及机器人不得伤害人类个体的一号法则的基本价值理念。该公约相较于阿西莫夫所提出的机器人与人类关系的较为抽象和简略的伦理原则，创造性地发展出了一系列较为详细的实现人类安全优先原则的机器人安全规则。

（一）机器人安全原则的创新与发展

相较于阿西莫夫以零号法则和一号法则为基本内容的人类安全原则，该公约的作者们提出了更为广泛的人类安全视野，其所谓的"机器人安全原则"包含了两个层面的含义：一是最大安全保障原则，即"机器人的创建、应用和使用应当在保障个人、社会和国家的最大安全的条件下进行"；二是不得造成伤害原则，这里所谓的不得造成伤害的对象除了阿西莫夫所关注的人类个体和人类整体外，还包括了更为广泛的对象，即"人类个体、人类整体、生物圈和整个生存环境"，体现了更为宽广的人类与自然共生关系观和地球作为人类生存基础观念下的人类安全原则，而非可能被做过于狭窄理解的阿西莫

夫式的狭义人类安全观。

（二）人类个体的基本权利保护

对人类基本权利的保护是机器人安全原则中极其重要的一面，公约的作者们提出了较为一般性的要求，而且其所适用的范围相对较小，即"对机器人所收集和处理的信息的获取与使用不得侵犯人类私生活的不可侵犯性，也（或）不得违反依照所适用的立法对其他种类的保密信息的保护制度"，似乎仅局限于隐私权与个人信息的保护，而对于更为广义和宏观的关于人类尊严与价值的保障则付之阙如。也许作者们也认为，人工智能对隐私和个人信息保护的冲击最大。[1]实际上，尊重、保护隐私权和数据保护问题，还直接影响到更广泛的人权，最值得注意的是歧视、言论自由和信息自由。因此，在笔者看来，隐私权与个人信息的保护尽管也是"不可或缺的基本权利"[2]，但是并未完全涵盖和取代对人类尊严和自主的价值。

（三）不得造成伤害原则

禁止或限制机器人造成的损害规则对于机器人所可能给人类造成伤害的情形，公约的作者们明确要求禁止机器人主动造成损害，即"除非本示范公约有不同规定，不允许制造能够自己主动有目的地给人类个体造成伤害的机器人"。这里没有明确表明所谓的伤害是何种伤害，从后文关于对人类财产损害的态度可以辨明，公约的作者们在这里谈到的伤害是指对人类个体生命和健康的损害，因为他们提到了"对人类个体的财产的损害的条件、程序和后果由所适用的立法规定"。

对于智能机器人所可能造成的损害，公约的作者们似乎更倾向于限制而不是禁止，而且似乎在一定条件下，如为了预防更大的损害，允许智能机器人对人类或者人类的整体造成一定的损害，从第8条的文本标题"限制智能机器人造成损害"和文本表述上看，该条文的文本可能是最糟糕的，相对于阿西莫夫在零号法则和一号法则与其他法则之间清晰的重要性和绝对性的程度上的划分，该文本的表述是一个严重的倒退，尽管在形式上糅合了阿西莫

---

[1] 参见韩丹东：《人工智能太"聪明"让个人信息如同"裸奔"》，载《法制日报》2017年6月1日，第5版；韩丹东等：《人工智能法律风险怎么消弭》，载《法制日报》2017年6月1日，第5版。

[2] 林鸿文编著：《个人资料保护法》，书泉出版社2018年版，第48页。

夫的零号法则和一号法则,"智能机器人不得给人类个体和人类整体造成损害,也不允许以其不作为而造成损害",但是,该条相对于阿西莫夫作为不附带任何例外条件的绝对性保护对象的理念和意图,公约的作者们增加了例外条款,即"如果造成损害是被迫的且有理由能够预防更大的损害"时,允许造成损害。在这里,由于公约的作者们将以保护人类整体为己任的零号法则和保护人类个体为己任的一号法则杂糅在一起,导致存在一个致命的缺陷或者含混之处,那就是这里允许造成的伤害到底是仅仅针对一个人、几个人或者一个群体,还是允许可以对整个人类整体造成一定的损害以预防更大的损害?从阿西莫夫的机器人学法则的意图和在其所提供的案例来看,似乎应当是在极端的情况下,即在被迫的且有理由能够阻止更大的伤害时允许对一个人、几个人或者一个群体造成较小的损害,而不是允许对人类整体造成损害。阿西莫夫将人类整体的保护放在更加突出的地位,以零号法则作为最后产生的机器人学法则,以及其将零号法则单列而不是修改一号法则以涵括人类整体的做法,可以体会到阿西莫夫对机器人学法则的整体发展的新思考。然而,即使做这种更贴近阿西莫夫提出机器人学法则意图的理解,也并不能阻止该公约的作者们在更关键的地方留下(尽管可能是毫无恶意地甚至是怀着善意地留下)有可能摧毁整个不得伤害原则的例外,那就是关于损害的概念的理解:"在此情况下,损害的概念根据智能机器人所掌握的信息确定。"对损害的这种确定方式,可能会为智能机器人造成更多、更大、更严重的伤害留下空间。估计作者们的意图是希望为未来更加接近人类的智能机器人的出现预留空间,其假定的前提是智能机器人会像人类在具体的情况下那样做出不一定比人类更好但也至少不比人类差的适当的判断。这可能是由公约的作者们对人工智能发展前景的极度乐观预测所致,且不说至少在未来数十年内将损害的定义权与判断权委诸智能机器人的决定是不是个明显低劣的决定,但至少说,其中蕴含的将人类在与机器人关系中的中心地位和人类尊严价值的尊重降低至智能机器人水平,或者反过来说,将智能机器人的地位和价值提升至与人类的地位和价值相同甚至略高,这并不是一个符合人类尊严的做法。因为判断对人类个体或者整体的损害是否存在、孰大孰小、是否值得用作防止所谓更大损害的手段等问题,攸关人类自我的判断和认识。

(四)最大安全保障原则

同等风险、人类中心、机器人危险性感知、黑匣子和红色按钮同等风险

第十一章 建设以阿西莫夫机器人学法则为基础的现代人工智能伦理

规则道出了最大安全保障原则的底线，那就是，"在所有的使用机器人的过程中，人类个体不得遭受较之在没有机器人参与的相同过程中他已经遭遇的风险更大的对其生命和健康造成损害的风险"。

公约的作者们尽管也提出了似乎是最体现人类中心地位的条款，但是这种控制看起来更多的是针对外在行动的而非是内在判断的，是向人类个体提供信息式的而不是事先嵌入其内在设计的，是事后式的和应急式的。

人类对机器人的可控性条款，要求"无论机器人的具体类型的目的特性，机器人应当在最大可能和合理程度上处在人类直接或者间接的监督之下"。这种控制主要是通过任何人能够公开无偿和轻易地获取相关信息，或者特定的主体依照特定程序获取相关信息的方式来实现的，如"所有的关于任何机器人给人类个体、社会和环境造成危险的信息，均应当公开地、无偿地且可轻易地为任何机器人学主体所获取"；再如黑匣子条款规定："机器人应当时时固定和保存关于自己的运作条件和所有其所实施的行为的信息"，但是该类信息获取权并不是赋予所有人的，"对该信息的获取应当提供给对机器人的行为和正常运作负责的人，以及按照所适用立法规定的程序提供给主管权力机关"；红色按钮条款则意味着，那些"在物理上与人们进行互动的且不处在人类的直接管理之下的机器人应当具备按照要求瞬间断开或紧急断开的功能"。值得注意的是，从阿西莫夫机器人学法则的角度看，整个公约文本并没有明确规定对机器人的自我保护，即对应于三号法则的内容，但是存在一个看起来类似但实际上并无相同之处的条款，即关于保护机器人免受未经许可的接近的条款——"机器人应当配备免遭未经许可而对其系统和装置的物理性和电子性接近的保护系统"。从该条的规定上看，是针对潜在的机器人研究者、研发者、生产者和推广者提出的要求，而不是像三号法则是针对机器人自己提出的要求（也可以说是赋予的自我保护的权利）；从该条的规范目的上看，这个条款的目的是通过防止未经许可的对机器人的系统和装置的接近，从而防止不法之徒将机器人作为伤害人类的手段而保护人类的安全。可以说，对机器人免受未经许可的接近的保护仅是具有手段性的目的，其最终目的是保护人类，而三号法则的目的却是允许机器人在不违反一号法则和二号法则的前提下保护自己。

（五）公约作者的创造："高度危险机器人"的概念及其法津制度

"高度危险机器人"的概念和法律制度，则是公约作者们的创造，这个概念和制度只出现和存在于该作者们包括该公约在内的作品中。按照两位作者的意见,"在因机器人的设计特性和(或)其信息系统参数导致其行为由于人类不可能对之进行完全的控制而产生造成损害的高度盖然性时,机器人被视为高度危险来源"[1]。根据该公约第 13 条"高度危险机器人"的设计,"应当对由于自己的构造和用途潜在地能够给人类个体造成包括致命性的伤害在内的实质性伤害的机器人的应用设立更高的保护其免于第三人未经许可的接近的要求"。这里所谓的高度危险机器人,具体包括医疗机器人、植入设备、高度自动化交通工具、军事机器人等。"机器人学的诸主体应当以该类机器人的危险性推定作为出发点,而主管权力机关应当规定相应的要求并监督其在所属司法管辖区内的执行。"此外,对于此类高度危险机器人还规定了人机管理的特别要求:"由于其构造和用途所决定的高度危险机器人潜在地对人类个体的消极作用,应当在其他人类个体的直接管理下进行。"

四、现代人工智能伦理如何构建(三):创建与使用机器人的一般规则

(一)创建机器人的一般规则:造福、责任、安全与遵守公约

对于创建机器人的一般规则,该公约的作者们提出了四个规则:创造公共福利、负责任地对待应用机器人后果的态度、安全优先、遵守示范公约的可能性。

根据该公约第 18 条,所谓的创造公共福利,是指"机器人的研发者和生产者,以及其他参与机器人创建过程的人('机器人的创建者')应当尽可能地努力使得他们所创建的机器人能够给尽可能多的人们创造最大福利"。相较于阿西莫夫的机器人学法则,创建现代人工智能伦理的努力明确提出了造福公众的目标,这一点在欧洲议会提出的关于机器人民法规范的动议中所附的《机器人技术研发者伦理守则》提出的造福原则中也得到了体现。

对机器人创建者以及资助机器人学领域的研究和研发的人提出了负责任地对待应用机器人后果的态度的要求,要求他们"应当了解,他们的活动不具有特别的技术性,负责地对待所可能产生的作为应用机器人的后果的那些

---

[1] 张建文:《格里申法案的贡献与局限——俄罗斯首部机器人法草案述评》,载《华东政法大学学报》2018 年第 2 期。

社会与经济现象和情事,并极力预防与之相关的任何重大消极后果"。

作为一般原则的机器人安全原则在创建和使用机器人的领域中的具体体现,公约的作者们明确提出了"安全优先"规则,要求"在创建机器人时,保障人类安全的目的应当始终胜过所有其他目的和任务"。

对于机器人的创建者而言,"应当保障在设计上(考虑到本公约的可能的更正、修改和补充)遵守本公约指明的规则的可能性"。

(二)使用机器人的一般规则:建构人类中心的抑或平等的机器人与人类关系模式

使用机器人的一般规则,较之于研究和研发机器人更需要全面回应建构什么样的人类与机器人关系模式问题,其中包含在机器人与人类之间人类的基本权利、尊严和价值到底处在何种地位,是人类更优先还是机器人更优先,抑或二者可能构成平等的关系。后一种倾向还蕴含着机器人是否可能具有法律主体地位的问题,在机器人造成损害的情况下,责任的归属与分配问题也是机器人与人类关系模式的应有之义。根据有的学者的看法,服从法则——"机器人要服从人类",就是"人当主子,机器为奴,为工具",不伤害原则同样是"主奴关系的推衍,视 AI 为听使唤的奴仆"。

整体而言,公约的作者们在现阶段对人类与机器人关系模式的构建充分贯彻了人类中心主义,也就是人类高于机器人的模式。但是,从作者们关于机器人法律地位的考虑看,作者们将机器人作为权利主体蕴含了不排除、不排斥而是允许将人类高于机器人的人类与机器人关系模式修改为机器人与人类有限平等的关系模式的倾向。

首先,该公约所提出的人类中心主义的人类与机器人关系模式,主要集中在对人类的基本权利和安全优先的保护上。[1]该公约要求,"在使用机器人的过程中,无论是否存在专门的法律调整,均应当遵守人类的基本权利和公认的道德与伦理规范";"拥有预防和阻止机器人给其他人类造成未经批准的(包括偶然的)损害之可能性的人,有义务为此采取所有可能的与对自己的生命或者健康的风险无关的措施";"关于某一装置或者客体为机器人的信息,

---

[1] 参见张建文:《阿西莫夫的教诲:机器人学三法则的贡献与局限——以阿西莫夫短篇小说〈汝竟顾念他〉为基础》,载《人工智能法学研究》2018 年第 1 期。

应当使任何与之互动的人类个体或者其他机器人周知，但由于情势所限或者由于其用途和适用具体形式的机器人的特别条件不需要的情形除外"；"机器人的运作原则上应当对其创建者和使用者而言为可预见的，符合其构造和用途，是安全的和可控的"；"机器人的运作应当以如下方式进行，即使得与其互动的机器人学诸主体能够理解这些机器人的运作方式或者在进行互动时拥有取得足够相关信息的可能性"；"如果不能从所适用的立法条款或者具体情势中得出相反规定，履行机器人运作规则的责任，由机器人的创建者以及任何其他的能够以自己的行为影响其履行的人承担"。

其次，该公约蕴含了将人类中心主义的人类与机器人关系模式构建为人类与机器人有限平等的关系模式的倾向。

一是在人类作为使用者对待机器人的态度上，公约的作者们提出"尊重人类尊严"的要求，但是这个所谓的尊重人类尊严，并非要求机器人尊重人类尊严，恰恰相反，却是要求"人类不得以自己对待机器人的态度漠视人类的尊严"。这里蕴含的意图不是突出和凸显人类尊严的地位和价值，恰恰是要求人类作为使用者在对待机器人时不得过分残酷或者严重违反人道规则。这种对人类使用者的伦理性限制，为可能的人类与机器人（特别是智能机器人）之间的有限平等关系模式建设铺垫了伦理基础。这有点类似于罗马帝国时期皇帝对奴隶主任意对待奴隶的权力的限制，特别是公元2世纪时，无正当理由杀死奴隶被等同于杀害侨民。但是，笔者认为，将机器人与曾经作为奴隶的自然人类比并不恰当，自然人即使作为奴隶存在，其本身的自然本性会使其他人类能够在人性范围和限度内对其进行理解和判断。也就是说，奴隶与主人这一对关系中所涉及的都是在最纯粹的自然意义上相同的人类（种属上的共性，就是"奴隶有生命——和罐子或者锤子不一样，但更具体地说，是一种有生命的工具"[1]）。在人类与机器人的关系上，机器人并不属于与人同类的存在，尽管人类期望和决定要全面了解和绝对掌握机器人，但是并不意味着人类最终能够全面了解和绝对掌握机器人。在没有这种绝对性把握之前，无条件地将机器人与人类关系完全类比为奴隶与主人的关系，并试图为机器人创造一个伦理性的主体地位，毫无疑问属于爱心泛滥的体现，罗马帝国时

---

[1] [美] 列奥·施特劳斯：《古典政治哲学引论：亚里士多德〈政治学〉讲疏（1965年）》，娄林译，华东师范大学出版社2018年版，第50页。

期限制主人的权限也并非为了"不漠视人类尊严",而是罗马人清楚地意识到,"处在一个大量存在奴隶的环境中,罗马人经受着时时的威胁"[1],"有多少奴隶,就有多少敌人!"[2]这种观点也不排除有将机器人作为动物看待的因素,要求人类在行使权利的时候不允许违背人道原则残酷对待机器人,[3]"通过限制人的行为,来达到对动物权利的保护"[4]。

二是在对机器人可能的法律地位上,公约的作者们预留了机器人作为权利主体的空间。尽管是有限的权利主体地位,但这种有限主体地位将会为机器人与人类使用者的平等地位建构初步的桥梁,并成为逐步扩展的基础。根据作者们的意见,"在所适用的立法直接规定的情况下,机器人可以在民事流转中作为独立的人,包括作为其他机器人的所有权人"。尽管将该问题付诸各国国内立法去解决,至少根据该作者们所提出的俄罗斯首部机器人法草案"格里申法案"的内容和意图来看,该公约作者们是要将机器人作为有限的权利主体,也就是权利能力被限定为特定范围的主体,也有其他作者提出将其作为"准民事法律关系主体"[5]。仍然不甚清晰的是,该权利能力的范围目前希望限定在哪些领域,以及将来是否会扩大,是否有可能在机器人智能水平达到或者接近人类的情况下赋予机器人与人类完全相同的权利能力范围,等等。

五、现代人工智能伦理如何构建(四):人工智能研发规则

对于人工智能的发展和规制,А. Незнамов 认为:"悖论在于,那种强人工智能还不存在。如果可能的,最好任何时候都不要创建它","一旦问世,它就会立即失控。而人们简直就是不会有时间去创设游戏规则:现在就需要

---

[1] Римское право: учеб. пособие для студентов вузов, обучающихся по специальности 030501《Юриспруденция》/А. А. Иванов-М.: ЮНИТИ-ДАНА: Закон и право, 2016. С. 130.

[2] Ранович А. Б. Первоисточники по истории раннего христианства. Античные критики христианства. 3-е изд. М., 1990. С. 97, 104.

[3] Гражданский кодекс Российской Федерации. Части первая, вторая, третья и четвертая. - Москва: Проспект, 2017. С. 80.

[4] 腾讯研究院等:《人工智能》,中国人民大学出版社 2017 年版,第 266 页。

[5] Е. Н. Ирискина, К. О. Бедяков. Правовые аспекты гражданско-правовой ответственности за причинение вреда действиями робота как квазисубъекта гражданско-правовых отношений. Гуманитарная информатика. 2016. Вып. 10. С. 63.

去写下游戏规则","如果即使是存在 0.1% 的极端风险存在的可能性,法学家也有义务去着手工作。这就意味着,21 世纪的法学领域期待着重大变革"。[1] 所以,该文作者同时也是该公约的两位作者之一,就把人工智能的研发规则作为该公约的重要组成部分,提出了四项规则:负责任的态度、人工智能危险性假定、知情互动和将公约条款适用于人工智能。"负责任的态度"意味着,要求"人工智能和相近领域中的研发者、研究者以及研究资助者,有义务顾及社会情绪,而且无权忽视那种认为人工智能技术可能会对人类整体产生不可逆的后果并令人类自己承担极端风险的意见。""负责任的态度"要求给纯粹的疯狂的以求真为导向的自然科学精神套上价值的笼套,明确要求不但是自然科学的研究者和研发者,就连资助这些研究和研发的人也要承担顾及社会情绪的义务,明确他们没有权利忽视那种特定的社会意见。正如施特劳斯所说,"某些意见虽然并非真理,但有益于政治生活"[2],"技术和艺术从道德和政治中获得解放将导致灾难或人的非人化"[3]。尤瓦尔·赫拉利说得更直白:"虽然科技带来了许多美好的承诺,但我想特别强调的却是威胁和危险。引领科技革命的企业和企业家,自然倾向于高声讴歌科技创造的美好,但对于社会学家、哲学家和像我这样的历史学家,却想尽快拉响警报,指出所有可能酿成大错的地方。"[4]

正是基于对人工智能完全的绝对的安全性保障期待之不可能和人类理性有限不能顾及所有可能的情形特别是意外的情形,"人工智能危险性假定"规则就极有必要,该规则同样针对"人工智能与相近领域的研发者、研究者和研究资助者",要求他们"应当以人工智能的危险性假定作为出发点","明白在没有相反证明以前,所创造的或者正在创造的人工智能技术对人类而言是危险的"。从这种"人工智能危险性假定"出发,"知情互动"规则就顺理成章了,知情互动意味着要求"任何一项人类与人工智能的互动行为,未经告知人类并获得同意均不得进行"。

---

[1] А. Незнамов. Искусственный вопрос. Стандарт. 2018. №3 (182), С. 13.
[2] [美] 施特劳斯:《古典政治理性主义的重生——施特劳斯思想入门》,郭振华等译,华夏出版社 2011 年版,第 197 页。
[3] [美] 朗佩特:《"什么是政治哲学"中的论证》,载 [美] 施特劳斯:《什么是政治哲学》,李世祥等译,华夏出版社 2014 年版,第 307 页。
[4] [以] 尤瓦尔·赫拉利:《今日简史:人类命运大议题》,林俊宏译,中信出版社 2018 年版,第 8 页。

由于机器人与人工智能的紧密联系,该公约的作者们提出"本公约中所述的机器人条款应当考虑其设计特性而适用于人工智能的物理网络系统"。

六、现代人工智能伦理如何构建(五):军事机器人的使用限制

阿西莫夫机器人学法则中的零号法则和一号法则构成了完整的不伤害原则。第一层意义上,机器人不得伤害人类是指机器人不得以自己的作为伤害人类的消极义务;第二层意义上,机器人不得以自己的不作为致使人类受到伤害又蕴含了机器人应当全力以自己的行为救助人类、使人类免遭伤害的积极义务。实际上,第二层面的不伤害原则并未在现代人工智能伦理中得到充分实现。

军事机器人特别是将来智能化程度更高的机器人的使用是一个现实而又迫切需要解决的问题。该公约将军事机器人的使用限制作为单独的一个部分,提出了四个规则:一是人道主义战争规则的可适用性,明确要求"为军事目的使用机器人不得违背世界上公认的人道主义战争规则"。二是为遵守人道主义战争规则的限制。这是关于军事机器人的内在设计的要求,"为军事用途而创建的机器人,应当拥有自始就嵌入其中且不得修改的符合国际人道主义法规定的对进行战争的方法和手段的限制,无论机器人将会被用于哪个领土"。三是不得伤害和平居民。该条实际上包含了两个层面的内容:一方面是不得用于给和平居民造成伤害,即"被用于军事目的的机器人不应当用于给和平居民造成伤害";另一方面是对敌方的伤害的限制,要求"在军事用途中使用机器人时必须以所有在此情况下尽可能的方法排除或者最小化机器人给敌方军人的生命和健康的伤害"。四是对使用机器人实施犯罪的责任,主要是对使用机器人实施军事犯罪的责任,明确了责任的主体,即"使用机器人实施军事犯罪的责任依照对控制这些机器人的人所实施的军事犯罪所适用的规则确定",而且"国家应当努力制定使用机器人实施军事犯罪将构成加重情节的规范"。

七、现代人工智能伦理如何构建(六):机器人学与人工智能规则的发展

该公约的作者们将机器人学与人工智能规则的发展作为该公约的组成部分并且是最后的部分。第一,关于公约规则的适用,"在本示范公约的条款没

有强制性之前，机器人学主体有权指出自愿适用本公约的全部或者部分条款"。从表述来看，公约的作者们是期望该公约具有强制性约束力的，但在此之前只能作为机器人学主体们自愿选择全部或者部分适用的文本。第二，示范公约的适用范围。作者们将其开放给所有的司法管辖区自由适用并可作创建和使用机器人规则统一化的基础使用，"本公约的规则可以在任何司法管辖区并由任何创建、应用和使用机器人进程的参加者团体作为创建和使用机器人规则统一化的基础使用"。第三，推进制定公认的国际规则。"机器人学主体应当推动在制定公认的创建、应用和使用机器人的规则，以及协调可能在最大数量的司法管辖区适用的机器人学标准方面的国际合作"。第四，推动创建超国家机构。"为了有效地、协调地和完全地发展机器人学和人工智能，应当建立国家间的和非国家的机构，包括已经存在的国际团体和组织下设立国家间的和非国家的机构"。第五，示范公约的发展。"本公约的条款应当经讨论、更正、修改和补充，以便它们在最大程度上体现当前人类社会中关于机器人和人工智能的观点，并符合应当在机器人学和人工智能中发生效力的公认规则和规范。"

阿西莫夫机器人学法则在本质上属于机器人与人类关系的伦理原则，正是由于其作为原则显得简洁明了，但这种简洁明了又成为其执行中的不足之处，太过简明反而对具体情形的指导性和可适用性不够。[1]

阿西莫夫机器人学法则应当成为现代人工智能伦理建构的基础，从本书研究的《机器人学与人工智能示范公约》来看，阿西莫夫的机器人学法则的大部分内容都在该公约中得到了体现，但也并不是完全都得到了体现。以人类的中心地位（人类对机器人和人工智能的控制、人类基本权利和人类尊严的尊重和保障）和机器人与人工智能的安全性保障（其相对的是机器人和人工智能的危险性假定）为基点的该示范公约，以不同的表述涵盖了大部分阿西莫夫机器人学法则，如将阿西莫夫的服从法则表述为来自人类一方对机器人的控制性、红色按钮等规则，将不伤害原则以机器人的安全性保障原则等形式予以接受和落实，并在具体的形式上创新和发展了机器人学法则中的不伤害原则与服从原则。也存在一些未能体现机器人学法则的地方：第一，未能体现阿西莫夫机器人学法则中的不伤害原则所蕴含的要求机器人以自己的

---

[1] 参见张田勘：《全面迎接和努力掌控人工智能》，载《光明日报》2017年5月25日，第2版。

积极作为救助人类个体或者人类整体的伦理义务；第二，未能体现阿西莫夫机器人学法则中的自我保护原则，即如何允许并以何种方式实现机器人在不违背第一法则和第二法则的前提下自我保护的问题。这些问题均有待进一步研究。

格里申法案的贡献与局限
——俄罗斯首部机器人法草案述评

一、格里申法案的起草背景

具有专家建议稿性质的法律草案《在完善机器人领域关系法律调整部分修改俄罗斯联邦民法典的联邦法律》[1],是俄罗斯首部也是世界上最早的关于智能机器人的法律地位的法律草案之一。该法案是由俄罗斯互联网技术领域的专家,同时也是 Mail.ru 集团的董事会主席格里申及其基金会"格里申机器人"委托 Dentons 国际律师事务所起草的,因此,该草案也被称为"格里申法案"("Закон Дмитрия Гришина"),这也是从阿西莫夫机器人法则到机器人法的重大发展。

该草案旨在于而且也确实引发了对机器人领域系统立法调整而非针对机器人所参与关系的个别方面的广泛讨论,提出了就如何调整机器人所参与的法律关系问题的专家讨论方向,以便为尽早做好前瞻性技术大规模应用于日常生活的准备。[2] 按照起草者的意见,在法律草案创制的第一阶段是有意地采用修改民事立法的简单模式,在经过学术和实践的讨论之后,不仅要提出对该法律草案的修改,而且要起草一部专门的机器人发展法案作为基本文件;不但包含对民法、行政法和信息法的系列修改,还包括对其他立法部门的修

---

[1] 该法案文本来源:http://robopravo.ru/proiekty_aktov,最后访问日期:2017年12月20日。该法案的文本更新可以访问其在 VK 的官方主页,来源:https://vk.com/robolaw,最后访问日期:2017年12月20日。

[2] В. В. Архипов, В. Б. Наумов. Искусственный нителлекти автономные устройства в контексте права : о разработке первого в России закона о робототехнике. Труды СПИИРАН. 2017. Вы п. 6 (55). С. 50.

改。在该法律草案中，对调整的对象和主体的确定、对法律关系参加者的识别给予特别的地位。[1]

该草案的起草者为纳乌莫夫（Виктор Наумов）和阿尔黑波夫（Владислав Архипов），两人均为机器人与人工智能调整问题研究中心的学术顾问。[2]按照两位起草者的想法，希望该法的"理念会成为修改民法典和创制机器人单行法的基础"。该草案也发往俄罗斯最主要的法学机构，如俄罗斯科学院国家与法研究所、俄罗斯联邦政府立法与比较法学研究所、莫斯科大学、圣彼得堡大学、莫斯科国立法律科学院、高等经济学院等。

2017年9月底，俄罗斯国家杜马主席维亚切斯拉夫·沃洛金宣布，杜马代表们将在最短时间内开始从事解决人类与机器人相互关系的调整问题："人类和人工智能的关系、人类和机器人的关系问题，都是我们应当在最短时间内在立法上予以描述的问题"，"如果我们不这样做，我们就将落后了"。[3]

二、格里申法案的基本理念与主要内容

（一）格里申法案的基本理念

格里申法案（以下简称"法案"）的基本理念为，机器人可以被视作与动物具有特定相似性的财产，但是根据机器人的发展很显然有望将机器人作为人类的自主代理人（автономные агенты）。因此，在对机器人的法律调整上提出了使用对动物和法人的调整规则的理念。人工智能由于缺乏情感不能作为权利主体，但机器人像动物一样可以完成自主行为，能做"人类需要运

---

[1] В. В. Архипов, В. Б. Наумов. Искусственный нителлект и автономные устройства в контексте права: о разработке первого в России закона о робототехнике. Труды СПИИРАН. 2017. Вы п.6（55）. С. 50.

[2] 该研究中心的专家们还制定了《机器人学与人工智能示范公约》，这是世界上第一部调整机器人、人工智能和物理网络系统的国际文件草案。该公约考虑到了所有现有规则和制度的主要发展，如"黑匣子规则"和"红按钮规则"、对保障安全和保守机密的要求、阿西莫夫的机器人法则等，提出了42个关于制造、推广和使用所有类型机器人的规则。参见"В Думе рассмотрят конвенцию по робототехнике и искусственному нтеллекту"，载https://hitech.newsru.com/article/21nov2017/gdrobots，最后访问日期：2017年11月21日。

[3] "Первое правило робототехники … Госдума подготовит правила общения человека с роботами", http://guardinfo.online/2017/09/26/pervoe-pravilo-robototexniki-gosduma-podgotovit-pravila-obshheniya-cheloveka-s-robotami/，2017.12.20.

用智能才能去做的事情"[1]。机器人作为特殊的法律构造,允许类推适用统一国家法人登记簿而创设机器人登记簿。由于人工智能可能致人损害,所以对机器人应当使用高度危险来源占有人责任的规范。

该法案的起草者也提出:"实质上,对法学理论而言,进一步的特别兴趣将会是提出关于赋予机器人—代理人特别限定的权利主体性有没有意义的讨论,正如在法律草案中所作的,在法人和机器人—代理人之间做了平行处理"[2],在进行法律草案的起草工作时已经特别注意到了法人功能论,根据该理论,法人被认为是"由法律秩序所创造的现象"[3]。"完全可能,机器人的权利主体性问题在实践中可能并不那么重要"[4]。俄罗斯 King & Spalding 律师事务所合伙人伊里亚·拉契科夫评论指出:"理念的提出超前于技术的发展。机器人还没有那么广泛推广,民法典现在还可以适用于作为财产的机器人,而法院也可以认定机器人为高度危险来源。"[5]但是按照 Acapo 的观点,机器人领域中的最重要问题,除了现有法律主体的类型对机器人行为的责任之外,当属机器人作为一种准代理人(квазиагенты)或中介者的法律制度问题,因为机器人将会逐渐地被赋予更多的以前由人类履行的功能。[6]在此情况下,已经有俄罗斯学者提出了作为民事法律关系准主体的机器人的责任问题。[7]

值得注意的是,格里申法案主要研究和解决机器人的民法调整问题,对

---

〔1〕 [英]玛格丽特·A.博登:《人工智能哲学》,刘西瑞、王汉琦译,上海译文出版社 2001 年版,第 1 页。

〔2〕 В. В. Архипов, В. Б. Наумов. Искусственный нителлект и автономные устройства в контексте права : о разработке первого в России закона о робототехнике. Труды СПИИРАН. 2017. Вып. 6 (55). С. 51

〔3〕 Гущин В. В. Понятие и классификация юридических лиц//Современный юрист. № 3. 2015. С. 20-28

〔4〕 В. В. Архипов, В. Б. Наумов. Искусственный нителлект и автономные устройства в контексте права : о разработке первого в России закона о робототехнике. Труды СПИИРАН. 2017. Вып. 6 (55). С. 51

〔5〕 "Основатель Grishin Robotics Дмитрий Гришин разработал концепцию закона о робототехнике", 载 https://vc. ru/20724-law-robots,最后访问日期:2016 年 12 月 15 日。

〔6〕 Asaro P. M. Robots and Responsibility from a Legal Perspective. URL: http://www.roboethics.org/ icra2007/contributions/ASARO%20Legal%20Perspective. pdf (дата обращения 06. 07. 2017)

〔7〕 Ирискина Е. Н., Беляков К. О. Правовые аспекты гражданско-правовой ответственности за причинение вреда действиями робота как квазисубъекта гражданско-правовых отношений // Гуманитарная информатика. 2016. Вып. 10. С. 63-72.

于机器人的以下四类行为将纳入刑法的调整之中：设计专门用于犯罪的杀手机器人、禁用阻止对人类造成损害的软件和硬件功能、设计能够给人类造成损害的机器人和没有意识到可能被用于给人类造成损害而设计机器人等。[1]

（二）格里申法案的基本框架

格里申法案的基本框架[2]：（1）规定机器人领域关系法律调整的原则（包括承认根据其特点决定的机器人特别法律制度）；（2）规定了机器人领域俄罗斯联邦立法的构成，并规定了预先保留，即在何种范围内可以适用相邻的立法，如个人资料法、信息法、技术调整法等；（3）规定机器人作为法律关系客体的特殊性，特别是根据其所适用领域的标准对机器人进行分类（用于消费者关系的家用机器人、医疗机器人、客运和货运交通机器人等）；（4）根据适用领域规定了个别类型的机器人的使用原则；（5）规定了包括生产者、销售者、占有人、提供服务的组织/专家的每个法律关系主体的一般权利与义务；（6）规定了从民法角度的财产占有、使用、处分的特殊性，以及个别财产法规范适用于机器人的特殊性；（7）规定了可以将个别机器人归于高度危险来源的标准，并规定了关于在使用高度危险来源时所造成损害责任的民事立法规范的适用特殊性；（8）规定了与获取和使用构成机器人的各个部件首先是物理部件和信息系统有关的原则［谁有权访问机器人的信息系统，机器人的远程和（或）分布式信息系统的调整特点是什么］；（9）作为法律关系的关键——行政法要素并为了保障安全起见规定了由主管国家机关对机器人—代理人的模型（而不是所有情况）进行登记。

（三）格里申法案的主要内容

格里申法案条文不多，只有四条。在立法技术上，主要是对现有的条文进行修订，在不改变原有《俄罗斯联邦民法典》结构的情况下，通过在现有条文的序号上增加新款的方式，加入新的内容。主要修改了三个条款：一是在民事主体部分，在自然人、法人和特殊民事主体（俄罗斯联邦、俄罗斯联

---

[1] "Основатель Grishin Robotics Дмитрий Гришин разработал концепцию закона о робототехнике"，载 https://vc.ru/20724-law-robots，最后访问日期：2016年12月15日。

[2] В. В. Архипов, В. Б. Наумов. Искусственный нителлект и автономные устройства в контексте права : о разработке первого в России закона о робототехнике. Труды СПИИРАН. 2017. Вып. 6 (55). С. 51-52.

邦成员以及自治市组织）之后，在第 127 条项下增加 9 个款作为专章第六章"机器人—代理人（Робот-агент）"；二是在民事权利客体部分，在第 137 条"动物"之后将原来已经被废止的第 138 条增加新的内容，即"第 138 条　机器人"；三是在民事责任部分，在第 1079 条高度危险来源致人损害下，增加一款，即该条第 4 款。同时，在该草案中（而不是纳入《俄罗斯联邦民法典》）规定了机器人法的适用范围，即机器人的定义和机器人法的适用对象，并规定了机器人领域的联邦主管机关和负责机器人—代理人登记簿的创制与办理主管机关。在该法案中预设了机器人立法的立法层次，即由《俄罗斯联邦民法典》、该法案和机器人联邦法律、其他法律文件构成。

1. 机器人的定义与机器人—代理人的法律地位

格里申法案提出了一个过渡性[1]的机器人定义，作为法律调整的对象要素，即"机器人——在没有人类一方完全控制的情况下依靠从外部环境获取的信息而能够行动、决定自己的行为并评估其后果的装置"（法案第 3 条）。该法案并不适用于即使是"那些尽管在没有人类一方完全控制的情况下依据对从周围获取的信息的处理而能够行动、决定自己的行为并评估其后果的计算机软件"，因为"在此情况下它们并非用于完全或者部分实施自主事实行为的独立装置的信息系统的一部分"（法案第 3 条）。该定义意味着该法案所适用的机器人具有高度的智能性和自主性，与欧洲议会 2017 年 2 月 16 日《机器人民法规范》的决议中所提出的智能自主机器人的通用定义比较接近，如通过数据而获取的自主能力、物理支持形式和调整自身行为以适应环境的能力等。[2]

而机器人—代理人的概念，意味着"依照所有权人的决定及自己的设计特性有意用于参加民事流转的机器人"，体现了机器人和人工智能赋予的代理人的概念整体上的相互关系问题，在将来会按照创新发展的程度进行区分。[3]有些学者发展了机器人的潜在权利能力观念，提出将其作为非生物的自主代理人

---

[1] 按照起草者的想法，该定义仅在该法案通过之后到调整机器人领域关系的单行法生效之前有效。

[2] See《Civil Law Rules on Robotics》（European Parliament resolution of 16 February 2017 with recommendation to the Commission on Civil Law Rules on Robotics（2015/2103（INL））.

[3] See Balkin J. M.，"The Path of Robotics Law"，*California Law Review Circuit*，2015，vol. 6，pp. 45-60.

的观点。[1] 在更广泛的背景下，（代理人的）自动化行为的问题还应纳入物联网法律问题之中。[2] 机器人—代理人具有民事主体地位，根据法案第1条，"机器人—代理人拥有独立的财产并以之为自己的债务承担责任，可以以自己名义取得并行使民事权利和承担民事义务。在法律规定的情况下，机器人—代理人可以作为民事诉讼的参加者"（第127.1条第1款）。

在这里令人好奇的是，机器人—代理人拥有独立财产并以之为自己的债务承担责任的规定如何落实？尽管设置了这种极具前瞻性的规定，但是对其落实机制，法案并没有做进一步的说明，然而不排除以类似于罗马法上的奴隶特有产制度[3]来解决机器人的责任财产问题。另一方面也凸显了机器人立法所面临的阶段性特点，那就是在当前的一段时期内，机器人的责任问题，首先应当考虑的是人类的责任，而并非机器人的责任。对于机器人的责任问题，需要衡量复杂的情形，如人类指示的决定性程度、机器人的自主水平、（包括保险、强制保险、赔偿基金等在内的）机器人致害的损害分担机制等，现在要想完全规定清楚尚为时过早。

机器人被视为机器人—代理人并赋予其权利能力有两个条件。第一，机器人—代理人的模式类型要在统一的国家机器人—代理人登记簿中登记。机器人—代理人的模式类型应当由其生产者在统一的国家机器人—代理人登记簿中登记（第127.1条第2款）。但是，机器人—代理人模式的登记是自愿性质的，而非强制性的，其不登记的后果是"本章的规定不适用于其模式未作为机器人—代理人登记的机器人"（第127.1条第4款），也就是不能取得和享有机器人作为代理人的权利主体地位。而在机器人的模式被从机器人—代理人登记簿中删除之时起，机器人—代理人对第三人的行为的责任就由所有权人承担，但所有权人与占有人（们）之间的合同，以及法律或其他法律文件有不同规定的除外（第127.1条第5款）。也就是说，登记尽管是非强制性的，但是却是取得权利能力的实质性要件之一。第二，机器人—代理人的所有权人要公开声明机器人开始以机器人—代理人的身份运作。而在国家登记

---

[1] Richards N. M., Smart W. D., "How Should The Law Think About Robots?", URL：https://papers.ssrn.com/sol3/papers.cfm?abstract_id=2263363.

[2] Архипов В. В., Наумов В. Б., Пчелинцев Г. А., Чирко Я. А. Открытая концепция регулирования Интернета вещей // Информационное право. 2016. № 2. С. 18–25.

[3] Римское право：учебник И. Б. Новицкий. 3-е изд. стер. - М.：КНОРУС, 2014. С. 72–73.

和公开声明之前的机器人的行为是作为占有人的行为。对前述公开声明的要求，以及机器人—代理人的权利能力的开始、终止和（或）中止依照机器人立法确定（第127.1条第3款）。在机器人—代理人的权利能力问题上，采用了特别权利能力理论，并具有可克减性，即可以被限制。法案首先规定，机器人—代理人仅可在俄罗斯联邦机器人领域主管机关规定的活动类型中参与民事流转（第127.7条第1款）；其次是俄罗斯联邦机器人领域主管机关有权限制机器人—代理人在某一类活动范围内的参与情形，以及对机器人—代理人、其所有权人、占有人以及其他参与机器人—代理人所参与关系的人的其他限制和（或）要求（第127.7条第2款）。机器人—代理人可以参与代理活动。法案设立了机器人—代理人的法律机制：机器人—代理人可以所有权人和（或）占有人的名义以代理人的身份进行活动；机器人—代理人的代理权限以机器人—代理人的所有权人和（或）占有人的公开声明以及机器人—代理人的信息系统中的记载证明之；该记载应当用依照电子签名法确认为等同于手写签名的电子签名签署；向机器人—代理人授权的人有义务保障有关授权事实和权限范围的信息为任何一个与机器人—代理人进入合同法律关系的人在开始此类关系之前的可获取性；在缺乏前述情形时，机器人—代理人视为为自己而进行活动（第127.5条）。代理机制的引入和解释有效地解决了机器人—代理人和本人在从事民事活动中特别是从事民事法律行为中的效力判断、法律后果归属以及可能产生的民事责任的归属，[1]本质上也属于一种查明和确定责任归属的法律机制。

2. 机器人—代理人所参加的关系的民法适用

机器人—代理人所参加的关系的法律适用凸显了机器人—代理人法律地位的特点。法案规定了关于法人的民事立法原则上可以类推适用于机器人—代理人参与的民事关系，关于法人的民事立法也可以类推适用于机器人—代理人，包括在机器人—代理人作为合同关系主体时（第127.2条第1、2款）。

---

[1] 笔者认为，在欧洲议会 Civil Law Rules on Robotics [European Parliament Resolution of 16 February 2017 with recommendation to the Commission on Civil Law Rules on Robotics (2015/2103 (INL)] 中第 AH 段的观点——认为"目前法律框架的缺陷在合同责任领域也表现得很明显，因为机器人可以选择合同相对方、磋商合同条款、订立合同、决定是否以及如何履行合同，这使得传统规则不再适用"未免言过其实，其实传统的代理法律规则可以有效解决此类问题，格里申法案就是非常成功的解决范例。

此外，关于财产的民事立法适用于机器人—代理人参与的民事关系，关于财产的民事立法可以类推适用于机器人—代理人，包括在已经登记为机器人—代理人的机器人作为法律行为标的物或者与高度危险来源占有人对该来源所致损害之责任有关联关系的客体时（第127.2条第3、4款）。但是，对关于财产和法人的民事立法对机器人—代理人的适用或者类推适用，均以民法典、法律或其他法律文件没有不同规定，且不违背此类关系之实质者为限。

3. 机器人—代理人行为的责任：普通财产责任、高度危险来源责任、产品责任

在责任制度的设计上，机器人—代理人的所有权和占有人在他们全部移交给机器人—代理人占有和（或）使用的财产范围内对机器人—代理人的行为承担责任（第127.4条第1款）。这一点回应了对机器人—代理人的定义中关于机器人—代理人拥有独立财产并以自己的独立财产为自己的债务承担责任的规定，类似于罗马法上的特有产制度。

在机器人的责任与其作为财产的本质相关时，包括在对周围造成高度危险的活动所致损害时，机器人—代理人的责任由其占有人依照《俄罗斯联邦民法典》第1079条（关于高度危险来源致人损害的规定）承担（第127.4条第2款）。对于占有人的确定，法案专门规定了"机器人—代理人的占有人"条文，"机器人—代理人的占有人应当理解为以所有权、经营权、业务管理权、租赁权或其他合法依据使用机器人—代理人的法人、自然人或其他机器人—代理人"（第127.3条第1款）。机器人—代理人的所有权人、占有人之间和（或）诸占有人之间的关系由各方所缔结的合同调整。在缺乏此类合同时，机器人—代理人的所有权人被认为是占有人。此类合同以书面形式缔结且应当按照机器人领域主管机关规定的程序进行国家登记（第127.3条第2款）。在对谁是机器人—代理人的所有权人和（或）占有人存在无法消除的疑问时，包括在由于技术故障、机器人—代理人的运行故障或错误导致产生无法消除的疑问时，以尚不存在此类无法消除的疑问时作为相关机器人—代理人的最后所有权人或占有人的自然人或法人为机器人—代理人的所有权人或占有人（第127.3条第3款）。

机器人—代理人的所有权人或占有人，在前述规定的任何情况下，如果不能证明责任依据是实施研发、生产和（或）对机器人—代理人提供技术服务的人的行为所致，则对机器人—代理人的行为承担责任（第127.4条第3

款)。研发、生产和(或)对机器人—代理人提供技术服务的人,除非法律或合同有不同规定,无论是否存在过错,均依照该条承担责任(第127.4条第4款)。在机器人作为高度危险来源的责任上,该法案拟在《俄罗斯联邦民法典》第1074条增加第4款,具体内容包括:机器人在何种情况下被视为高度危险来源,即"在因机器人的设计特性和(或)其信息系统参数导致其行为由于人类不可能对之进行完全的控制而产生造成损害的高度盖然性时,机器人被视为高度危险来源";机器人的财产定位,即使是作为机器人—代理人的机器人在高度危险来源致人损害的意义上也被视为财产,其例外仅在于"机器人—代理人作为法律关系的主体且作为其他机器人—代理人的占有人时,对产生高度危险的活动所致损害承担无过错责任",此时机器人—代理人具有主体地位而非财产,故该高度危险来源责任规定不适用于"机器人—代理人作为法律关系主体而为自己实施法律行为,包括与他人进入合同关系的情形"。

由此可以看出,在机器人责任的调整上,无论是普通民事责任,还是高度危险来源致人损害责任以及产品责任,主要是以人类作为归责的伦理主体和法律主体,而非以机器人作为责任主体,从现阶段来看具有较为现实的可适用性和可操作性,这也与欧洲议会在《机器人民法规范》中提出的"至少在现阶段,责任必须由人而不是机器人承担"[1]的理念基本相同。

4. 机器人—代理人的管理与利益代表

根据法案的设想,对机器人—代理人的管理由其直接占有人进行,但所有权人和占有人之间的合同有不同规定的除外(第127.6条第1款)。管理人的法律地位具有准法人最高管理机关的地位。关于法人最高管理机关的民事立法规定可以类推适用于机器人—代理人的管理人的行为,但违背机器人—代理人所参与的关系的本质者除外(第127.6条第2款)。对机器人—代理人的管理可以通过修改计算机软件、数据库和(或)机器人—代理人的信息系统的参数来实现;机器人—代理人的管理人有权以自己承担责任邀请第三人实施该管理行为(第127.6条第3、4款)。但是,对机器人—代理人的管理有自己的法律界限。特别是界定了不属于管理行为的行为,即"任何与更改

---

[1] 参见欧洲议会于2017年2月16日形成的《机器人民法规范》[P8-TA(2017)0051]第56段。

和（或）改变机器人—代理人的模式有关的行为不属于对机器人—代理人的管理行为",而且法案直接规定了对管理人的禁令及其违反时的义务,即"禁止机器人—代理人的所有权人和占有人更改在统一国家机器人—代理人登记簿中确定的机器人—代理人模式","在实施此类修改的情况下,该人(视情形而定为所有权人或占有人)有义务保障在将相应修改载入登记簿之前中止机器人—代理人的活动"(第127.6条第5款)。

5. 机器人—代理人的利益代表

机器人—代理人还存在利益代表的问题,有两种模式:机器人—代理人自己代表自己的利益和由人类代表机器人—代理人的利益。前者是指"在民事流转中机器人—代理人在自己的设计特性和信息系统可能性的范围内自主代表自己的利益"(第127.8条第1款)。后者是指"机器人—代理人在法院、护法机关,以及其他需要人类直接参与的机关或组织中的利益,仅得由作为该类机器人—代理人的所有权人的自然人或者法人代表"(第127.8条第4款)。

在这里,再次凸显了赋予机器人民事法律主体地位与其实现的障碍之间的冲突,本来已经赋予了机器人—代理人权利能力,包括作为诉讼关系参加者的能力（其条件是必须在法律规定的情况下）,也承认机器人—代理人在其设计特性和信息系统可能性范围内的自主代表其利益的地位,但是现实中在法院、护法机关等的利益只能由其所有权人代表,由此彰显了在当前的阶段,机器人—代理人的法律地位的自主性和独立性并没有达到与自然人和法人相当的程度,而是具有代理人的地位,同时该代理人的地位也是有限的,并非在所有领域都可以代理,如参加诉讼程序等。

除了前述规定之外,法案还设计了应急通知功能和传统民事主体的介入机制,即"每个机器人—代理人都应当配备对产生无法根据设计特性和其信息系统可能性而解决的法律冲突的应急通知功能。参与机器人—代理人关系的人应当有权利使用该功能,但此时承担对无正当理由使用该功能造成的损失的责任",而且在应急通知功能生效的情况下"与启动该功能的人的法律关系视为在机器人—代理人的最后所有权人和（或）占有人——自然人或法人进入关系之前暂时停止"(第127.8条第2、3款)。此类介入机制在2017年5月德国《道路交通法》修改中也存在,如在自动驾驶情况下司机应当在系统发出要求时回复人工控制。

6. 机器人领域的行业自治与国家监督

在格里申法案中，机器人领域的行业自治也得到了重视。根据该法案，可以依照机器人领域的联邦立法规定设立机器人领域的自治组织。机器人领域的自治组织可以起草对机器人—代理人的所有权人和占有人以及对机器人—代理人具有强制遵守效力的行业标准和适当行为规则。机器人—代理人遵守机器人领域的行业标准和适当行为规则可以通过修改计算机软件、数据库和（或）机器人—代理人的信息系统参数来保障（第127.9条第1～3款）。

在国家监督方面，根据法案第1条，"机器人—代理人登记簿的设立和办理程序，以及负责设立和办理该登记簿的机关由联邦机器人立法规定"（第127.1条第2款），而根据第3条规定，"俄罗斯联邦政府为机器人领域中的主管机关，以及设立和办理机器人—代理人登记簿领域的主管机关"。此外，在对机器人的监督方面，该法案明确规定，"在生产、技术服务和（或）应用民用机器人时，不得在机器人的软件或硬件部分加入明显用于给人类造成损害，以及为实施其他违反俄罗斯联邦立法要求的行为的物体、装置和（或）功能"（第138条第3款）。

三、格里申法案与俄罗斯机器人立法的构想

按照格里申法案起草者的观点，所提出的倡议可能为俄罗斯机器人领域规范创制的发展奠定基础。在由法学家、（信息通信系统、机器人和人工智能系统）研发者、哲学家、社会学家、政治家和经济学家参与的全面跨学科讨论的基础上，可以提出构建未来俄罗斯立法的发展战略的四步走建议。[1]

在第一阶段必须确定发展战略、国家重点、国内机器人领域的技术机遇和潜力，它们将提供起草和通过包括一系列有关法和立法问题的国内机器人发展国家构想的机会。立法发展的第二阶段是起草并通过该领域的立法纲要，如专门的联邦法律《俄罗斯机器人法》。该法可能成为基础性文件，在此基础上并依据该法可以对规范基础进行修改。其中，应当规定机器人的分类及其适用范围，详细揭示包括机器人的生产者、占有人和销售者在内的法律关系

---

[1] В. В. Архипов, В. Б. Наумов. Искусственный нителлект и автономные устройства в контексте права: о разработке первого в России закона о робототехнике. Труды СПИИРАН. 2017. Вып. 6 (55). С. 58-61.

主体的权利和义务。在前述法案中还必须规定对机器人模型的清点或登记的依据与程序,并规定将机器人归于高度危险来源的标准。在前述文件中还应当特别注意法律关系的共同调整,对机器人领域应当积极适用民事立法、行政立法、信息立法和其他部门立法。在机器人领域中值得特别注意的不仅是行政法和民法的问题,还有将机器人作为信息系统使用的问题,调整访问信息系统的问题和在更广泛意义上机器人与外部环境的信息交互的任务,包括保障信息安全的任务都将成为实践中最重要的问题之一。在第三阶段,在起草了机器人法之后,需要在推广或期待推广机器人的领域中打包修改相关立法。实际上这是对关键法律和法典的基本修改,如民法典、刑法典、行政违法法典、联邦信息、信息技术和信息保护法、消费者权利保护法、技术调整法以及部门法(道路交通安全法、公民健康保护基准法)等。第四阶段,也就是最后的收官阶段,修改调整相应领域的次法律文件,如行政规程、技术规程、指令和决议等。

四、格里申法案的贡献与局限

与欧洲议会《机器人民法规范》决议所提出的解决方案有较大的不同,格里申法案在更多的层面上已经进入了根据法律技术性将理念转变为法律条文的阶段。具体而言,其贡献在于以下四个方面。

第一,格里申法案更加注重现阶段机器人发展的法律调整,同时也兼顾了机器人未来发展的进一步扩展。在"人工智能的冬天已经结束,人工智能的春天已经来临"[1]的现阶段,机器人法律调整的重点在于对责任主体的确定,更加注重的是人类而非机器人作为责任主体;同时,考虑到了未来机器人自主性的增强可能导致的机器人法律调整的变化,预留了作为法律主体的机器人权利能力的赋予条件和权利能力范围扩大的发展空间。对机器人法适用范围的界定,也就是格里申法案对应当纳入法律调整范围的机器人的界定,也是该法案的一大贡献,明确地区分了法律调整的机器人的特性和要件,排除了对具有较高智能的计算机软件的法律调整的可能性。

第二,格里申法案提出的以与动物具有特定相似性的财产的定位,对机

---

[1] Что мы думаем о машинах, которые думают : Ведущие мировые учёные об искуссвенном интеллекте/Джон Брокман ; Пер. с англ. - М. : Альпина нон-фикшн, 2017. C. 546.

器人进行法律调整的建议，具有重要启发意义。阿西莫夫法则所蕴含的人类与机器人的关系模式，即机器人保护人类、机器人保护人类个体、机器人服从人类个体和机器人在有限范围内保护自己的安全，[1]这种潜在关系模式，一方面有助于保护人类及其成员，另一方面也可能被解读为机器人低于人类，类似于奴隶地位，成不公平的结构。而格里申法案提出的将机器人定位为与动物具有特定相似性的财产，有助于启发人类在建立人类与机器人关系模式问题上的新思路，如将有关动物的规则适用于机器人，这就意味着首先可以将有关财产的一般规则适用于机器人；其次是在行使权利的时候不允许违背人道原则残酷对待机器人。[2]"通过限制人的行为，来达到对动物权利的保护"[3]，这种态度和做法是比较务实的，既有助于充分尊重和人道对待机器人，也防止不适当地过早赋予机器人的法律人格，造成法律制度的虚置和空转。有学者反对赋予机器人以法律人格，认为它的法律人格是多余和毫无必要的。[4]

第三，格里申法案提出的"机器人—代理人"的概念，指明机器人可以作为代理人，以所有权人或占有人的名义作为代理人进行活动，有助于解决在机器人具有较高自主性的情况下机器人的法律地位调整和法律责任的归属问题。如同在古罗马社会中，家长作为完全的民事权利主体，而其他家庭成员和奴隶均作为家长手足的延长，其法律行为和法律效果归属于家长，将具有较高自主性的机器人作为其所有权人或占有人的代理人，也是解决机器人法律地位和法律后果归属的有效办法。在机器人的自主性程度尚未达到赋予其民事主体地位的必要性之前，机器人—代理人的管理人具有类似于法人的最高管理机关的地位，蕴含了对机器人—代理人和法人所具有的工具性价值的确认。

第四，格里申法案提出的将机器人以类似于法人的定位赋予其民法主体地位和民事权利能力的理念，是具有前瞻性的。从长远来看，在机器人具有较高自主性的情况下，按照格里申法案的构想，"机器人—代理人拥有独立的

---

[1] Issac Asimov：Runaround，I Robot. New York：Doubleday. 1950. p. 40.

[2] Гражданский кодекс Российской Федерации. Части первая，вторая. третья и четвертая. - Москва：Проспект，2017. C. 80.

[3] 腾讯研究院等：《人工智能》，中国人民大学出版社2017年版，第266页。

[4] 参见郑戈：《人工智能与法律的未来》，载《探索与争鸣》2017年第10期。

财产并以之为自己的债务承担责任",可能从其所有权人或占有人交付其占有和使用的财产中形成机器人的责任财产[1](类似于国家将其国营企业的财产授予国营企业经营管理),从而使得机器人享有充分的民事主体地位成为必要。

整体而言,格里申法案似乎区分了当前阶段的机器人法律调整和长远未来的机器人法律调整,在前者相对而言以其规范设计的理念和思路比较清晰,也就是以人类作为责任主体而非以机器人作为责任主体,将机器人作为类似于动物的财产予以规制。在后者将具有较高自主性的机器人视为类似于法人,将其管理人视为类似于法人的最高机关,将机器人作为民事法律主体。

但是,格里申法案在机器人的法律调整问题上,也存在其局限性和不足。

首先,对于机器人的多重定位,并没有作清晰的区分。如在作为与动物具有特定相似性的财产的问题上,并没有明确提出适用或者准用有关动物的法律规定于机器人,特别是应当明确所有权人或占有人在行使其财产权利时不得违背人道原则残酷对待机器人。此外,仅在作为高度危险来源致人损害时明确其作为财产的地位。

其次,机器人民事主体地位的性质有待进一步明确。尽管规定机器人的权利能力和行为能力,但是机器人的民事主体地位到底是属于特殊的民事主体,还是属于法人,抑或是独立的新的类型的主体,在该法案中并没有明确,反而由于机器人—代理人的所有权人、占有人以及管理人的出现导致其似乎没有独立的责任能力;从整个法案的文本来看,没有明确规定机器人—代理人的独立民事责任,主要是规定其所有权人和占有人以及其管理人的责任。其在法律上的地位,类似于罗马法上的家子或奴隶,虽然也是自然人,却不是法律上的主体,不能作为法律关系的当事人,但是在家长同意的情况下,可以代表家长从事经营活动,但法律行为的后果和责任可能归属于家长。

最后,没有承认机器人的一般诉讼主体地位。尽管格里申法案规定了机器人—代理人的民事主体地位,但是并没有一般规定其作为民事诉讼主体的资格,而是规定"在法律规定情况下"机器人—代理人才可以作为民事诉讼

---

[1] 郑戈教授认为,机器人不可能有独立的收入,参见郑戈:《人工智能与法律的未来》,载《探索与争鸣》2017年第10期。笔者认为,在高度自主的机器人出现的情况下,其所有权人或者占有人有可能授予机器人经营管理其所有权人或者占有人的财产,以及在机器人的劳动者身份和权利被承认的情况下,很难说机器人不会取得独立的收入,形成其责任财产。

的参加者，原则上其在法院、护法机关（检察院、公安机关等）以及其他机关或组织中的利益只能由作为其所有权人的自然人或者法人代表。

综上，可以说，格里申法案尽管存在不足和缺陷，但这来源于现阶段人工智能和机器人的产业发展的局限，尚无法预料和设想机器人的自主程度及其应用方式和应用领域，毕竟作为立法者的工作，立法的制度设计不宜过于超出现阶段和可以预见的情形，不能以科幻的想象力为基础追求现实立法的过于前瞻性。重要的是，该法案所提出的机器人—代理人的概念、与动物具有特定相似性、类推适用有关法人的民事立法、高度危险来源占有人责任等思路，具有较强的启发意义。

五、结论

俄罗斯学者所提出的机器人法案的基本理念，与欧洲议会所提出的关于《机器人民法规范》的决议的基本理念有较大不同，其所提出的在不同情况下适用关于财产和法人的一般规定，将机器人作为财产、准动物、高度危险来源、准主体（代理人）的定位，以及作为具有特别限定的权利主体性（权利能力）的理念均具重要启发意义，有助于认清机器人在不同法律关系中的地位，这很难说相对于欧洲议会的构想不是更具有实践价值。

CHAPTER 13 第十三章

如何规制数字金融资产：加密货币与智能契约
——俄罗斯联邦《数字金融资产法（草案）》评述

加密货币，也称为虚拟货币，已经在世界上许多国家得到广泛使用。非中央化的虚拟货币（加密货币）是分布式的、基于数学原则的、对等的、具有开放源代码的虚拟货币，它们没有中央管理者，也缺乏中央化的监督和监察。[1] 目前存在的加密货币中使用最广泛的就是比特币（биткойнb）[2]。比特币以其简单易用、缺乏中央化的国家监控、交易匿名性以及不与现有的任何国家货币相捆绑等优点，而被大量用于支付通过互联网购买的商品、移动通信服务费用、进行跨境汇款等。2013年比特币开始在泰国被禁止。在美国，比特币作为虚拟货币而被认为应当进行适当方式的监管。不同国家对于调控与确定虚拟货币的法律地位以及在本国境内加密货币实施交易的可能性等问题的态度也各不相同。

俄罗斯联邦国家杜马代表 А. Г. Аксаков、И. Б. Дивинский、О. А. Николаев 以及联邦委员会成员 Н. А. Журавлев，依照俄罗斯联邦总统普京2017年10月21日第2132号令的委托，依据2017年10月10日就金融领域中使用数字技术问题会议的结果起草的[3]俄罗斯联邦法律《数字金融资产法（草案）》[4]于2018年3月20日正式提交国家杜马审议。同时，在3月26日，俄罗斯国家杜马代表 В. В. Володин 和 П. В. Крашенинников 向国家杜马提交了《修改俄

---

〔1〕 Ковалёв Пётр Викторович, Берёза Алексей Николаевич. Нормативно-правовое регулирование криптовалют（《витуальных валют》），Молодой учёный. №8（142）. С. 235.

〔2〕 也即英语中的 bit-coin，бит 来自作为信息单位的 bit，койн 来自货币 coin.

〔3〕 ПОЯСНИТЕЛЬНАЯ ЗАПИСКА к проекту федерального закона《О цифровых финансовых активах》.

〔4〕 О проекте федерального закона № 419059-7《О цифровых финансовых активах》.

罗斯联邦民法典第一、二和四部分》的联邦法律草案（以下简称《数字权利法案》），试图将数字权利、数字货币等规定纳入民法典。

在此之前，就有俄罗斯学者提出在立法上调整加密货币的必要性，认为："虚拟货币处在法律领域之外，实施使用加密货币特别是比特币的交易和法律行为，在俄罗斯联邦境内将会对实施该类交易的人产生消极后果。虚拟货币在目前作为一种全球新金融技术创新，在其出现之前，世界上任何一个国家尚不存在对其的调整机制。考虑加密货币产生的社会关系的特点而设计其法律调整，会在诸多方面降低当前在法律领域之外使用虚拟货币有关的风险"，"首先必须进行虚拟货币的法律认定。在国际立法中和学术上都缺乏统一的关于加密货币的本质、其可能的调整，以及承认或者是消极地禁止正在产生的与使用加密货币特别是比特币有关的社会关系的影响的一致观点，因为在目前的确是存在着通过使用加密货币实施将犯罪途径取得的收入合法化（洗钱）和资助恐怖主义的交易的可能性。"[1]立法理由书认为，"该法律草案符合欧亚经济联盟条约的规定，以及俄罗斯联邦的其他国际条约的规定"[2]。俄罗斯舆论认为，俄罗斯可能在最短时间内成为第二个对合法使用区块链技术实施司法管辖的国家。[3]

根据立法理由书的描述："该法草案的目的是，在立法上规定，在俄罗斯法律领域中，在目前最广泛适用的使用包括分布式数字交易登记簿在内的数字金融技术创制和（或）发行的金融资产的定义，以及为俄罗斯法人和个体经营者，通过发行作为数字金融资产之一种的代币途径，为吸引投资创造法律条件。"[4]也就是说，该法的立法目的（也决定了其立法内容）主要是规定数字金融资产及其相关的定义，以及为融资目的而发行代币创造法律条件。

---

[1] Ковалёв Пётр Викторович, Берёза Алексей Николаевич. Нормативно-правовое регулирование криптовалют (《витуальных валют》), Молодой учёный. №8（142）. С. 235.

[2] ПОЯСНИТЕЛЬНАЯ ЗАПИСКА к проекту федерального закона 《О цифровых финансовых активах》.

[3] См. редакция журнала 《Промышленно-торговое ПРАВО》: Декрет 《О развитии цифровой экономики》 vs проект российского закона, https://ilex.by/news/dekret-o-razvitii-tsifrovoj-ekonomiki-vs-proekt-rossijskogo-zakona/.

[4] ПОЯСНИТЕЛЬНАЯ ЗАПИСКА к проекту федерального закона 《О цифровых финансовых активах》.

第十三章　如何规制数字金融资产：加密货币与智能契约

按照俄罗斯国家杜马正在审议的《数字金融资产法（草案）》[1]（以下简称《草案》），数字金融资产立法是要"调整数字金融资产的创设、发行、保管和流通时产生的关系，以及在行使智能契约的权利和履行其义务时产生的关系"（《草案》第1条）。

一、数字金融资产的概念、法律地位与法律制度

根据立法理由书，"为了实现所提出的目的，在法律草案中引入了包括加密货币和代币的数字金融资产的定义，并在立法上规定了电子形式签署的新的合同——智能契约，其所产生的债之履行通过使用数字金融技术实现。前述定义在一个（代币）发行人和多个（加密货币）发行人/矿工的特征的基础上，确定加密货币和代币的关键差别，以及其发行的目的，同时规定，无论是加密货币，还是代币均为财产。在此情况下，法律草案直接规定，数字金融资产不是俄罗斯联邦境内的法定支付手段"。[2]也就是说，加密货币以及代币（也称令牌）在法律性质上属于财产，在特定领域可以用作支付手段，但并非法律规定的法定支付手段。"此外，法律草案还给出了诸如数字登记和数字交易的概念，并规定了从事新种类活动的法律基础，例如，旨在创建加密货币或者取得以加密货币作为报酬的活动（矿工），以及确认在分布式数字交易登记簿中的数字登记的有效性的活动（验证），即属之。"[3]

根据《草案》第2条的规定，数字金融资产（Цифровой финансовый актив），是指"使用加密设备创设的电子形式的财产"。数字金融资产包括"加密货币"（криптовалюта）和"代币"（токен）[4]。加密货币（Криптовалюта）是指，"由登记簿的参加者依照数字交易登记簿办理规则，在分布式数字交易登记簿中创设和登记的一种数字金融资产"。加密货币的取得与挖矿（Майнинг）的概念紧密相连，即"意在创设加密货币或者以取得加密货币形式作为报酬的验证活动"。与2017年12月21日白俄罗斯共和国总统签

---

［1］本章除有特别指明者外，所使用的概念、术语和直接引用的文本均为该法草案的相关规定。

［2］ПОЯСНИТЕЛЬНАЯ ЗАПИСКА к проекту федерального закона《О цифровых финансовых активах》.

［3］ПОЯСНИТЕЛЬНАЯ ЗАПИСКА к проекту федерального закона《О цифровых финансовых активах》.

［4］Токен 也有译作令牌的，为了指称更广泛起见，笔者采用代币的译法。

署的第八号《数字经济发展》总统令（以下简称"白俄罗斯数字经济发展令"）将独立的（无论是否以劳动合同或者民法合同吸引其他自然人参与）挖矿、取得和转让代币（令牌）的活动不视为经营者活动不同，按照俄罗斯《数字金融资产法（草案）》的观点，挖矿的行为可以被视为经营行为，即"挖矿，从事挖矿的人在三个月内连续超过俄罗斯联邦政府规定的能源使用限额时，视为经营者行为"。

而所谓的代币是指"由法人或者个体经营者（发行人）为了融资而发行的，并在数字交易登记簿中登记的一种数字金融资产"，其目的是吸引投资。

根据《草案》第2条，数字金融资产虽然属于财产，但并不是法定的支付手段，"数字金融资产在俄罗斯联邦境内不是法定支付手段"，也就是说，代币可以兑换为其他财产，可以兑换任何商品，但不得用于支付工资、支付税款等。这一点与白俄罗斯数字经济发展令不同，在白俄罗斯代币可以兑换为白俄罗斯卢布、外汇、电子货币、代币/加密货币。根据现有俄罗斯联邦的货币立法，加密货币，特别是比特币，并不是俄罗斯的货币，也不属于外汇，尚不能进行储蓄或者放置在俄罗斯信贷组织的账户上。加密货币和代币具有货币替代物的性质，但仍然不是法定支付手段，不能用作一般等价物。

俄罗斯立法者试图以所有权和登记簿制度来规制数字金融资产，认为："对该财产的所有权通过将数字登记载入数字交易登记簿的方式予以证明。"所谓的数字交易（Цифровая транзакция），是指"意在创设、发行、流通数字金融资产的行为或系列行为"。数字交易要在数字交易登记簿中登记，数字交易登记簿（Реестр цифровых транзакций）意味着"在特定时点形成的数字登记的体系化数据库"，数字登记（Цифровая запись）即"关于在数字交易登记簿中记载的数字金融资产信息"。

在加密货币中，通常使用分布式数字交易登记簿（Распределенный реестр цифровых транзакций），即"在依据保障所有登记簿使用者的同一性的既定算法基础上，在所有登记簿参加者的所有载体上同时保存、创设和更新的、在特定时点形成的、体系化的数字交易数据库"。所谓的数字交易登记簿参加者是指"依照数字交易登记簿办理规则从事数字交易的人"。在这里还存在着一个验证者（Валидатор）的角色，即"作为数字交易登记簿参加者，依照数字交易登记簿办理规则，从事数字交易登记簿中数字登记验证活动的法人或者自然人"。数字登记簿的验证（Валидация цифровой записи），是指

"具有法律意义的、依照数字交易登记簿办理规则规定的程序而进行的、确认数字登记簿中的数字登记的真实性的行为"。

与数字交易紧密相关的概念是智能契约（Смарт-контракт），"其权利和债之履行通过以自动程序在分布式数字交易登记簿中按照该合同规定的严格顺序和在其规定的情势到来时实施数字交易而实现的电子形式的合同"。其本质仍然为合同之一种，其特殊性不在于其是电子形式的合同，而在于其权利行使和债之履行的特殊方式，即通过在分布式数字交易登记簿中实施数字交易而实现。

二、作为数字金融资产的代币发行的特殊性

根据该法的立法理由书，"法律草案规定了实施将代币兑换为卢布或者外汇交易的可能性。在此情况下，其他数字金融资产的可兑换性，以及实施此类交易的程序和条件，将由俄罗斯银行与俄罗斯联邦政府协商后规定。"[1]

所谓的代币发行（выпуск токенов）是指"代币发行人旨在向代币购买者移转代币的系列行为"（《草案》第3条第1款）。根据立法理由书，"为了保障对非合格投资者的保护，法律草案赋予俄罗斯银行（Банк России）拥有对非合格投资者的购买代币的数额设立限制的权限"。[2]根据该《草案》第3条第1款的规定，一种代币只能有一个发行人。这就意味着，在俄罗斯，任何法人和个体经营者都可以为了融资目的发行代币，而不是限定于特定的主体。相比之下，白俄罗斯数字经济发展令就规定只有作为法人的高技术园区居民才有权自主或者依照与高技术园区的其他居民的服务合同在白俄罗斯和境外创设和流通自己的代币。此外，根据《草案》第3条第1款的规定，不符合《有价证券市场法》规定的合格投资者（квалифицированные инвесторы）资格的人在一次发行的框架内可购买的代币的最大数额由俄罗斯银行规定。按照俄罗斯财政部的设想，非为合格投资者的人可以购买的代币数额不得超过5万卢布。

---

[1] ПОЯСНИТЕЛЬНАЯ ЗАПИСКА к проекту федерального закона 《О цифровых финансовых активах》.

[2] ПОЯСНИТЕЛЬНАЯ ЗАПИСКА к проекту федерального закона 《О цифровых финансовых активах》.

根据立法理由书，"在法律草案中，占据特殊地位的规定是，在俄罗斯联邦境内发行代币程序的法律基础的条文，在目前广为人知的代币就是初始代币发售（ICO，Initial Token Offering）"，"法律草案的该条文规定了为进行代币发行程序的系列行为，规定代币发行应当依公开要约进行，其资料构成由法律草案规定，并规定代币发行人必须进行补充信息披露"。[1]

根据提案人的设想，代币的发行程序由以下两个阶段构成：

第一阶段，即公开要约阶段。在该阶段，"代币发行人在电子信息通信网络——互联网上公布投资备忘录、包含购买其所发行的代币的条件的要约（代币发行公开要约，публичная оферта о выпуске токенов），以及发行人规定的为发行代币所必要的其他文件"（《草案》第3条第2款）。

第二阶段，即缔结合同阶段。包括以智能契约方式缔结旨在转让代币以及其购买人支付代币价款的合同。

值得注意的是，代币发行公开要约应当包括必要的信息（《草案》第3条）：(1) 发行人（如果存在）及其受益占有人的资料，即代币发行人（如果存在）及其受益占有人的全称、(如果存在) 发行人及其受益占有人的所在地及其常设执行机关的地址、发行人在"互联网"上的官方网站；(2)（在发行人自主登记代币持有人权利的情况下）对向其交存的代币发行公开要约和投资备忘录副本履行保存活动的人的信息；(3) 购买所发行代币的价格或者价格的确定方式；(4) 开始缔结购买所发行代币的合同的日期；(5) 发送对代币发行的公开要约的承诺方式，包括发送承诺的期限，以及支付所购买的代币价款的方式；(6) 有关依照《有价证券市场法》作为非合格投资者的人所可购买的代币的最大限额的信息；(7) 数字交易登记簿办理规则，包括验证数字交易的程序；(8) 关于开设用于保存所购买代币的信息的数字钱包的程序，以及获取数字交易登记簿的程序信息；(9) 发行人规定的其他资料。代币发行的公开要约应当由履行作为发行人的法人的独任执行机关职能的人或者作为发行人的个体经营者的合格电子签名签署。

如果代币持有人的权利登记是由发行人自主办理，则发行人有义务将代币发行的公开要约和投资备忘录副本交由履行保管活动的人。

---

[1] ПОЯСНИТЕЛЬНАЯ ЗАПИСКА к проекту федерального закона《О цифровых финансовых активах》.

所谓的受益占有人是来自反洗钱法上的概念，即"最终直接或者间接（通过第三人）占有（在资本中拥有超过25%的多数股权）作为法人的客户，或者有权利监督客户的行为的自然人"[1]。按照该法提案人的设想，该法的受益占有人的概念直接适用反洗钱法上的定义。

投资备忘录（Инвестиционный меморандум）根据《草案》第3条和第4条应当包括：（1）发行人的信息：全称和简称、创设的目的（在存在的情况下）、主要活动类型；（2）发行人的股东（参与者）的信息，以及发行人的管理机关结构和权限的信息；（3）代币发行的基本目的和发行代币所取得的资金使用方向，如果代币发行是为了进行特定项目的融资，要给出该项目的描述，包括商业计划书（如果存在的话）及其实施期限，以及有关项目执行风险的信息；（4）吸引投资的建议条件；（5）赋予代币持有人的权利和行使该权利的方式；（6）发行人认为有必要在投资备忘录中指出的其他信息。投资备忘录应当由履行作为发行人的法人的独任执行机关的人或者作为经营者的个体经营者签署，以此证明在备忘录中的所有信息真实完整。

投资备忘录、数字交易登记簿办理规则，以及依照该法应当与代币发行公开要约同时公布的其他文件，应当在不迟于代币发行要约中指明的、开始缔结旨在由代币发行人将其移转给占有人的合同之日前3个工作日公布。在代币发行要约公布之前，所发行的代币不得以使用广告的任何方式和任何手段向潜在的购买人提供（《草案》第3条第5款）。

三、数字金融资产流通的特殊性

根据立法理由书，"为了降低数字金融资产占有人在实施前述交易时的风险，并保障遵守反对通过犯罪途径取得的收入合法化和资助恐怖主义立法的要求，所有的交易都应当通过数字金融资产兑换业者进行，他们只能是依照俄罗斯联邦立法设立，并从事1996年4月22日第39号联邦法律《有价证券市场法》第3、4、5条规定类型活动的法人，或者是依照2011年11月21日

---

[1] Федеральный закон от 07.08.2001 N 115-ФЗ（ред. от 29.07.2017）《О противодействии легализации（отмыванию）доходов, полученных преступным путем, и финансированию терроризма》（с изм. и доп., вступ. в силу с 28.01.2018）.

第 325 号联邦法律《有组织投标法》作为贸易组织者的法人"[1]。

按照俄罗斯立法者的设想，对于代币的交易，引入了"数字金融资产交易业者"（Оператор обмена цифровых финансовых активов）的概念，即"实施将代币兑换为卢布或者外币交易的法人"。该业者只能是依照俄罗斯联邦立法设立并从事《有价证券市场法》规定的活动种类的法人，[2]或者依照《有组织投标法》作为贸易组织者的法人。[3]也就是，拥有证券交易所许可证或者交易系统许可证的商品市场和（或）金融市场经纪商、外汇交易商等。

根据该法案起草者的设想（参看该法《草案》第 4 条），数字金融资产占有人只能通过数字金融资产兑换业者，才有权实施将代币兑换为卢布、外币（иностранная валюта）的行为。其他可以在俄罗斯联邦境内实施的数字金融资产兑换交易，以及实施该类交易的程序和条件由俄罗斯中央银行与俄罗斯联邦政府协商后规定。

根据立法理由书，"为了给保存和实施数字金融资产交易创造条件，法律草案引入了数字钱包的概念"[4]。数字钱包（Цифровой кошелек）作为一种"得以保存数字登记信息的软件技术手段"，"可以保障对数字交易登记簿的获取"。

有学者在该法案提交之前就指出："这可以降低与使用虚拟货币有关的风险，并防止使用虚拟货币将通过犯罪途径取得的收入合法化和资助恐怖主义的后果"，"最好是规定比特币交易的最大透明度，可以识别该类交易的客户、其代理人、受益人和受益占有人，规定来自主管国家机关获取加密货币交易有关信息的明确法律依据"[5]。依据该《草案》第 4 条，数字钱包只能在依照联邦法律《反对将通过犯罪途径取得的收入合法化（洗钱）和资助恐怖主义法》对占有人实施识别程序后，由数字金融资产交易业者开立。数字钱包

---

　　[1]　ПОЯСНИТЕЛЬНАЯ ЗАПИСКА к проекту федерального закона 《О цифровых финансовых активах》.

　　[2]　Федеральный закон от 22 апреля 1996 г. № 39-ФЗ《О рынке ценных бумаг》.

　　[3]　Федеральный закон от 21 ноября 2011 г. № 325-ФЗ《Об организованных торгах》.

　　[4]　ПОЯСНИТЕЛЬНАЯ ЗАПИСКА к проекту федерального закона 《О цифровых финансовых активах》.

　　[5]　Ковалёв Пётр Викторович, Берёза Алексей Николаевич. Нормативно-правовое регулирование криптовалют (《витуальных валют》), Молодой учёный. №8（142）. С. 236–237.

的开立、数字登记信息的保存、办理、撤销程序，以及对数字钱包保护的要求由俄罗斯联邦中央银行规定。

值得注意的是，该法律草案中并没有规定，是否将有关保守银行秘密的立法规范适用于在使用加密货币特别是实施比特币交易过程中产生的关系，有俄罗斯学者提出不应当将有关保守银行秘密的立法规范适用于该类关系，原因："第一，加密货币没有应用于银行业实践，而仅仅由私人公司和自然人作为私人资金使用。第二，加密货币在俄罗斯不是现金，也不是法定支付手段，将其认定为货币资金也是可疑的。加密货币不作为金钱替代物的流通，不受银行立法和本国支付系统立法的调整。在起草调整加密货币流通规范性法案时，必须考虑到设立比特币交易的可保密性是不可取的。"[1]

对于该法律草案，有俄罗斯媒体评论指出："在法律草案中，详细规定了初始代币发售（ICO）的程序，并简化了加密平台活动的准入。但是法律草案最具意义的一点应当是，在加密平台空间的活动将会开放给所有经营主体。法律草案包含了一系列的限制，以排除将数字资产用于服务非法商业活动以及试图使通过犯罪途径取得的收入合法化和资助恐怖主义的可能性，即设定非合格投资者的代币交易数额的门槛、数字钱包必须授权和透明。"

四、数字权利、数字货币、大数据合同的民法典回应

提交国家杜马的民法典修改草案，在如下方面进行了修改：（1）在关于民事权利客体的条款中，增加了关于数字权利的规定。根据该《数字权利法案》第1条，原法典第128条修改为"物（包括现金和文件化有价证券）、含财产权利（包括无体化货币资金、非文件化有价证券、数字权利）在内的其他财产"属于民事权利客体。将数字权利作为其他财产予以规定；（2）在民事权利客体分编的一般规定中，增加了专门的关于"数字权利"（第141.1条）和"数字货币"（第141.2条）的条款；（3）在法律行为的一般规定（第160条）中增加了关于通过信号传输，包括在互联网上填写表格的形式表达自己意愿的书面形式的法律地位；（4）在债法总则部分，在关于债之履行的一般规定（第309条）中增加关于债之自动化履行的条款即第2款，在金

---

〔1〕 Ковалёв Пётр Викторович, Берёза Алексей Николаевич. Нормативно-правовое регулирование криптовалют（《витуальных валют》）, Молодой учёный. №8（142）. C. 237.

钱之债的货币条款中增加了数字货币的规定，即可以使用数字货币作为履行货币；（5）在债法分则部分，在买卖合同部分第 454 条第 4 款中规定，可以将买卖合同的规定适用于数字权利的买卖；（6）在零售买卖合同的形式（第 493 条）中做了修改，增加交付电子文件作为零售买卖合同以适当形式缔结的规定；（7）在商品公开要约（第 494 条）中增加了在互联网上发布公开要约的情形；（8）在有偿服务提供合同中增加了"提供信息交付服务合同"的规定；（9）在知识产权法部分，修改了第 1260 条第 2 款第 2 段关于数据库的定义，以适应大数据交易的需求。

根据该《数字权利法案》的立法理由书，该草案"以在民事立法中规定几个关键条款为目的，在此基础上俄罗斯立法者就能够对电子通信信息网络中存在的新型经济关系客体（日常生活中的代币、加密货币等）市场进行调整，保障在数字环境下，实施和履行包括提供大数据（信息）交易在内的法律行为的条件"，"实际上，这些新型客体是由包括俄罗斯公民或者法人在内的电子通信信息网络的参加者创制和使用的，但是并不被俄罗斯立法所承认"，"草案的任务不是描述所谓的数字客体可以一般流转的条件（如对创建这些客体或者组织流转主体的要求），也不是规定其他的公法性规定，包括对保障相应流转的安全性的要求。换句话说，草案所涵盖的只是民法规范"，"与此同时，没有这些规范，就甚至难以对'数字客体'市场进行有限的调整。如果这种'客体'没有在俄罗斯联邦民法典中予以规定，如果没有规定这种实体在民事权利客体中的地位，如果没有规定这种'客体'是否可纳入破产时的破产财团或者遗产，那就根本不可能通过指出有权拥有这些客体的人的范围而实现对相应'客体'的有限流转"。

（一）数字权利（цифровое право）制度

该草案在民事立法中引入了一个基本概念"数字权利"。在民法典中规定该范畴可以确保：（1）数字权利在民事权利客体体系中的地位（《民法典修改草案》第 128 条第 1 款）；（2）指明该客体的流转能通过登记载入信息系统（《俄罗斯联邦民法典》新条款第 141.1 条第 2 款）；（3）描述了客体的流通能力（оборотоспособность объекта）（《俄罗斯联邦民法典》新条款第 141.1 条第 3 款），包括直接允许其进行买卖（对《俄罗斯联邦民法典》第 454 条第 4 款的明确）；（4）向公民和法人就该客体实施的法律行为提供保护（《俄罗斯联邦民法典》新条款第141.1条第5款)。

根据该草案的理由书的规定,"'数字权利'作为新的法律拟制,其在本质上近似于有价证券,因此,将该权利推定理解为,证明对民事权利客体的权利的电子数据的总和(数字密码、标符)。不言而喻,数字权利只能证明对物、其他财产、工作成果、提供服务、专属权的权利"[1]。而且,"实现数字权利关系稳定化的重要因素是,指明该类权利只能在法律规定的情况下才能被承认。这一点可以将对经济而言重要的内容(在日常生活中它们被称为'代币',但不排除会出现新的)与对经济而言不具有意义或者只具有较为有限意义的、次要的或者危险的内容［如会员卡奖励(бонусы по картам лояльности)、网络游戏虚拟物品(виртуальные предметы в сетевых играх)等］区分开来"[2]。

对于数字权利的定义,根据《民法典修改草案》第141.1条第1款,在法律规定的情况下,除了非物质利益之外,民事权利客体可以在符合法律规定的、非集中式信息系统中存在的电子数据的总和(数字密码或者标符)证明之,条件是该信息系统的信息技术和技术设备能够保障拥有唯一可获取该数字密码或者标符的人,能够在任何时候了解对相应民事权利客体的描述。前述数字密码或者标符被承认为数字权利。关于数字权利的主体认定,根据《民法典修改草案》第141.1条第2款第1段,拥有唯一可获取本条第1款所称的、能够实施数字权利处分行为的数字密码或标符的人,视为数字权利的拥有者。在法律规定的情况下,数字权利的拥有者可以是拥有该唯一可获取的人,也可以是在登记记载中指明为该身份的其他人。

"创建数字权利、其适用范围和流通特点将包含公法规范并由俄罗斯银行、财政部、经济发展部以及其他部委参与起草的联邦法律规定。为了使得纳入民法典中的'数字权利'概念的定义能够起作用,就需要在其他法律中规定诸如该权利如何在符合法律规定的非集中化的信息系统(分布式登记簿)中存在的重要标准。为了实现这个任务,需要规定非集中化信息系统的特征,如2006年6月27日第149号'关于信息、信息技术和信息保护'的联邦法

---

[1] Пояснительная записка к проекту федерального закона 《О внесении изменений в части первую, вторую и четвертую Гражданского кодекса Российской Федерации》.

[2] Пояснительная записка к проекту федерального закона 《О внесении изменений в части первую, вторую и четвертую Гражданского кодекса Российской Федерации》.

律。"[1]对于以数字权利证明的民事权利客体的移转，以及对其设定负担或者处分限制，只能在将相关信息载入信息系统的条件下才能移转、设定负担或者处分限制。根据《民法典修改草案》第141.1条第2款第2段，对本条第1款中规定的民事权利客体权利的移转，只能通过将数字权利移转给取得者的信息载入信息系统的方式实现。根据《民法典修改草案》第141.1条第2款第3段，如果法律没有不同规定，以数字权利证明其权利的民事权利客体的负担或者处分限制，仅在将关于此类数字权利负担或者处分限制的信息载入信息系统时产生。推定数字权利的取得者知道该负担或者限制。

根据《民法典修改草案》第141.1条第3款，数字权利可以依据与由数字权利证明其权利的民事权利客体相同的条件（《俄罗斯联邦民法典》第129条）下，考虑本法典和其他法律规定的特殊性从一个人转让或者移转给另一个人。根据《民法典修改草案》第141.1条第4款，如果数字权利证明权利（请求），则该权利（请求）依照本条规定的程序移转，但以公证形式实施的以及依照立法要求债务人同意的权利（请求）让予情形除外。在此情况下，债务人无权援引缺乏债之依据或者债之依据无效而拒绝履行债务，也无权针对债权人以数字权利证明的请求提出在客体的描述中所没有的抗辩。根据《民法典修改草案》第141.1条第5款，如果数字权利法律行为符合本法典和其他法律规定的要求，公民和组织的源自该法律行为的请求应当受司法保护。

（二）数字货币（цифровые деньги）制度

该《民法典修改草案》第141.2条规定了数字货币制度。根据立法理由书的解释，"草案引入'数字货币'的概念（日常生活中的加密货币），并规定一个主要规则——数字货币不是法定支付手段。但是在法律规定的情况下和条件下（也就是说在将来），数字货币可以由自然人和法人在受监督的范围内依照另外规定的程序作为支付手段（新条款第141.2条第2款）"[2]。

根据第141.2条第1款，在符合非集中化信息系统特征的信息系统中创建的、并由该系统的使用者进行支付而使用的、并非证明对任何民事权利客

---

[1] Пояснительная записка к проекту федерального закона《О внесении изменений в части первую, вторую и четвертую Гражданского кодекса Российской Федерации》.

[2] Пояснительная записка к проекту федерального закона《О внесении изменений в части первую, вторую и четвертую Гражданского кодекса Российской Федерации》.

体权利的电子数据总和（数字密码或者标符）可以被承认为数字货币。根据第141.2条第2款，在俄罗斯联邦境内实施各种支付、划账、存款和汇款时不得强制接受数字货币，但在法律规定的条件下，数字货币可以由自然人和法人作为支付手段使用。

数字货币与数字权利的差别在于，"如果说数字权利在实质上给予某人某项请求的可能性，则数字货币并没有给予这种可能性，它们并不是由黄金或者其他资产保障的。在该阶段它只是借助计算机技术创造的有条件的单位"。[1]根据第141.2条第3款，在依照本条第2款数字货币可以作为支付手段的情况下，可以对数字货币的流通适用关于数字权利的规则（第141.1条）。"为了描述数字货币如何（在法律规定的情况下和范围内）实现流通，在起草的《民法典修改草案》第141.2条中适用了一个著名的法律技术方法——数字权利的规则将会适用于数字货币。这意味着在信息系统中应当存在关于数字货币持有人的描述以及这些货币只能借助于登记从一个人移转给另一个人。这种方法也使得可以将数字货币纳入债务人的破产财团和遗产，但是应当明白，即使在法律中直接规定的情况下，这也仅是存在于强制实施将该客体的权利的新的拥有者进行登记的技术可能性时才有可能。"[2]值得注意的是，"数字货币可以与外汇一样在制定协议中的货币条款时使用"。[3]

（三）便利化实施数字权利法律行为的修改

为了便利化实施数字权利法律行为，立法者将包括合同在内的法律行为的相关民法典规则（《俄罗斯联邦民法典》第160、432、493、494条）进行了完善。一个人借助于电子的或者其他类似技术设备（如通过信号传送，包括通过填写在互联网中的表单）表达自己的意愿，将等同于普通的书面法律行为。这将为缔结日常生活中所谓的"智能契约"奠定基础，也使实施系列单方法律行为得以简化。在以下情况下借助技术设备的意愿表达的情势将成为遵守书面形式的条件：（1）按照接受实施前述行为的意思表示的条件，为

---

[1] Пояснительная записка к проекту федерального закона 《О внесении изменений в части первую, вторую и четвертую Гражданского кодекса Российской Федерации》.

[2] Пояснительная записка к проекту федерального закона 《О внесении изменений в части первую, вторую и четвертую Гражданского кодекса Российской Федерации》.

[3] Пояснительная записка к проекту федерального закона 《О внесении изменеиий в части первую, вторую и четвертую Гражданского кодекса Российской Федерации》.

意愿表达而言即已足的。如在互联网网页上，在信息系统中，包括在智能手机中安装的软件中，描述了点击 OK 按钮的条款，并且从这些条款中可以知道，对于完全的意思表示而言该点击即已足；（2）从在相应活动领域中所形成的习惯可知，该类行为即已足。重要的是要考虑到，在现代世界上大部分意思表示都是（借助于点击智能手机上的按钮，借助于在台式计算机上敲击按键等）通过发送信号而实施的。所有这些行为在实质上都是具有法律意义的通知（《俄罗斯联邦民法典》第 165.1 条），但大部分都还是单方法律行为。[1]将所起草的修改纳入《俄罗斯联邦民法典》第 160 条将会助推民事权利主体在提供授权委托书、给予实施法律行为的同意、放弃合同等情况下的新的意愿表达方式。这将不仅会符合数字时代的挑战，也会符合大部分民事流转参加者的呼声。[2]

（四）数字权利法律行为（智能契约）和自动履行法律行为的履行

为了履行数字权利法律行为，在《俄罗斯联邦民法典》第 309 条中规定计算机软件实施的法律行为履行事实，不得争议（干扰软件运作的情形除外）。[3]

在识别了系统中的使用者之后，其进一步的行为服从组织网络的计算机软件的算法，而购买某种虚拟客体（数字权利）的人，在使用者协议规定的情形产生时，自动取得该客体。比如某人是拥有个性化编码且保存在职业保管人处的一盒钻石的数字权利的拥有者。在信息系统中，对该客体的法律行为可以自动履行，无需法律行为当事人的额外指示或其他的意思表示——卖主将会被划掉数字权利，而买主会被划掉货币，而且按照一般规则，不得对该扣划行为提起争议。实际上，旨在缔结合同的意愿，在该法律行为中也包括了旨在履行从该合同所产生之债的意愿。按照起草者的观点，"对智能契约而言，不需要任何其他的规范，对其他的该法律行为当事人关系的调整而言，

---

　　[1] Пояснительная записка к проекту федерального закона 《О внесении изменений в части первую, вторую и четвертую Гражданского кодекса Российской Федерации》.

　　[2] Пояснительная записка к проекту федерального закона 《О внесении изменений в части первую, вторую и четвертую Гражданского кодекса Российской Федерации》.

　　[3] Пояснительная записка к проекту федерального закона 《О внесении изменений в части первую, вторую и четвертую Гражданского кодекса Российской Федерации》.

现行民法典就非常合适了"。[1]

(五) 收集和处理大量的非个人信息 (大数据) 的合法化问题

为了解决收集和处理大量的非个人信息 (日常生活中的大数据) 的问题, 在民法典中引入了新的合同——"信息提供服务合同" (新的《俄罗斯联邦民法典》第783.1条), 并扩展了数据库的概念 (修改了《俄罗斯联邦民法典》第1260条第2款第2段)。[2]

根据新的《民法典》第783.1条, 新增加的信息提供服务合同的特殊性在于 "履行者根据合同有义务实施向订购者提供特定信息的行为的合同 (信息提供服务合同), 可以规定一方当事人或者双方承担在特定期间内不得实施会导致信息被向第三人披露的行为的义务"。

根据理由书的解释, "民法典新条款第783.1条的任务不在于, 使得仅仅在民法典中规定合同的名称 (使其成为有名合同)。必须直接解决法律行为当事人所面临的经济任务, 体现他们的利益, 即使得移转给订购者的信息不得为第三人所使用。众所周知, 消极内容之债在俄罗斯法律秩序中也是允许的 (参看《俄罗斯联邦民法典》第307条第1款)"。[3]

同时, 由于《俄罗斯联邦民法典》第1260条现有的内容, 将数据库定义为 "材料的总和", 这个概念目前在解释上极端受限, 因而在草案中提出了更为一般性的概念, 即 "数据和信息的总和"。这种解决方案使得有可能将数据库解释为任何大规模信息的汇编, 最终使得《俄罗斯联邦民法典》第二部分规定的合同类型能够适用于该类客体的关系之中。[4]

五、结语

在笔者尝试从民法的民事权利客体角度探讨和研究数字金融资产这种新

---

[1] Пояснительная записка к проекту федерального закона 《О внесении изменений в части первую, вторую и четвертую Гражданского кодекса Российской Федерации》.

[2] Пояснительная записка к проекту федерального закона 《О внесении изменений в части первую, вторую и четвертую Гражданского кодекса Российской Федерации》.

[3] Пояснительная записка к проекту федерального закона 《О внесении изменений в части первую, вторую и четвертую Гражданского кодекса Российской Федерации》.

[4] Пояснительная записка к проекту федерального закона 《О внесении изменений в части первую, вторую и четвертую Гражданского кодекса Российской Федерации》.

型民事权利客体时，感觉到了包括但不限于加密货币和代币等在内的数字金融资产作为一种数字金融技术创新，具有较为复杂的技术特性，但这仅仅是数字金融资产的技术特性，从法律的角度而言，如何为数字金融资产的取得、持有、移转提供法律基础和降低相关交易风险的法律条件，才是立法者必须关注的。俄罗斯立法草案所提出的包括数字交易、数字交易登记在内的数字金融资产交易登记与验证制度、数字金融资产交易业者、代币发行程序以及代币购买限额等规定，以及数字金融资产立法与反洗钱立法、货币立法、银行业立法等相关立法的协调配合，对于我国通过立法调整数字金融资产方面，具有重要的借鉴价值。

俄罗斯通过关于数字权利的法案不仅规定了基础性的调整数字权利和数字货币、缔结和履行在所谓的数字环境下的法律行为的民法规范，而且也可以解决一系列其他的任务。特别是，对由于该类客体而产生的权利的司法保护，包括保护权利持有者免于滥用。将会消除目前存在的将这些客体投入到不受监管的数字环境以及将其从追索中撤离的情形，包括在破产的情况下，为了将通过犯罪途径取得的收入合法化以及资助恐怖主义。将数字权利纳入民事权利客体也会为建构对该类客体或者对创建和流通该类客体的活动进行征税的规范体系奠定法律基础。[1]

---

[1] Пояснительная записка к проекту федерального закона 《О внесении изменений в части первую, вторую и четвертую Гражданского кодекса Российской Федерации》.

下篇 独联体私法制度的发展与变革

信息获取权保障专门立法：
独联体《信息获取权示范法》述评

独联体作为苏联解体后替代苏联存在的国际组织，能够在不同的历史和文化背景下，凝聚共识，超越分歧，通过具有高度统一化的《信息获取权示范法》，对独联体成员国而言，无疑是在信息法创制领域中的一项重要进步。对作为人和公民的基本权利的信息自由的保障成为独联体各成员国在进行信息社会建设和信息法制建构中的一项基本原则。而在我国，虽然信息社会建设进程较快，但对信息自由的保障还属于立法的空白地带。本书对独联体《信息取得权示范法》的述评，无疑具有他山之石的借鉴价值。

一、独联体《信息获取权示范法》的立法背景：私法统一与信息自由

私法统一化是独联体成员国在立法领域中优先实现的重要目标之一。按照其主导者俄罗斯的官方观点，独联体成员国之间的经济、科技和文化联系的恢复就注定要使其民事立法协调并实现一定的统一化。没有在该工作方面的目标，他们的立法就不可避免地存在本质性的差异。其他联盟和国家联合体的经验表明，当这些差异在各国立法中固定后，要消除它们需要非凡的努力和时间。这些差异会构成合作道路上的障碍。因此，在协调独联体成员国的新的民事立法方面可以采取的最重要的步骤就是起草和推行示范法。[1] 到目前为止，已经制定了独联体示范民法典、示范土地法、示范水法典、示范税法典、示范破产法、示范社会组织法、示范国家知识产权权利实现法等。

---

〔1〕参见张建文：《私法在俄罗斯国家政策中的优越地位》，载《武汉科技大学学报（社会科学版）》2009年第3期。

在信息法领域中，通过了1997年12月6日的《环境信息获取示范法》、2003年7月16日的《国家秘密示范法》、1999年10月16日的《个人资料示范法》、1999年10月16日的《银行秘密示范法》、2002年3月26日的《国际信息交换示范法》、2005年11月18日的《信息化、信息和信息保护示范法》、2005年11月18日的《著作权与邻接权示范法》、2008年4月3日的《信息示范法典》[1]等。独联体成员国议会间大会通过制定示范法的方式在相当程度上实现了独联体成员国之间在立法上的统一化。除此之外，独联体成员国政府在1992签署了《独联体成员国在信息领域中的合作协议》，独联体成员国首脑委员会于1996年10月18日批准了具有建议性的《建立独联体国家信息空间的基本构想》等涉及信息法的文件。信息获取权在绝大多数独联体成员国的宪法中均有规定（土库曼斯坦、乌兹别克斯坦等少数国家除外），被定位为与思想、言论、出版自由同位阶的信息自由。俄罗斯宪法规定，每个人都有使用任何合法方式搜集、获取、交换、生产和传播信息的权利。乌克兰、塔吉克斯坦、哈萨克斯坦、格鲁吉亚等国的宪法中也均有类似规定。俄罗斯学者认为，对自然人和法人开放国家的信息资源，这是对国家权力机关、地方自治机关、社会组织、政治组织和其他组织的活动，是对经济、生态和社会生活其他领域实行社会监督的基础。《独联体国家关于人的权利与基本自由公约》第11条规定，人人享有对自己观点表达的自由权。该权利包括以任何合法方式不受国家权力机关的干预和不分国界地获取和传播信息与思想的自由。[2]有学者评论说，俄罗斯、乌克兰等国公民享受的思想、言论、出版、信息自由，的确达到了不亚于任何西方国家的程度。[3]但是从总体上看，高加索和中亚国家对公民思想、言论、出版和结社自由的限制明显大于俄罗斯、乌克兰等国，土库曼斯坦、乌兹别克斯坦和哈萨克斯坦等国对大众传媒保持严密或较为严格的控制。信息获取权成为公民的一项基本权利，受到大多数独联体成员国的高度重视。[4]经过20世纪90年代独联体各

---

[1] Информационныйбюллетень，2008，№ 42.

[2] 该公约于1995年3月26日在明斯克签署，除了阿塞拜疆、哈萨克斯坦、土库曼斯坦、乌兹别克斯坦和乌克兰外，其他独联体国家均已签署。

[3] 参见任允正、于洪君：《独联体国家宪法比较研究》，中国社会科学出版社2001年版，第111~113页。

[4] 参见肖秋惠：《20世纪90年代以来俄罗斯的知识产权法律保护研究》，载《图书情报知识》2002年第6期。

国进行大规模的信息基础设施建设之后，信息基础设施和信息资源得到迅猛发展，[1]但是，对于信息获取权的保障缺乏专门的立法。[2]在独联体成员国私法统一化运动的推动下，为了保障独联体成员国公民和法人的信息自由，独联体成员国议会间大会第23次全体会议以2004年4月17日第23-14号决议通过了由文化、信息、旅游与体育常设委员会提出的《信息获取权示范法》[3]（以下简称《示范法》）。

二、独联体《信息获取权示范法》的一般规定

（一）《示范法》的立法目的与基本概念

《示范法》的立法目的有两个：第一，建立为实现每个公民自由行使查询和取得信息的权利的法律条件；第二，保障国家权力机关、其他国家机关和组织、地方自治机关活动的信息公开的法律条件（第1条）。在该法中，信息获取权被定义为"每个公民自由行使查询信息并从依法拥有该信息的国家机关和组织、被国家赋予管理权能的其他机关和组织、地方自治组织（以下简称机关和组织）其负责人处取得该信息的权利"。在该法的意义上，所谓的信息是指无论其表现形式，关于人、事物、事实、事件、现象、进程和观点的资料。信息可以体现为书面的、视听的、声音的、电子的、光学的或者任何其他便于直接理解的形式，固定的且具有对该形式的文件规定的要件的信息。在该法上规定了信息公开的例外，即限制获取的信息——为保障国家安全依照国家秘密立法和其他调整国家秘密保护领域中的关系的规范性法律文件限制获取的信息（第2条）。

（二）《示范法》的效力范围与不得限制获取的信息

该《示范法》在对人的效力上适用于两类主体：一是提供信息的国家机关和组织，地方自治机关（机关和组织）及其负责人；二是取得信息的人，即拥有信息获取权并已经按照规定程序请求获取该信息的人。在对事效力上，

---

[1] 参见一丁：《俄罗斯的信息政策与法规》，载《国外社会科学》1999年第2期。

[2] 参见肖秋惠：《20世纪90年代以来俄罗斯信息立法探索》，载《情报理论与实践》2003年第1期。

[3] Информационный бюллетень, 2004, No 33.

该法适用于与获得包含在官方文件中的且没有被列入限制获取的信息有关的关系。独联体成员国本国的法律和依照该法律颁布的规范性法律文件可以规定应当向要求获取信息的人强制提供的信息的具体种类,以及获得某种类的信息特殊性和条件(第3条第1款、第2款)。可以说,该《示范法》仅适用于信息获取权人与提供信息的机关和组织及其负责人之间获取信息的情形。因此,第一,对于国家机关和组织获得属于其他国家机关和组织管辖的信息的程序不适用《示范法》的规定,而是由各成员国立法另行规定。第二,对于国家立法文件草案虽可以提供给利害关系人查阅,但是,对上述文件的查阅程序由各成员国的国家或地方立法(代议)权力机关规定。查阅或者公布其他官方文件草案的决定由起草该草案的机关或者组织作出(第3条第3款、第4款)。易言之,即任何非属于信息获取权人与提供信息的机关和组织及其负责人之间的关系,均不适用示范法的规定,示范法的目的是保障信息获取权的实现,以此彰显示范法的权利保障法性质。值得注意的是,《示范法》专门规定了不得限制获取的信息(第4条)。一方面,以消极禁止的方式规定,如果该信息没有被国家秘密立法和其他调整国家秘密保护领域中的关系的规范性法律文件列入限制获取的信息,则不得限制获取为满足和保护信息索取人的权利和合法利益所必要的信息;另一方面,以积极列举的方式规定,不允许限制获取的信息。这些信息包括:(1)法律、其他依照本国立法应当强制公布的规范性法律文件;(2)有关威胁公民的安全与健康的紧急情况(事故、灾难、自然灾害)的信息,为保障公民、居民点、生产客体和其他客体的安全所必要的对紧急情况的官方预测;环境信息、气象信息、人口状况信息、卫生防疫信息以及其他信息;(3)关于国家黄金储备和外汇储备规模的信息;(4)关于提供给公民、负责人和组织的特权、补偿和优惠的信息;(5)关于依照本国立法被列入高级国家领导人的健康状况的信息;(6)关于侵犯人和公民的权利与自由以及侵犯法人的权利和合法利益事实的信息;(7)关于国家权力机关和地方自治机关的法律地位和活动的信息;(8)关于预算资金、居民的经济与需求状况的信息;(9)关于与犯罪作斗争的状况的信息。

(三)《示范法》所确立的信息获取权保障的基本原则

根据《示范法》第5条的规定,保障信息获取权的基本原则被明确为:第一,信息的可获得性与公开性原则;第二,信息的真实性与完整性原则;

第三，信息提供的及时性原则；第四，保护信息获取权原则，包括以司法程序保护；第五，侵犯信息获取权的责任原则；第六，在提供信息时遵守第三人的权利与合法利益原则；第七，只能在为保护宪政制度基础，保障国家防务和国家安全、主权与公正审判，道德、自然人和法人的权利与合法利益所必要的程度上规定对信息获取权的限制原则。

三、独联体信息获取权的实现方式

（一）信息获取权的实现方式

信息的获取受到以下三个方面的保障：第一，强制信息公开。强制信息公开的程序由法律和依照法律颁布的规范性法律文件规定。在任何情况下，机关和组织及其负责人都有义务立即以现有手段将其所知悉的威胁社会安全、人的生命和健康的事实与情形的信息予以公布。第二，信息通告。信息通告通过在专门出版物中刊布官方文件，将其放置于可为不限定范围的利害关系人获取的数据库和数据银行实现。第三，满足个人的和集体的信息要求。根据利害关系人的要求，信息获取可以下列方式实现：查阅包含所要求信息的官方文件；取得相应文件的副本或者节本；取得包含所要求的信息的书面证明；取得对所要求信息的内容的口头陈述；取得关于在官方出版物中刊布的所要求信息的来源的信息。获取信息的请求，以及按照请求提供信息可以口头或者书面形式进行，包括使用电子技术传递数据（第6条）。根据《示范法》第7条的要求，在机关和组织的结构中建立专门的依照规定程序赋予其相应职能和权限的局处，或者由该机关或组织中现有的其他局处和分支机构以及具体的负责人履行组织的信息获取保障职能。履行实现该职能活动的专门局处、分支机构及其负责人的权利、义务和责任由按照规定程序批准的局处和分支机构的条例以及负责人的指令规定。可以按照产生该信息的机关或者组织的意愿，在合同条件下聘请以合法依据从事信息提供服务的组织来完成信息获取保障职能。这些组织的必要项目（组织名称、通信地址、电话号码和传真号码、电子邮件地址、网站地址——以下简称组织必要项目）应当使要求获取信息的人知悉。相应机关或者组织的领导人还有义务规定完成获得信息的请求的规则。规则内容应当包含承担保障信息获取义务的相应组织、局处、分支机构或者负责人名称和工作制度、所提供信息的范围、与信息提供有关的服务的种类（包括接近自动化信息系统的程序）、为这些服务付费的方式以及其他获取条件。

为保障从机关和组织的自动化信息系统中获取信息的权利，这些机关和组织有义务：将上述系统接入公用通信网络并在机关或组织的官方服务器上放置信息以方便不限制范围的接入该网络的公民、机关和组织；在方便公民、机关和组织接近的地方（在地方自治机关的处所、在国家和自治市的图书馆里、邮局以及其他立法规定的地方）建立接入公用网络的用户服务点；开辟电子邮件地址以便通过公用通信网络接受要求和传递所要求的信息；对放置在官方服务器上的信息内容的真实性和完整性负责。在提供电子形式的信息时，其真实性通过电子数字签名或者其他立法规定的电子方式予以证明。在通过计算机形成并通过电子通信渠道传递的文件中必须指明对该文件规定的所有必要项目（第 8 条）。

（二）信息获得中的权利与义务

请求获取信息的人的权利：选择该法规定的请求的任何形式；无需说明必须取得所要求的信息的理由，如果该说明理由不为确定请求的内容所必要而且法律也没有不同规定；要求书面答复；按照规定程序对机关和组织及其负责人的侵犯其信息获取权且违反规定的信息获取权实现程序的行为进行申诉。请求获取信息的人的唯一义务就是必须遵守该法、依照该法颁布的其他规范性法律文件规定的获取信息的程序和条件（第 9 条）。而保障信息获取的机关和组织及其负责人的义务：建立为实现信息获取权所必要的组织技术条件和其他条件；在规定的期限内保存包含应当依照该法提供的信息的官方文件；保障所提供信息的真实性和完整性，遵守规定的期限和提供的条件；遵守立法规定的公布作为规范性法律文件颁布的官方文件的程序；在规定的期限内保存其所通过的文件、规定其法律地位的文件、其作为权利承继人的机关和组织的文件以及其他官方文件。机关和组织及其负责人对侵犯该法和其他文件规定的信息获取权的行为承担责任。在所提供的信息包含不准确或者不完整的资料时，机关或者组织有义务按照请求获取信息的人的书面申请，在收到申请之日起 7 个工作日内，更正或者补充所提供的信息。机关和组织负责对他们有义务公开的和按照要求提供的官方文件进行造册登记。登记簿应当包含每一个所颁布的文件的名称、通过日期、编号及其公布信息。负责

第十四章　信息获取权保障专门立法：独联体《信息获取权示范法》述评 ❖

造册登记的机关或者组织可以规定该登记簿的其他必要要求（第 10 条）。

（三）获取信息的请求及其审理和满足

获取信息的请求应当提交给拥有其所必要的信息的机关、组织或者负责人。获取信息的要求应当尽可能包含所要求文件的名称、文件的必要项目或者为查找该信息所必要和充足的其他信息特征。在请求书中须指明请求获取信息者的姓、名和父称，以其名义发出要求的组织的名称，应向其发出答复的人的姓、名和父称，便于答复或者确定请求书的特征的通信地址、电话或者传真号码、电子邮件地址，以及所希望的答复形式和类型（第 11 条）。对请求获取信息的答复应当在收到该要求之日后 30 日内给出。如果所要求的信息不能如期提供，则在自收到要求之日起 7 个工作日内向请求获取信息的人发出书面的延期答复通知。在通知中应当指出延期的原因和提供所要求的信息的期限，该期限不得超过本法规定的答复期限 15 日。如果收到该要求的机关或者组织并未拥有所要求的信息，则他们有义务在 7 日内就此通知要求获取信息者，并且尽可能向他提供可能掌握所要求的信息的机关、组织或者人或者告之已经将上述要求发送给机关或者组织。如果所要求的信息包含在公众可获得的官方出版物中，则执行该要求者可以仅限于指出该出版物的名称和信息刊布的日期。对要求的答复应当包含机关或组织和执行要求的人的必要项目。未经请求获取信息者同意，不得容许以口头形式取代所要求的书面形式提供信息。在此情况下，应当指出以该形式提供信息的原因（第 12 条）。

（四）拒绝提供信息的理由与提供信息的费用问题

根据《示范法》第 13 条的规定，在国家保密立法和调整国家利益保护领域中的关系的其他规范性法律文件规定的情况下，不应当按照获取信息的要求提供包含以下资料的信息：构成国家秘密或职务秘密的资料；未经他人同意的关于他人隐私的资料（个人资料），现行法律有不同规定的除外；依照法定程序进行的侦查与追缉活动的资料；在法律禁止披露或者可能会侵害个人所享有的对案件的客观司法审理权，产生对公民生命或健康的威胁时，民事与刑事案件的司法审理资料；其他法律限制获取的资料。如果在文件中包含上述资料，则对该文件的了解、披露和提供副本仅限于不包括文件的上述资料的部分。对机关和组织的内部信息可以不提供，如报告笔记、通信、负责人的委托办理事务以及其他内部组织性信息。机关或者组织以及其负责人，在获取信息的请求书不符合该法规定的形式要求,非法要求获取限制获取的信息以及该机关或组织所不掌握的信息时,可以拒绝提供被要求获取的信息。拒绝提供信息应当包含不能满足获取信息的请求的原因、作出拒绝决定的日期,并解释申诉的程序。无论是拒绝书面的,还是口头的获取信息的请求,须以书面形式告之。对提供信息是否收费的问题,《示范法》区分了在无偿的基础上提供信息和在有偿的基础上提供信息的情形(第14条)。在无偿的基础上提供以下信息:直接涉及请求获取信息的人的信息;更正或者补充以前按照该法规定的程序提供的信息;包含在机关和组织提供信息的规则中的信息,包括提供信息服务的费率和免于对所提供的服务支付费用的情形;关于请求获取信息的法人的权利与义务的信息。此外,在存在相应的证明文件时,对属于社会上和经济上缺乏保护的居民群体(范围)的人(儿童、残疾人、退休金领取者、官方承认的失业者)的请求,依照立法提供的信息免于支付费用。在无偿的基础上向其提供信息的人的范围清单可以按照提供信息的机关或者组织的意愿予以补充。对其他信息的提供,可以收取不超过与提供信息服务有关的成本价的费用。支付信息提供服务费用的程序由该机关和组织规定的提供信息的规则规定。向机关和组织补偿与提供信息有关的费用的程序由各国政府规定。

四、信息获取权的保护与违反该示范法的责任

在对信息获取权的保护方面,该《示范法》第15条规定,对拒绝提供信息、无理延期答复或者在规定的期限内没有提供,以及其他违反本法规定的审查和满足信息获取要求的行为,可以向上级负责人或者法院申诉。对机关、组织及其负责人侵犯信息获取权的作为(不作为)可以向人权代表申诉。对被非法拒绝信息获取的人,以及取得不准确、不完整信息的人以及没有及时取得信息的人,有权依照立法规定的程序要求精神损害补偿。此外,因过错侵犯关于信息获取权的请求的人,还应承担法律规定的其他责任(第16条)。

第十五章

电子通信领域信息自由保障：独联体成员国《示范互联网调整基准法》的基本内容及对我国互联网管理立法的启示

2011年5月16日，独联体成员国议会间大会第36次全体会议以第36-9号决议通过了《示范互联网调整基准法》。这是自2000年以来俄罗斯和其他独联体成员国持续推进互联网立法而达成的共识性成果。在这个过程中，独联体成员国议会间大会委员会秘书处曾在2007年推出了由非商业性合伙组织"电子通讯协会"起草的《示范互联网法草案》（以下简称"草案"）。经过反复的讨论和修改，最终形成了《示范互联网调整基准法》（以下简称"示范法"）。该示范法全文共13条，在结构和内容上分为三章，包括：第一章"一般规定"、第二章"调整的原则"和第三章"调整的主要方向"。而草案则有15条，分为四章，包括：第一章"一般规定"、第二章"调整的原则"、第三章"调整的主要方向"和第四章"最终条款"。相比较而言，示范法将草案第14条的"独联体成员国就本法适用问题的协助程序"条款整合到示范法第9条第6款"国际合作条款"中，并删除了草案第15条的该法生效条款，遂取消草案第四章"最终条款"形成目前结构。

该示范法对俄罗斯以及其他独联体成员国仅具有推荐性质，正如草案第4条第1款所说，"本法规范可以全部或者部分纳入本国现行法律或者作为起草独联体成员国法律的基础"，但该示范法的影响和作用在于协调和统一独联体成员国之间在互联网调整方面的立法，以便最大程度地促进独联体成员国内部立法的协调性和统一性，[1]推动各成员国在经济和社会事务方面的合作与发展。[2]目前，独联体成员国在互联网领域中的立法成就（示范法）尚没有引起我国学者的注意，本书以该法为基础，结合在该法起草过程中的讨论，介绍该法的基本内容和对我国未来互联网管理立法的启示。

一、《示范互联网调整基准法》的一般规定

示范法以"建立原则和确定调整与使用互联网有关关系的主要方向，规定国家支持互联网发展的政策，确定互联网调整过程中参加者之间的关系及其在从事调整时的职能，确立判定在使用互联网时具有法律意义的行为的实施的地点和时间的规则"（第1条第1款）为目的和宗旨。但是，该法并不适用于"与保障获得信息自由、信息安全和知识产权保护有关的关系，但在本法中有直接的不同规定的除外"（第1条第2款）。之所以作这样的规定是因为在独联体的其他文件[3]中已经规定了对此类关系的调整，[4]所以不再将该示范法的规定适用于此类关系。[5]

对互联网管理立法而言，比较困难的是确定其法律的适用范围（法律效力）、法律关系的主体以及国际合作与协调问题。当然，也少不了在法律上对相关术语的统一定义。

根据该示范法第2条的规定，互联网是指"将不同国家的信息系统和电子通信网络通过全球地址空间连接起来的，以使用互联网协议（internet protocol，IP）和数据传输协议（transmission control protocol，TCP）为基础的并可提供实现不同形式通信，包括为不特定范围的人放置信息的全球信息与电子通信网络"。互联网的管理是指"政府、国有企业和机构、私营部门企业和市

---

[1] 参见张建文：《俄罗斯知识产权立法的基本评价和立法前景》，载张建文译《俄罗斯知识产权法——〈俄罗斯联邦民法典〉第四部分》，知识产权出版社2012年版，前言。

[2] 参见张建文：《俄罗斯知识产权立法法典化研究》，知识产权出版社2011年版，第17～18页。

[3] 参见张建文：《独联体〈信息获取权示范法〉述评》，载《重庆邮电大学学报（社会科学版）》2011年第3期。

[4] 参见任允正、于洪君：《独联体国家宪法比较研究》，中国社会科学院出版社2001年版，第111～113页。

[5] Андрей РИХТЕР. Новый проект закона об Интернете, Законодательство и практика масс-медиа, Выпуск3 март 2008.

第十五章 电子通信领域信息自由保障：独联体成员国《示范互联网调整基准法》的基本内容及对我国互联网管理立法的启示 ❖

民社会组织起草和使用经协商一致作出的调整互联网发展及其使用的决定的原则、法律规范、组织规则和技术程序"。"从事保障使用者接入互联网和（或）借助于使用互联网技术而提供的其他服务之活动的人"均为"互联网服务商"。在互联网领域中的主管机关是指"履行起草互联网发展和使用领域中的国家政策并实施规范性法律调整职能的国家权力机关"。互联网的本国段（национальный сегмент Интернета）是指"包括以本国立法规定的程序确认的一国的本国域名，放置在其他域名或者不属于任何域名的由在一国境内的控制人提供的互联网资源，以及提供互联网接入服务的本国通信业者的通信网络"。域名（域）是指"经使用 DNS 域名系统登记的用以网络定址的标记符号"，而"本国一级域名"是指"用国际标准化组织批准的国家代码（ISO 3166）命名的域或者其他的域"，"本国二级域名"是指"其名字包含了一级域名和自有名称的一级域名的次域"。本国登记人是指"从事对本国域名的电子地址进行登记并对上述地址进行编目的组织"。在草案中还规定了网站的定义，即"包含在按照特定的网络地址保障互联网上的信息之可获得性的信息系统中的信息和软件的综合"，但没有成为示范法的内容。

该示范法对其所调整的法律关系的主体也有明确规定，包括四类：一是"以被授权从事互联网调整的权力机关名义出现的国家"；二是"向其提供互联网服务的法人和自然人，也就是互联网使用者"；三是"互联网服务商"；四是"参与互联网调整过程的自律组织"（第3条）。将参与互联网调整过程的自律组织作为互联网调整关系的主体，是该示范法的一项重大立法创新，意味着赋予了该类自律组织以正式的法定的地位，并可履行相应的职责。

值得注意的是，示范法在处理该法与国际条约的相互关系时，采用了国际条约优先的原则，即"如果一国参与的国际条约规定了与本法不同的规则，则适用国际条约的规定"（第4条）。

二、《示范互联网调整基准法》的调整原则

对与使用互联网有关的法律关系的调整，示范法第5条规定了四项基本原则。

第一，保障公民的权利与自由原则，包括对使用互联网和获取互联网上所放置信息的权利的保障。这一原则自苏联末期以来就为官方所意识到并极

力提倡："法律应当可靠地保护人的个人尊严"，"保障他们拥有电话、通信、通邮和打电报的隐私权"[1]。

第二，兼顾互联网建立和发展的特殊性原则，包括在国际层面上建立的且在该示范法通过时有效适用的组织性规则和技术性程序。

第三，限制互联网调整范围的原则，即对互联网调整的范围限定为其中缺乏在国际层面建立的或由互联网使用者和互联网服务提供商的自律组织通过的规范和规则的事务领域，或者由于现行立法的要求而不能适用在国际层面建立的或由互联网使用者和互联网服务提供商的自律组织通过的规范和规则的事务领域。

第四，不得触动个人、社会和国家的权利和利益的原则，即调整不适用于与互联网发展有关的关系且不得触动立法规定的个人、社会和国家的权利和利益。

可以看出，示范法在调整与互联网有关的法律关系时，具有两个明显的倾向，一方面，有意地限制了立法的调整范围，以此降低立法调整可能导致对互联网发展的压制，所以特别强调要照顾互联网建立和发展的特殊性；另一方面，特别强调了对公民的权利、自由和利益的保障，既从正面积极地强调要保障公民使用互联网和获取互联网上信息的权利，也从消极层面要求不得对与互联网发展有关的关系和可能触动个人、社会和国家的权利与利益的关系实施立法调整。在草案中本来还规定了第五项原则，即"有义务按照本条上述原则修改和补充本国现行法律文件（包括替换其中的部分条文）"，因该条款会导致该法的示范性和推荐性变为强制性，导致示范法丧失其本来的性质，所以该条款被删除，未能进入示范法。

在调整与使用互联网有关的法律关系时，示范法特别规定了互联网使用者和互联网服务商的自律组织的法定地位，要求"在起草调整互联网使用法律关系的规范性法律文件时应在有互联网使用者和互联网服务商的自律组织的代表作为专业人士（专家）参与的情况下进行"（第6条第1款）。"在规范性法律文件涉及国际层面互联网发展的技术性和组织性规范和规则时，应当与通过上述规范和规则的国际组织进行义务性协商"（第6条第2款）。而在起草调整互联网发展的技术性和组织性国际规范草案时，"国家通过主管的

---

[1] 参见张俊杰：《俄罗斯法治国家理论》，知识产权出版社2009年版，第68页。

第十五章　电子通信领域信息自由保障：独联体成员国《示范互联网调整基准法》的基本内容及对我国互联网管理立法的启示 ❖

国家权力机关和互联网使用者与互联网服务商的自律组织共同参与起草调整互联网发展的技术性和组织性国际规范的草案"（第7条第3款）。总体而言，国家对互联网的支持政策可以归纳为两点：一是规定国家支持互联网发展的政策，明确宣示："国家鼓励和支持发展互联网"（第7条第1款），且明确规定"与国家支持互联网发展有关的预算拨款，由年度预算立法规定并拨给参与互联网发展的执行权力机关和其他机关"（第7条第4款）；二是要求国家权力机关和地方自治机关承担积极作为的义务，落实对互联网发展和使用的国家政策，并明确要求"国家权力机关、地方自治机关采取措施保障：使用者平等地和不受歧视地接入互联网；不得毫无理由地限制互联网服务商的活动和通过互联网进行的信息交换；协助发展使用互联网技术提供的服务市场，不允许垄断和恶意竞争"（第7条第2款）。该条款的规定，意味着课以国家权力机关和地方自治机关对互联网使用者、互联网服务商以及利用互联网技术提供的服务市场的公法责任，以此实现对与互联网有关领域的促进和支持。

三、《示范互联网调整基准法》的主要调整方向

（一）调整与互联网使用有关关系的参加者的职能

对与互联网使用有关的法律关系的调整进程而言，其参加者包括国家、互联网服务商和自律组织（第8条第1款），如何确定其适当的调整职能是互联网管理立法的一大难题。该示范法对三者在该调整进程中分别扮演不同的角色进行了有益的尝试。

对国家而言，其通过被授权的机关在互联网调整过程中履行六种职能：一是在本国层面、地区层面和国际层面制定、协调和实施国家政策；二是创造发展、推广和扩大使用互联网和互联网技术的有利条件；三是制定、协商和通过调整与使用互联网有关关系的法律、其他规范性法律文件；四是监督对调整与使用互联网有关关系的立法之遵守；五是协助推广在调整与互联网使用有关关系领域中的先进经验；六是与通过使用互联网而实施的违法行为作斗争（第8条第2款）。在草案中还提出了"推动语言和文化的多样性"和"协助调整纠纷"两个职能，但最终未被示范法所接受。

对于互联网服务商而言，其在互联网调整过程中履行以下三项职能：一是为利益相关方制定调整与使用互联网有关关系的建议、原则和指南；二是

参与起草在互联网使用领域中的国家政策、规范性法律文件草案；三是参与起草在发展互联网时所使用的标准（第8条第3款）。对于自律组织而言，其在互联网调整过程中履行以下六项职能：一是对国家所提出的和所适用的措施进行社会监督；二是对所制定和（或）所适用的法律和其他规范性法律文件进行社会评估；三是参与起草在发展互联网时所使用的标准；四是参与组织本国域名系统的运作；五是监督互联网服务商所提供服务的质量；六是协助解决保障公民以平等权利接入互联网的任务（第8条第4款）。

（二）互联网调整的国际性（互联网调整领域中的国际合作）

示范法对互联网调整领域中的国际合作也极为重视。第一，规定了国际合作的法律基础，即"遵循普遍承认的国际法的原则和规范、国际条约，以及在国际实践中已经形成的习惯和业务惯例"（第9条第1款）；第二，规定了主管机关的职能，即"主管机关在自己的权限范围内代表和保护国家在互联网领域中的国家利益，与外国的主管机关、政府间组织和国际非政府组织进行协助，并协调国家、公民及其组织所进行的在互联网领域中的国际合作问题，保障完成国际条约所规定的国家在互联网领域中的义务"（第9条第2款）；第三，规定了对违反本国立法或者他国之公共秩序，或者用于从事本国立法所禁止的活动的域名的涂销规则，即"一国登记官可颁布在互联网本国段中的二级域名的登记规则，允许涂销违反本国立法或者违反他国之公共秩序的域名，以及由管理员用于从事本国立法所禁止之活动的域名之登记"（第9条第3款）；第四，规定了对在互联网领域中活动的外国组织和公民的法律适用原则（属地法原则），即"在一国领土内在互联网领域中活动的外国组织或外国公民适用为自己公民规定的法律制度，但本国立法有不同规定的除外"（第9条第4款）；第五，在打击计算机信息领域中犯罪的司法协助方面，明确规定"主管司法机关和护法机关就计算机领域中犯罪的司法协助问题按照国际条约或者依据互惠原则通过提出请求和执行请求与外国的主管机关进行协助。与执行上述请求有关的费用依照相应国际条约规定的程序予以补偿"（第9条第5款）；第六，为了协助和解决独联体成员国内部有关互联网调整问题的纠纷，建立了区域性的协调机制，即"独联体成员国有关互联网调整问题的纠纷之协助与解决通过依照独联体政府首脑委员会决定设立的隶属于通信领域区域联合体的独联体成员国信息化协调委员会进行"（第9条

第十五章 电子通信领域信息自由保障：独联体成员国《示范互联网调整基准法》的基本内容及对我国互联网管理立法的启示

第 6 款）。

（三）对互联网基础设施发展和运营的调整与国家支持

在调整与支持互联网基础设施发展和运营方面，示范法第 10 条规定了国家在该领域中的四大义务：一是国家激励发展和使用互联网基础设施的义务，包括通过适用税收优待或者优惠（第 1 款）；二是要求国家在作出支持发展互联网基础设施计划的决定时，应当支持足以保障最大多数公民以对他们而言的合理价格广泛使用互联网的先进技术解决方案（第 2 款）；三是国家创造为所有使用者在不受歧视之基础上平等获得互联网基础设施的条件（第 3 款）；四是国家在国家、私营部门企业和公民之间的互动中进行有目的的推广使用互联网技术的活动，包括提供使用上述技术的国家服务（第 4 款）。在草案中，对该款还规定了"起草和实施电子政府建设"，但在讨论中被删除。

（四）确定通过使用互联网实施的具有法律意义的行为的地点和时间的规则

在互联网立法领域中，对于通过使用互联网实施具有法律意义的行为的地点和时间之确定，是极端困扰立法和司法的一大难题。示范法对该问题的解决提出了有益的尝试。在地点之确定方面，"如果该能够产生法律后果的行为，是由某人在其位于该国境内时而实施的，则通过使用互联网实施的具有法律意义的行为，视为在该国境内实施"（第 11 条第 1 款）。这就意味着如果某人即使是在一国短暂停留期间甚至是过境期间而实施该行为，则该国也可以取得管辖权。在时间之确定方面，"实施第一个产生法律后果的行为的时间，被视为是所有具有法律意义的行为的实施时间"（第 11 条第 2 款）。相应地，示范法还规定：如果在解决与使用互联网有关的纠纷时产生了外国立法和本国立法的冲突，则适用依照本法第 11 条被认为是具有法律意义的行为实施时所在地国的本国立法的规范（第 12 条）。值得注意的是，在草案中，无论是对具有法律意义的行为的地点和时间的确定规则，还是解决冲突问题的规范，均规定了国际条约优先适用的原则，即在确定具有法律意义的行为之实施的地点和时间时，如果国际条约没有不同规定则该条规范有效，在本国立法与国际条约冲突时国际条约的规范优先适用。因为在独联体成员国的国内法中普遍将国际法和国际条约的规范规定为优先适用，[1]且示范法第 4 条已经明确规定国际法和国际条约的规范应当优先适用，所以上述规定因其重复而没有成为示范法后来相关条文的内容。

(五) 打击为违法目的而使用互联网的行为

打击通过使用互联网而实施的违法行为，是互联网管理立法的一大重要任务。该示范法也规定了反对为违法目的而使用互联网的机制。规定"国家采取立法措施及其他措施打击为违法目的使用互联网。为了上述目的，国家规定互联网服务商承担保存有关使用者及其所提供的服务的信息不少于 12 个月并按照司法机关和（或）护法机关的要求提供该资料的义务"（第 13 条）。在草案中，最初对该问题的规范内容比较多，共计四个条文，除现有示范法的条文作为第 1 款之外，还有其他三个条款：第 2 款"承担反对为犯罪目的而使用互联网基础设施的护法机关依照国家条约与外国的主管机关进行预防犯罪、鉴别犯罪、制止犯罪、披露犯罪和侦查犯罪方面的合作"，第 3 款"司法机关和护法机关可向外国的相应机关发出提供必要信息的请求，以及履行上述机关依照国际条约规定的程序作出的请求"，第 4 款"履行上述请求的费用依照相应国际条约规定的程序补偿"。但是，在草案中该条文的效力被限定为"犯罪目的"（в преступных целях），比较狭隘。为了打击通过使用互联网实施的违法行为，示范法最终将该目的扩大至"违法目的"（в противоправных целях），便于应对较为严重的互联网违法行为问题，相应地也就删除了仅仅在犯罪领域进行国际合作的其他三个条款。

四、《示范互联网调整基准法》对我国互联网管理立法的启示

示范法是全世界为数不多的直接以互联网调整为对象的立法，无论该示范法将来能否被所有独联体成员国的国内法所接受，但其迎难而上直面互联网调整的诸种难题而提出的原则和机制，具有重要的原创意义和实践价值。笔者认为该示范法对我国的互联网管理立法而言，具有以下四点值得关注：

第一，在立法原则上，一方面，应当注重保障公民和法人使用互联网和

---

[1] 参见刘向文、宋雅芳：《俄罗斯联邦宪政制度》，法律出版社 1999 年版，第 41 页。

第十五章　电子通信领域信息自由保障：独联体成员国《示范互联网调整基准法》的基本内容及对我国互联网管理立法的启示 ❖

获取互联网信息的自由，[1]尊重互联网建立和发展所依据的原则和规律；另一方面，对互联网的管理采取适度原则，只对那些必须由立法进行管理的领域才进行立法调整，能够通过互联网服务商、自律组织等实现自治管理的，鼓励采用自治管理，尽量减少由于立法调整而可能对蓬勃发展的互联网行业以及宪法规定的公民和法人的基本权利造成过度限制甚至损害。正所谓"自由胜过不自由"[2]，这个最主要的原则应当成为互联网立法的宗旨和目的，以此凝聚国家互联网管理立法的共识和权威。

第二，在立法理念上，应当考虑到国家以及代表国家的权力机关所应当承担的职能和义务。国家负有激励发展和使用互联网基础设施的义务，在国家投资或者支持发展互联网基础设施时，必须考虑到应当采用能够保障最大多数公民以合理价格广泛使用互联网的先进技术，对于国家而言，还承担了保障所有使用者在不受歧视的基础上平等获得互联网基础设施使用机会的义务。在我国，推广互联网使用的公共任务可以由使用者组织或者互联网服务商承担。对我国国家权力机关而言，歧视性接入、限制互联网服务市场发展等情形较为普遍，应当明确规定它们应当承担保障"使用者平等地和不受歧视地接入互联网""不得无理限制互联网服务商的活动和通过互联网进行的信息交换""协助发展使用互联网技术提供的服务市场，不允许垄断和恶意竞争"的义务。这也符合政府应当"加强和优化公共服务，保障公平竞争，加强市场监管，维护市场秩序"[3]的职责和作用定位。

同时，应当明确规定自律组织的法律地位、职能范围和参与机制，特别是其作为互联网调整法律关系的主体以及专业人士（专家）参与的法律地位。[4]在国际合作层面，可以与国家权力机关一道参与涉及国际层面互联网发展的技术性和组织性规范和规则的协商和起草。在国内日常领域，可以监督国家所提出的和所适用的法律、措施的执行，可以参与起草发展和使用互

---

[1] 参见张建文：《中国网络管理法制化建设研究的基本问题》，载《重庆邮电大学学报（社会科学版）》2011年第1期。

[2] 赵嘉麟：《梅德韦杰夫传》，湖北人民出版社2008年版，第134页。

[3]《中共中央关于全面深化改革若干重大问题的决定》（2013年11月12日中国共产党第十八届中央委员会第三次全体会议通过）。

[4] 参见张建文：《重庆市网络管理法制化建设应用研究》，载《重庆邮电大学学报（社会科学版）》2010年第4期。

联网所涉及的各种标准，监督互联网服务商所提供服务的质量，协助解决保障使用者平等接入互联网的权利。

第三，对于互联网服务市场的发展而言，可以借鉴示范法的规定建立确定能够产生法律后果之行为的地点和时间的规则及其法律适用规则。主要是采用地域管辖原则（属地管辖原则），按照行为实施时主体所在的地点和时间来确定。即当某人在其位于某地时通过使用互联网实施了具有法律意义的行为，就将该地视为其行为实施地，将该时视为其行为完成的时间。在产生法律冲突时，也尽量按照属地原则解决法律适用问题。

第四，在打击通过互联网实施的违法行为方面，为打击该类违法行为，对互联网服务商而言，要求其承担保存有关使用者及其所提供的服务之信息不少于12个月，并按照司法机关和（或）护法机关的要求提供该类资料的义务，确属恰当。对域名登记机关而言，应当规定对违反本国立法或者他国之公共秩序的域名，或者由管理员用于从事本国立法所禁止活动的域名的涂销规则。

总体而言，调整互联网的法律，在整体上属于公法规范和私法规范相混合的领域，既有属于公法的规范，如规定强制性义务的规范、规定国家机关权限的规范、保障公平竞争的反垄断规范等；也有属于私法的规范，如解决法律适用冲突的规范、保障自律组织地位的规范等。在整体上应当以保障公民和法人的合法权益与支持互联网的发展和应用为原则。

第十六章

独联体成员国《示范个人资料法》研究

苏联解体不久，示范法就成为推动独联体成员国立法统一化的主要手段。面对具有强烈国家主权意识的成员国，与在苏维埃时对各成员国拥有立法上的权力的"立法纲要"[1]不同，示范法更具有官方立法建议的性质，要实现统一化或趋同化的目标，主要是依靠其优良的立法质量来吸引和统一独联体成员国的国内立法。

独联体成员国议会间大会于2018年11月29日以第48-9号决议通过了《示范个人资料法》，区别于1999年10月16日通过的《示范个人资料法》。[2] 与旧版相比，新版《示范个人资料法》（以下简称示范法）面对已经成为既带给人们安全和便利也独立于人类的异化力量的现代科技，[3]力图回应"互联网+"法治秩序重建的时代性议题[4]：在结构上，新版更加合理，旧版只有条文没有章，新版划分为"一般规范""个资[5]流通的调整""个资主体权利保护""处理者（持有人）""个资流通的国家调整"五章；在条文数量上，旧版共计17个条文，而新版有37个条文，超过了《俄罗斯联邦个人资料法》25个条文的规模，[6]增加了法律规范的供给；在规范内容上，最突出的是增加了关于个资新的类型化，如表格个资、职务个资等，以及对个资流

---

[1] 中国人民大学苏联东欧研究所编译：《苏联和各加盟共和国立法纲要汇编》，法律出版社1982年版，第1页。
[2] 参见肖秋会：《俄罗斯信息法研究综述》，载《中国图书馆学报》2013年第6期。
[3] 参见王成：《个人信息民法保护的模式选择》，载《中国社会科学》2019年第6期。
[4] 参见马长山：《"互联网+时代"法治秩序的解组与重建》，载《探索与争鸣》2016年第10期。
[5] 个人资料，以下简称个资。
[6] 参见张建文：《俄罗斯个人资料法研究》，载《重庆大学学报（社会科学版）》2018年第2期。

通（而不仅仅是个资处理）的专章规定；在立法理念上，"个资流通"成为与"个资处理"同等重要的议题，"个资流通的调整"作为单独的一章（第二章），这是对传统的以"个资处理"为基本内容的立法模式的重大革新，也是个资法的新发展方向，不无将"分享"作为数据法基本价值取向的倾向。[1]与欧盟推动非个人数据自由流动的立法[2]恐非简单的时间巧合。这一部最新的意图实现独联体成员国内国个资立法的统一化或趋同化的个资法值得关注，特别是对制定个资法呼声日高且正在形成全新数字经济形态的我国。[3]

一、示范个资法的基本概念

示范法意在实现立法的协调化：实现在个资流通和处理领域中尊重人和公民的权利与合法利益，包括个人生活、个人和家庭秘密不可侵犯权，[4]以及名誉、尊严[5]和声誉保护权在内的立法的协调化；规定个资流通法律制度、处理者的权利与义务（第1条第1款）。该法适用于"与个资流通与处理有关的关系"，包括了国家权力机关、地方自治机关、其他国家机关和自治市机关、法人和自然人所实施的个资处理，既包括使用自动化设备，也包括不使用自动化设备进行的处理，只要"其符合使用自动化设备所实施的个资行为（操作）的特征"，即"能够依照给定的算法搜索并（或）获取固定在（多个）物质载体上的个资"（第1条第2款）。个资立法最困难也最基本的是要规定个资法的基本概念。作为立法概念，规定事物的本质内容与主要特征，亦具有规范性效力和功能，立法和司法须作为规范予以尊重和适用。

该示范法规定了26个立法概念（第2条），可分为以下三种类型。

一是与个资及其类型化有关的概念。个人资料（персональные данные），意味着"有关个人的信息资料"，即"足以直接或间接确定自然人（个资主体）或可识别他的信息"，与《俄罗斯联邦个人资料法》完全一致。[6]但与

---

[1] 参见梅夏英：《在分享和控制之间：数据保护的私法局限和公共秩序构建》，载《中外法学》2019年第4期。

[2] 参见2018年10月4日欧盟议会通过《非个人数据在欧盟境内自由流动框架条例》。

[3] 参见马长山：《人工智慧与未来法治》，载《河北法学》2018年第10期。

[4] 参见马长山：《人工智慧与未来法治》，载《河北法学》2018年第10期。

[5] 参见王进文：《法治建设中"人的尊严"概念之检讨：内涵界定与适用界限》，载《重庆大学法律评论》（第2辑），社会科学文献出版社2019年版。

[6] 参见张建文：《俄罗斯个人资料法研究》，载《重庆大学学报（社会科学版）》2018年第2期。

俄立法相比，个资类型更丰富。如"表格个资"，即"确定个人基本身份识别参数的数据，包括姓、名（名称）、父称、外貌，其他传记性或鉴定性数据，个人特征，有关家庭的信息、社会、职务和财务状况、教育程度、职业、健康状况，和由个资主体在表格文件中所指示的其他信息"；"职务个资"，即"（包括表格个资在内的）由个资主体在与履行其职责（职务）义务有关的文件中指明的，因个资主体履行此类义务所必须指出的资料"；"生物个资"，即"包含个人数据主体的生物特征识别参数的数据，即可据以确定其身份的，并使用技术手段（包括使用自动化个人数据处理设备）进行处理的生理学和生物学特征信息"；"公众可获取的个资"，即"依照本国立法任何人均有机会获取的或可取得的个资"；"公众可获取的个资来源"，即"任何包含其获取权没有被职务地位和（或）特别权限所限制的个资的信息来源（包括信息系统和个资库）"。

二是与个资流通和个资处理有关的概念。在俄罗斯[1]及其他独联体成员国内，首次规定"个资流通"的概念，即"对个资（包括使用电子信息通信系统）所实施的一个或多个行为的总和，包括收集、记录（固定）、积累、提取、提供、保障获取、传播（包括自动化的处理在内的）、处理、变更（修改）、封存、删除、销毁个资"。与"个资处理"的概念——"处理者使用或不使用自动化设备对个资所实施的一个或多个行为的总和，包括收集、记录（固定）、体系化（类型化）、积累、复制、保存、更正（更新、更改）、提取、使用、移转（传播、提供、保障获取）、匿名化、封存、删除、销毁个资"——相比较，有交叉，但个资流通要广泛于个资处理，后者意味着仅指处理者使用或者不使用自动化设备所实施的个资行为，而前者不限于资料处理，其内容更倾向于个资依据法律行为或依据其他法律事实，从某人移转给他人，[2]但二者也有大范围的交叉。包括："自动化个资处理"——"使用计算机技术处理个资"；"收集个资"——"取得关于个资主体（们）的个资的行为"；"传播个资"——"个资流通之一部，体现为由处理者或个资主体向第三人包括通过电子信息通信网络披露（提供）个资"；"提供个资"——"按照一人（多人）的要求向特定的人（特定范围的人）披露个资的行为"；

---

[1] 参见涂咏松：《俄罗斯个人资料保护制度探析》，载《求是学刊》2014年第1期。

[2] Краткий юридический словарь /М. Е. Волосов, В. Н. Додонов, В. П. Панов; под бщ. ред. проф. С. П. Щербы. -2-е изд. -М. : ИНФР-М. 2012. с. 60-61.

"获取个资"——"了解个资的机会,包括视觉了解和(或)复制个资";"个资保密"——"对非作为公众可获取的个资的,保障只向被个资主体或依照有效立法规定的程序被批准提供、传播个资或获取个资的人,提供、传播或获取个资的个资流通制度";"限制个资流通"——"依据法律或对个资主体和处理者具有强制性的合法命令,规定包括在特定时期内禁止自由获取和(或)无意获取(提供、传播个资)某些类别的人的个资之个资流通制度";"封存个资"——"终止对个资的获取,但不在事实上删除或销毁个资";"删除个资"——"将个资从信息系统或个资库中排除的行为总和";"销毁个资"——"其结果会使得不可能恢复信息系统或个资库中的个资的内容和(或)销毁个资的物质载体的行为";"个资匿名化"——"其结果使得不可能确定个资对于具体个资主体之归属的行为";"个资进入流通(公布个资)"——"其结果使得个资在其收集之后对流通和(或)处理而言成为可获取的行为";"个资跨境流通"——"保障被识别为处在资料保存国和(或)进入流通国境外的人获取个资的流通制度"。

三是与处理者有关的概念。区分处理者和持有者,俄立法未作此区分。"处理者"——"从事个资流通或处理的自然人或法人、国家权力机关(地方自治机关)、其分支机构;从事合法获取个资的人,若并非在后来由从事获取的人对个资进行处理,则不属于处理者";"持有者"——"依据以完成的收集和对个资的事实上的保存而实施个资行为的处理者"。处理者与持有者并未能更清楚区分,该法似将持有者作为处理者之一种特别类型或亚类型。还规定了其他相关的重要概念,如"包含个资的信息系统"——"足以实施包括以自动化方式收集、处理、传播、提供其中所包含的个资,及其他个资行为的信息技术和技术设备(包括软件-技术)的总和";"个资库"——"在其中实施个资保存的有序同类个资的集合";"个资搜索系统"——"能使使用者在信息系统和个资库的个资中及在其他信息来源中查询个资或其他特定信息的自动化系统"。

二、个资流通的调整

(一)个资的归属及其流通与处理的基本原则

根据示范法第 4 条第 1 款,"个资主体是有权作出向他人提供自己的个资并使其处在流通中的决定的唯一主体",但允许无需其同意而收集其个资或使其进入流通的情形。涉及行为能力及未成年人的利益保护,个资主体有权自主作出提供自己个资并使其处在流通中的决定的最低年龄,该法有涉及但没有具体规定,而是委诸成员国的内国法。无完全民事行为能力人(包括未达最低年龄的未成年人)则由其法定代理人依照本国的民事立法进行(同条第2款)。个资的流通和处理需遵循以下基本原则(第5条):个资的流通和处理只能依据本法;个资的收集、处理和流通只能为达成在开始个资收集时所确定的具体和合法目的而进行,不允许将个资用于非在开始收集个资时所确定的目的;不允许将为相互之间不能并存的目的而处理的个资的信息系统和(或)个资库合并;禁止约定由个资主体提供个资而提供服务,但按照本国立法在提供服务时要求提供特定类别的表格个资的情形除外;只有符合流通和处理目的的个资才应流通和处理,所收集和处理的个资内容和范围应符合所申明的处理目的,"不允许会损害个资主体或其他人的权利与合法利益的个资收集与流通";在处理个资及使其进入流通时应保障个资的准确性和充足性,在必要时还应保障其对应与个资流通(处理)之目的的现实性,处理者应采取或保障采取必要措施删除或更正不完全和不准确的资料;个资流通或保存应以能够确定个资主体的方式进行,若法律或个资主体作为当事人、受益人或保障人的合同未规定保存期限,则不得超越个资流通或处理之目的所必要的时间,除本国立法有不同规定,在处理目的达成或其达成之必要性丧失时,个资应销毁或匿名化。

在流通与处理的基本原则上,与俄罗斯一致,[1]注重保护作为个人信息立法基础[2]的公民自决权和隐私权[3],与欧盟立法接近[4],体现了互联网时代人格权所具有的集合性、扩展性特征。[5]

---

[1] 参见肖秋会:《近五年来俄罗斯信息政策和信息立法进展》,载《图书情报知识》2010年第4期。

[2] 参见吴旭莉:《大数据时代的个人信用信息保护:以个人征信制度的完善为契机》,载《厦门大学学报(哲学社会科学版)》2019年第1期。

[3] Граданский кодекс Российской Федерации. Части первая, вторая. третья и четвертая. - Москва: Проспект, 2019, С. 102.

[4] 参见吴伟光:《大数据技术下个人数据信息私权保护论批判》,载《政治与法律》2016年第7期。

[5] 参见中华人民共和国最高人民法院编:《中国法院的互联网司法》,人民法院出版社2019年版,第31页。

（二）个资流通与处理的特殊性

特殊性包括主体上较为特殊的处理者、内容上较为特殊的特别类型个资，及其流通方式上较为特殊的公众可获取个资来源和个资搜索系统。

特定类型的处理者，即国家权力机关（地方自治机关）或其分支机构，收集个资除了要遵循其本国立法包括本法第5条的要求外，还要遵循本国立法规定的程序（规程），且应当使用已经注册、认证或其他法律规定的登记的软件-技术设备、信息系统和个资库，且应排除第三人在个资收集过程中以获取个资为目的非法侵入之可能性（第6条）。特别类型的个资（第7条第1款）包括：在保护国家秘密，护法机关、国家权力机关（地方自治机关）的工作，保护公民健康，保障国家防务和安全相关的合法活动框内所收集的（包括职务个资在内的）个资，其范围明显与俄罗斯个资法不同。[1]还有涉及个资主体的种族与民族归属，政治观点，宗教和哲学信仰，健康状况，性生活的个资。但通常作为该类个资的"犯罪前科"未被纳入其中。

公众可获取的个资来源，"可为提供信息保障而建立"，"只有经过个资主体同意才允许将其个资放置在公众可获取来源中"，但"特别类型个资"不得放置在公众可获取的个资来源中，"在任何时候关于个资主体的信息应按照该主体的要求或依据法院判决或其他被授权国家权力机关的决定可从公众可获取的个资来源中删除"（第8条）。个资搜索系统，即"个资搜索或对在个资搜索系统中前述个资中的特定信息的搜索，应按照个资主体请求或法院判决或其他被授权国家权力机关的决定终止"，"个资主体有权要求停止提供对个别或所有包含其表格个资和职务个资在内的个资信息来源的链接"（第9条）。生物个资的流通和处理，仅在个资主体的书面同意时才能进行，但"因履行国际遣返条约、实施公正审判和履行司法文书，及在有关防务、安全（包括交通安全和民航安全）、反恐、反腐败、侦查-搜查活动、国家公务员、国籍、出入国边境程序和刑事执行的本国立法直接规定时"（第14条）无需其书面同意。

---

[1] 参见张建文：《俄罗斯个人资料法研究》，载《重庆大学学报（社会科学版）》2018年第2期。

(三)个资流通与处理

个资保存由个资持有人进行,且需满足对个资保存的安全要求,即"排除非法获取、传播、复制、变更、封存、删除、销毁个资的可能性"(第10条第1款)。只能为个资主体的利益才可延长保存期限。在保存期限届满或取得目的达成后,个资应被销毁或匿名化。该示范法对个资法与档案法的衔接作出创新性规定,"在其实际需要丧失后,取得档案文件身份或本国立法规定的其他类似身份的表格个资和其他某些种类的个资,可永久保存","经个资主体或其继承人(们)同意,可传播此类个资","本国立法规定的被授权者可为国家安全、公民健康、社会道德、侦查-搜查活动目的或依本国国籍法,无需个资主体或其继承人(们)同意而获取此类个资(第10条第3款)"。

在书面确认新资料可靠性时,处理者(持有者)发现不准确(不可靠、不正确),可更新或替换其所拥有的个资(第11条第1款)。在个资被遗失包括被删除、销毁时,若删除或销毁个资非为履行本国立法,则处理者恢复个资。

个资交换,即"一个信息系统或个资库包括以自动方式所进行的获取(包括随后复制)在另一个信息系统或个资库中处在流通中的个资"(第12条第1款)。允许在包含个资的信息系统和(或)个资库之间进行个资交换,但要求"个资交换使用本国立法所规定的(包括软件-技术)保护措施和设备进行,以免个资被未经许可地获取、复制、修改、删除和销毁"(第12条第2款)。个资的跨境流通,是个资流通的重要内容。首先,重申"不得禁止或限制个资跨境流通"之个资自由流动理念,禁止和限制跨境流通仅"为保障国家安全、个资主体和其他人的权利与合法利益所必要的情形"。其次,明确国家保障个资安全的义务,要求"国家保障以合法措施,保护处在其境内的和通过其境内移转的个资免受歪曲和未经许可的使用"。最后,确保对个资主体权利的同等保护。在实施个资跨境移转之前,处理者有义务确信前述资料所拟移转至其境内的外国保障对个资主体权利的同等保护。对同等保护水平的审查,是通过由保护机关所制定的名单进行,该名单是公众可获取的。对于向不能保障同等保护的外国跨境移转个资,仅限于个资主体确定地表达同意该移转;移转个资为缔结和(或)履行个资主体和处理者(持有者)之间的,或为处理者(持有者)与第三人为个资主体利益的合同所必要;

移转个资为保护个资主体重大生存利益,包括其生命和健康所必要;在公众可获取的个资来源中的个资的内容,但不得违反对个资流通或使之流通的要求。

三、个资主体的权利

从"权利保护法和行政管理法"[1]而言,示范法具有"行为规制权利化"[2]的特点和权利保护法性质,与反对强化个人信息赋权和对信息控制者施加责任[3]的观点相反,强化了自然人的自主控制,体现为以下核心权利。

第一,提供个资并使之进入流通的权利(第15条)。在个资主体知情自愿同意时,才可提供个资和(或)使之进入流通。无需前述同意的例外包括:对收集个资,在侦查-搜查或其他护法活动框架内以合法的和有理由的方式进行的,及提供个资是为国家权力机关(地方自治机关)按照个资主体的要求或为个资主体的利益履行法律规定的职能所必要,不提供个资将不能履行该职能时;对使个资进入流通,在个资匿名化时,为统计目的和学术、艺术、其他文化或创作目的,及在新闻活动框架内且不会给个资主体或第三人造成损害而进行的。

第二,对个资流通、处理、交换和第三人获取的同意。改革而非放弃知情同意原则,[4]同意规则有强化而非"弱同意"[5]之倾向。同意适用于其直接指明的信息系统和个资库,或作为公众可获取个资流通。同意必须是直接的,[6]由个资主体在收集个资或在收到符合法定的足以固定其对前述行为的直接同意的形式的通知时做出(第16条),可为纸质载体的书面形式,亦可

---

[1] 参见张新宝:《我国个人信息保护法立法主要矛盾研讨》,载《吉林大学社会科学学报》2018年第5期。

[2] 吕炳斌:《个人信息权作为民事权利之证成:以知识产权为参照》,载《中国法学》2019年第4期。

[3] 参见丁晓东:《论个人信息法律保护的思想渊源与基本原理:基于"公平信息实践"的分析》,载《现代法学》2019年第3期。

[4] 参见田野:《大数据时代知情同意原则的困境与出路:以生物资料库的个人信息保护为例》,载《法制与社会发展》2018年第6期。

[5] 蔡星月:《数据主体的"弱同意"及其规范结构》,载《比较法研究》2019年第4期。

[6] 参见陆青:《个人信息保护中"同意"规则的规范构造》,载《武汉大学学报(哲学社会科学版)》2019年第5期。

为电子签名确认的电子文件。

作为同意之例外与合理限制[1]的强制提供情形,即"合法利益豁免",[2]适用于"在为保护国家安全和公共安全所必要时,及在国家权力机关(地方自治机关)根据个资主体的要求或为个资主体的利益履行法律规定的职能时,若不提供(包括表格个资在内的)个资将不可能履行该职能"(第17条)。

第三,获得个资处理的通知权(第18条)。处理者或持有者有义务为取得同意而通知个资主体使其个资进入流通(开始处理)的意图,该通知须具备:表格个资(姓、名、父称);个资流通或处理的目的;穷尽所有计划使之进入流通(处理)的个资的清单;个资流通(处理)的法律依据;拟将对个资所实施行为的清单;可能获取个资的第三人范围;将实施个资流通(处理)的处理者(持有者)的信息;同意的效力期限,及同意撤回程序和后果的说明。没有收到答复不得视为其同意流通(处理)个资。

第四,对个资的保密权。个资主体有权将自己的个资予以保密,但该主体已经同意其个资在公众可获取的信息系统、个资库中流通的情形,及本国立法直接规定的情形除外(第19条)。

第五,对流通、处理、交换和获取其个资的同意的撤回权。明确规定任意撤回权,"个资主体有权在提供同意之后任何时间,撤回自己对流通、处理、交换和获取其个资的同意。个资主体同意之撤回,以给予同意的相同形式为之,在不能使用相同形式时,以书面形式为之"。同意之撤回应包含"个资主体的姓、名、父称,本国立法规定的其他表格资料,撤回同意的日期,撤回同意所及于的行为、信息系统和个资库的信息"。处理者承担证明个资主体对流通、处理、交换、获取其个资,及收集或使之进入流通的同意之存在的证明负担(第20条第4款)。

第六,要求终止流通、处理和获取其个资的权利。个资主体有权要求终止对未获其同意的个资之流通、处理、交换和获取,及终止对违反立法和(或)保密要求之个资的处理(第20条第5款)。限制该权利之情形:为保障

---

[1] 参见张新宝:《个人信息收集:告知同意原则适用的限制》,载《比较法研究》2019年第6期。

[2] 谢琳:《大数据时代个人信息使用的合法利益豁免》,载《政法论坛》2019年第1期。

国家秘密、国家防务和国家安全或为有关侦查-搜查和其他护法活动立法所规定的目的而收集时，在本国立法对此类个资所规定的保存期限届满前，可由本国立法限制之；在个资包含个资主体实施犯罪行为或关于个资主体因实施犯罪行为被科处刑罚事实的信息时，在本国立法规定的时效、解除或取消前科记录期限届满之前，或在依照法律程序查明个资主体不构成犯罪或没有参与实施犯罪包括在法庭宣告其无罪之前，可由本国立法限制之（第21条）。

第七，在推销市场上商品、工作、服务及政治宣传而处理其个资时的权利。在预先取得同意的条件下，才允许为推销市场上商品、工作、服务，借助于通信设备，通过直接与潜在消费者联系，及为政治宣传而流通或处理个资。若处理者（持有者）不能证明已经取得同意，则视为没有取得个资主体的事先同意。处理者（持有者）有义务按照个资主体的请求立即终止其个资的流通和（或）处理（第22条）。

第八，在完全基于自动化个资处理作出决定时的权利[1]。人工智能对法律的影响是全方位的[2]，尊重和保障隐私[3]，保障个人的知情权和选择权[4]，抑制算法权利[5]，保障个人对数据的控制[6]，渐成人工智能时代数据保护的共识[7]性价值。该法规定，应在本国立法中规定禁止仅依据自动化个资处理，作出对于个资主体产生法律后果或以其他方式影响其权利与合法利益的决定，但个资主体提供了自己知情自愿同意的除外。此时，应规定处理者有义务向个资主体解释仅依据对其个资的自动化处理作出决定的程序和该决定的法律后果，提供放弃对仅依据自动化个资处理作出决定之同意的可

---

〔1〕 See Article 29 Data Protection Working Party：Guidelines on Automated individual decision-making and Profiling for tht purpose of Regulation 2016 / 679.

〔2〕 参见高奇琦、张鹏：《论人工智能对未来法律的多方位挑战》，载《华中科技大学学报（社会科学版）》2018年第1期。

〔3〕 参见北京智源人工智能研究院等于2019年5月25日联合发布的《人工智能北京共识》。

〔4〕 参见国家新一代人工智能治理专业委员会2019年6月17日发布的《新一代人工智能治理原则——发展负责任的人工智能》。

〔5〕 参见郑智航、徐昭曦：《大数据时代算法歧视的法律规制与司法审查：以美国法律实践为例》，载《比较法研究》2019年第4期。

〔6〕 参见腾讯研究院、腾讯AI Lab 2019年6月联合发布的《智能时代的技术伦理观——重塑数字社会的信任》。

〔7〕 参见2019世界人工智能大会法治论坛在2019年8月30日发布的《人工智能安全与法治导则（2019）》。

能性，及解释个资主体保护自己的权利和合法利益的程序（第23条）。排除未经主体同意而实施任何个资行为[1]以及保障个资主体监督处理其个资行为之可能性，构成了个资保护权利的内容。[2]

四、处理者（持有者）的义务

示范法在技术上将处理者（持有者）（下称"处理者"）的权利和义务（第24条），特别是其义务群作为规范的重点。

处理者的义务主要包括：严格遵守本国个资立法，在特定情况下还要遵循国际个资立法；直接从个资主体经其同意或其他合法来源取得个资；使用个资时遵守保密制度；保障个资完好准确，遵守规范程序规定的个资获取制度；根据其请求告知个资主体有关其个资存在的信息，但为保障国家秘密、国家防务和国家安全，进行侦查-搜查活动和（或）预侦（司法诉讼）目的而进行个资处理情形除外。

还规定了处理者的两项主要权利：处理者书面规定从事个资处理的和（或）可以任何形式获取所处理的个资的工作人员以及对遵守保密制度和保护个资完好承担责任的人的工作程序；若新的处理使用个资的目的符合取得该资料的目的，则处理者（持有者）有权将个资交给其他处理者进行处理（流通）。将个资交付用于不符合其取得目的的使用，要么经过主体同意，要么是在本国立法直接规定时才可实施。在将个资移交给其他处理者时，由其承担遵守保密制度的义务。

处理者最主要的义务包括：第一，消除个资流通、保存、处理中的违反立法的行为（第25条）。在对处理者的义务的配置上，注重根据场景化进行不同的义务配置。

一是在发现违法流通（处理）个资时，根据个资主体的请求或主管机关

---

[1] 20 лет Гражданскому кодексу Российской Федерации: итоги, тенденции и перспективы развития. Материалы Международной научно-практическоей конференции (Ульяновск. 12 декабря 2014г.) /ФГБОУ ВПО 《Ульяновский государственный университет》 / под ред. Н. А. Баринова, С. Ю. Морозова. -Москва: Проспект, 2015. С. 79.

[2] Федосин А. С. Защита конституционного права человека и гражданина на неприкосновенность частной жизни приавтоматизированной обработке персональных данных в Российской Федерации. Автореферат дис. канд. юрид. наук. М. : Изд-воМордовского университета. 2009. с. 7.

的要求，处理者有义务封存正在被违法处理的个资，或若个资是由其他人根据处理者的委托而进行处理时，则保障自发出或取得前述要求时起在整个审查期间封存个资。

二是在发现不准确的个资时，根据个资主体或主管机关的要求，处理者有义务将此类个资封存，或若个资由其他人根据处理者的委托而进行处理的，则保障自收到要求之时起在审查期间封存个资，但封存个资侵犯个资主体或第三人的权利和合法利益的除外。

三是在通过取得由个资主体或个资主体权利保护主管机关提供的信息，或其他必要文件确认不准确的个资时，处理者有义务更正个资，或若个资是由其他人根据处理者的委托而进行处理的，则保障在自提交该信息之日起的合理期限内更正个资并解除对个资的封存。

四是在发现处理者或受其委托行事的人非法处理个资时，处理者有义务立即终止，或保障按照其委托行事的人终止对个资的非法处理。不能保障个资处理之合法性，则处理者在相同期限内有义务销毁这些个资或保障销毁之。处理者有义务通知个资主体消除所产生的违法行为或销毁个资，若请求是由个资主体权利保护主管机关发出的，则也有义务通知该机关。

五是个资处理目的达成时处理者有义务终止个资处理，或若个资是由其他人按照处理者的委托而进行的，则保障其终止并销毁个资，或保障其在不超过自个资处理目的达成之日起 30 日内销毁之，但处理者和个资主体之间的合同或本国立法有不同规定的除外。

六是在个资主体撤销对其个资流通（处理）的同意时，处理者有义务立即终止其流通（处理），或若个资流通（处理）是由其他人根据处理者的委托而进行的，则保障终止其流通（处理）。

七是在所保存的个资超过处理目的所必要时，处理者有义务销毁此类个资，或若个资是由其他人根据处理者的委托而进行流通（处理）的，则保障在不超过自收到前述撤销之时起 30 日的合理期限内销毁之，但处理者和个资主体的合同或本国立法有不同规定的除外。

八是在无法于所规定的合理期限内销毁个资时，处理者封存此类个资，或若个资是由其他人根据处理者的委托进行流通（处理）的，则保障进行封存并在不超过 6 个月的期限内销毁之，但本国立法规定了不同期限的除外。

第二，处理者和持有者对个资的保密和安全保障义务（第 27 条）。规定处理者保障保密和安全的义务，即在流通和（或）处理个资时有义务采取必要的法律的、组织的和技术的措施，或保障采取这些措施，以保护个资免受非法或偶然的获取（但公众可获取资料除外）、销毁、更改、封存、复制、提供、传播，以及免受对个资或个资使用的其他非法行为。也具体地规定了处理者安全保障义务的内容，包括：确定在个资处理或流通时的个资安全威胁；适用履行立法所规定的个资保护要求所必要的保障个资处理和流通时的安全组织和技术措施；适用本国立法所规定的对信息保护手段一致性评估程序，但没有规定的除外；在信息系统、个资库投入使用前，对所采取的个资安全保障措施的效用进行评估；对个资的机器（包括电子）载体进行清点登记，并监督其使用；发现非法获取个资的事实并采取措施恢复保密制度和个资安全，消除因非法获取个资所造成的损害；恢复因非法获取而被修改或被销毁的个资；设立获取在信息系统、个资库中所处理的个资的规则，在法律规定时保障将所有对在信息系统、个资库中的个资所实施的行为进行登记和清点；监督所采取的保障个资安全和信息系统、个资库的相应保护等级的措施。

第三，处理者执行个资主体终止流通或处理个资的请求（第 28 条）。包括：通过封存第三人对个资的获取，或销毁个资，而终止（包括公开）流通；将个资转为档案保存，剥夺第三人的获取权；终止提供包括在个资查询系统中对个资的链接，但该请求因本法的规定或与其相符的本国立法的规定而不能执行的除外。

处理者有义务包括在处理者互联网官方网站上，提供关于个资主体发出终止个资流通（处理）的请求的方式和程序的公开信息。

个资主体终止个资流通的请求应在最短期限内被执行。在收到个资主体终止个资流通请求时，处理者有权：审查本国立法所规定的个资主体有义务提供的信息的完整性；在发现所提供的信息不完整时一次性向个资主体要求提供补充信息，此时执行个资主体请求的期限在收到补充信息之前中止；在所提供的信息仍然不完整时拒绝满足个资主体的请求。终止流通（处理）个资请求的执行应排除在处理者和（或）个资主体所在国司法管辖区内的第三人获取已经被终止流通（处理）的个资之可能性。

对不执行或不适当执行个资主体终止个资流通（处理）的请求，本国立法可规定足以迫使处理者及个资查询系统处理者善意执行个资主体的请求的责任。

示范法所规定的终止个资流通的机制较 GDPR 更详细，且权利和义务配置也更合理，亦提出了对执行终止个资流通请求的实质性标准，即"排除处理者和（或）个资主体所在国司法管辖区内第三人获取被终止流通（处理）个资之可能性"，实现终止流通（处理）个资之途径比 GDPR 所提出的删除权（被遗忘权）更有力。

第四，个资的匿名化及与之相关的法律后果（第29条）。为进行统计性的、社会学的、医学的和其他类似的研究，处理者有义务将所使用的个资匿名化，此时取消个资保护法律制度。该示范法提出了自己的匿名化标准，即"应排除识别个资主体的可能性"，若匿名化不能达到该标准时，个资保护制度将继续适用，"在实施匿名化行为之后，识别个资主体的可能性仍然保留，则个资保护制度不取消"。

第五，负责人和从事个资处理的其他人因获取个资而产生的义务（第30条）。因其职务义务或参与个资之流转（处理）而知悉个资的其他人承担保障个资保密之债，并履行保密之责任。

第六，处理者封存和销毁个资（第31条）。在非法收集、使用、流通个资，包括第三人使用处理者所提供的在信息系统中的机会时；在个资保存期限届满后，但本国立法规定将其作为档案文件保存之可能性的除外；在个资的搜集和（或）流通目的达成的情况下，但本国立法规定将其作为档案文件保存之可能性的除外。

有关处理者的规定占据了示范法文本近1/3篇幅，成为最显赫的一章，构成了调整个资关系的最重要最核心的部分；根据不同的场景设计处理者不同内容的义务配置，以便处理者更方便找到并执行在具体场景下其所承担的义务。

五、对个资流通的国家调整

个资流通的国家调整，主要包括个人资料主体权利保护机关（下称"保护机关"）的法律地位及其权利和义务、作为国家调整手段的个资的软件技术保护和个资保护的法律机制，包括作为国家调整手段（而不是个资主体权利）的个资的封存与销毁，以及对违反个资立法的责任。在个资立法上，具有"公法与私法保护并重的综合性保护"[1]特点，并非单纯的私法保护，突破单纯的民法权利思维"高估权利及请求权对法律生成的作用""忽视权利运行的公共社会基础和义务底色"[2]的缺陷。

（一）保护机关的法律地位、权利与义务

保护机关的定位为"被授权履行对个资立法之遵守实施监察和监督，包括按照个资主体的要求保护个资主体的权利"的国家机关（第32条）。对该机关的职能由哪个国家机关或设立何种国家机关，没有作出统一要求，而是留归成员国立法规定。但第33条明确规定了该机关的权利和义务。

首先，明确规定了其七项权利：向自然人或法人，及国家权力机关（地方自治机关）及其分支机构要求为履行权限所必要的信息，且可无偿取得该信息；审查在意图使个资进入流通（处理）的通知中所包含的信息，或要求其他国家机关在职权范围内参与实施该审查；要求处理者更正、封存或销毁不准确的或非法取得的个资；按照本国立法规定的行政程序，限制获取违反个资立法而流通（处理）的信息；按照本国立法规定的程序作出暂停或终止违反本国立法要求而实施的个资流通（处理）决定；向法院提出保护包括不特定范围人群的个资主体权利的诉讼请求，并在法院代表个资主体的利益；在发现个资领域中的重大违法行为时，向履行处理者（持有者）活动发放许可的机关发出建议。

其次，明确了其七项义务：按照其职责向护法机关发送用以决定是否提起与侵犯个资主体权利有关的刑事案件或行政违法案件的材料，及在拥有相应权限时主动令违法者承担责任；按照本国立法要求组织个资主体权利保护；审理公民或法人就有关个资流通（处理）有关的问题的投诉和来函，并在自己权限范围内根据对前述投诉和来函的审理结果作出决定；办理处理者（持有者）登记簿，但本国立法没有规定该登记簿的除外；实施旨在完善个资主体权利保护的措施；按照本国立法规定的程序根据被授权在保障国家信息安全和（或）信息技术保护领域中的国家机关的建议采取暂停或终止个资流通（处理）措施；通知国家机关及按照其要求通知个资主体关于保护个资主体权

---

〔1〕 程啸：《民法典编纂视野下的个人信息保护》，载《中国法学》2019年第4期。
〔2〕 梅夏英：《民法权利思维的局限与社会公共维度的解释展开》，载《法学家》2019年第1期。

利保护领域中事务的状况。

与俄个资立法基本相同，注重该机关与护法机关、司法机关及其他国家机关的协调配合与职能衔接，但也有其不同之处，如是否赋予保护机关参与国际合作职能，是否承担办理处理者（持有者）登记簿义务等，[1]则委诸成员国自主决定。

（二）国家调整个资流通的手段

国家调整个资流通的手段主要有五种：对有关活动的许可（第 26 条），即本国立法可设定对与处理、流通和（或）保存个资或某些类型的个资有关的，及与生产和（或）维修个资保密设备有关的活动的许可义务；个资的软件技术保护（第 34 条），即为保护以电子形式进行收集、保存和传播的个资，本国立法规定使用软件技术保护设备，以阻止非法获取、复制、修改、传播和（或）销毁个资，对于特种个资可规定强制使用经认证的设备；个资保护的法律机制（第 35 条），即本国立法规定有效保护个资和个资主体和处理者的合法利益的法律机制，对个资的收集、流通、传播、提供、保持其完整性和不可侵犯性、终止个资处理、交换个资的要求，对个资行为投诉的有效接受和处理机制，对违反个资立法的行为（包括违反个资主体的合法要求）的责任水平；封存和销毁个资（第 36 条），在发现违反其收集和（或）处理规则的事实时封存个资，[2]在保存期限届满后和（或）所预定的目的达成时及在非法保存（使用）个资时，销毁个资；对违反个资立法要求的行为的责任（第 37 条），由本国立法对违反个资立法的要求的行为规定符合其所造成的损害程度的刑事责任、行政责任、民事责任，这就意味着违反个资立法的行为的责任，根据其所造成损害之严重程度，可能由刑法、行政法和民法分别或是共同调整。

六、结语

新版示范个资法，相比于旧版，具有与时俱进的时代特色。首先，个资

---

〔1〕 参见张建文：《俄罗斯个人资料法研究》，载《重庆大学学报（社会科学版）》2018 年第 2 期。

〔2〕 参见曲颂：《俄罗斯重视保护公民互联网隐私》，载《人民日报》2016 年 1 月 8 日，第 21 版。

流通被放在更重要的位置上，成为与个资处理同等重要（甚至是更重要）的个资法调整对象，"个资流通的调整"和"个资流通的国家调整"成为独立部分，较之于欧盟的个资保护立法，也不失其创新性；其次，规定更为详尽的与个资保护有关的立法概念，诸如个资、个资的流通与处理等立法概念，在正确调整有关个资的法律关系方面极其重要；再次，个资主体的权利群与处理者（持有者）的义务群，是个资立法的两大根本内容，处理者（持有者）的义务按照个资流通和处理的阶段与行为类型进行了细致缜密的义务群的设置；最后，在个资流通的国家调整方面，亦不乏创新，如保护机关的设置没有追随欧盟独立机关模式，通过设置处理者（持有者）登记簿制度，以登记制度帮助个资主体和处理者（持有者）行使权利和履行义务。

示范法对成员国无直接约束力[1]，而是以其优良立法质量吸引成员国将其整体或部分引入本国法律，其本身具有相当高的质量和有益的创新。对亟须以法律手段[2]破解大数据时代公民隐私困境[3]和打牢数字经济发展地基[4]，把握全新数字经济[5]发展机遇[6]的中国，当不无借鉴价值。

---

[1] 参见《独联体成员国示范民法典》，张建文译，法律出版社2014年版。

[2] 参见谢仕亮：《数据开放共享 首席隐私官来护航》，载《深圳特区报》2019年9月9日，第A02版。

[3] 参见顾理平：《大数据时代中国公民的隐私困境》，载《环球时报》2019年5月17日，第15版。

[4] 参见李斌：《个人信息，利用好更需保护好》，载《人民日报》2018年6月15日，第5版。

[5] 参见马长山：《人工智慧与未来法治》，载《河北法学》2018年第10期。

[6] 参见张云勇：《让信息安全为大数据发展保驾护航》，载《人民政协报》2018年8月30日，第3版。

CHAPTER 17 第十七章

面向人权保障的国有财产立法

——独联体成员国《示范国有财产法》述评

2017年3月27日，独联体成员国议会间大会第46次全体会议以第46-6号决议通过了独联体成员国《示范国有财产法》（以下简称"示范国有财产法"）。

值得说明的是，在独联体成员国示范法运动中，示范立法可以分为两类：示范法典和示范法律（示范法）。二者的不同之处在于前者调整范围更为广泛且立法技术更为体系化，而后者主要是针对某具体类型的社会关系进行法律调整的立法，调整对象相对要单一些；二者的共同点在于都是具有推荐性的立法文件，不具有强制约束力，但是由于二者都是经过独联体成员国特别是俄罗斯的法学家们长期进行研究而起草并经议会间大会正式通过，具有极高的学术价值和参考意义，而且独联体成员国为示范法的国内适用建立使用、监督和完善的机制，对独联体成员国的国内立法具有重要的借鉴意义。[1]

到目前为止，无论是在时间意义上，还是在立法创制意义上，这都是全球范围内最新且最具创新性的国有财产法。从独联体成员国作为前社会主义国家而言，这部以实现促进独联体"议会间大会成员国立法的接近化（统一化）目的和独联体一体化发展任务"[2]为己任的示范国有财产法也是对深受苏联传统社会主义国有财产法影响的国有财产立法的革命性决裂性转变，彻底放弃或者说摆脱了苏联传统社会主义法对国有财产立法的影响，如放弃了国家专有财产的模式。从独联体成员国作为大陆法系成员而言，这部示范国有财产法明确地回到大陆法系关于国有财产的类型划分与功能定位之中，而

---

[1] 参见《独联体成员国示范民法典》，张建文译，法律出版社2014年版，第10~11页。
[2]《独联体成员国示范民法典》，张建文译，法律出版社2014年版，第4页。

且与传统大陆法系国家所不同的是其以立法文本和立法条文的形式接受传统大陆法系国有财产法的理念和实践,如不可交易国有财产与可交易国有财产、国家公产与国家私产、国有财产的目的性用途以及国有财产所负担的人权保障目的与功能等。更为重要的是,这部国有财产法还规定了互联网(Internet)在国有财产法上的地位和功能,即作为不得特定化为权利客体之国有财产法律制度,这就意味着互联网不是物,而且不能成为个人拥有之对象,这是对罗马法"共用物"制度的最新发展。

因此,笔者认为,有必要以该示范国有财产法之文本为基础,对其内容、地位、作用以及其创新与发展作一述评。

一、国有财产的概念、构成与管理创新

在示范国有财产法调整对象意义上的国有财产被理解为"任何依照法律、法律行为或者其他依据由国家整体或者被宪法或本国立法赋予作为财产所有权人之法律能力的(包括自治区域团体的)具体国家组织(地方行政单位等等)取得所有权的动产或者不动产"(第2条第1款)。

该示范法以"国家和其他国家组织取得、行使和登记对其所属财产之所有权的关系"为自己的调整对象。实际上,广义的国有财产法在法律适用上,不仅仅是国有财产法的规范,还有民事立法和行政法以及其他公法的规范。前述国有财产法调整的关系的主体可以是国家和其他国家组织,也可以是自然人(公民)和法人。在国有财产法规范未予调整的部分,可以适用民事立法,如对作为民事法律关系参加者的国家和国家组织可以适用民事立法关于法人的规范,但国家立法和关系的实质有不同规定的除外,而在国家机关权限实现的部分则可以适用行政法和其他公法(第1条)。

根据各成员国的国家立法和各国国家制度,统一的国有财产基金[1]可以划拨给国家所有和国家组织(如联邦主体、自治国家组织等)所有,同时区分出自治区域团体的特别所有权形式(公社所有权、自治市所有权等)和作为全民财产由国家为了公共利益而管理的公众用国有财产(государственное

---

[1] 在俄罗斯法上所使用的"统一的国有财产基金"的术语实际上是指各类国有财产构成了一个统一的财产集合,包括了各种动产、不动产以及不动产权利等,但尚没有移转给其他公法主体所有,也没有划拨或提供给其他主体进行业务使用或经营管理。

имущество общего пользования)（第 2 条第 1 款）。

国家所有权由国库财产和划拨给依照本法与本国立法不取得其所有权的或者在国家法律允许的情况下取得信托所有权的国家组织的财产，以及交付给私人信托管理的财产构成。国库[1]由国家预算资金、黄金外汇储备和钻石基金、地下资源、水资源以及其他自然资源，以及其他没有划拨给国家法人也未交付信托管理的国有财产构成。国家组织的财产由国家组织的公库财产和依照本法和本国立法划拨给未取得其所有权的国家法人的财产和交付信托管理的财产构成。地方预算资金和其他没有划拨给国家法人也未交付信托管理的财产构成地方公库（第 2 条第 3 款、第 4 款）。任何形式国家所有的财产均可依据经营管理权或者业务管理权划拨给国家法人或者交付私人信托管理（第 2 条第 5 款）。

信托的机制被引入国有财产的管理之中[2]，这是示范国有财产法彻底摆脱传统社会主义国有财产法理念的影响，趋近市场经济体制契合自由民主理念的关键一步。对于大陆法系国家的独联体成员国而言，引入和承认信托之制度与机制，有待作为民法特别法之信托法的特殊规定。[3]但是尽管在 1995 年信托制度以财产信托管理制度的名义被引入《俄罗斯联邦民法典》，但是俄罗斯国内的评价并不积极，认为"信托所有制或信托管理虽然是新生事物却既得不到公民的，也得不到法律工作者们的热情支持和理解"，究其原因在于"信托制度在我们这里没有像在它的家乡——盎格鲁撒克逊普法法系国家里形成的那种土壤"。[4]但是无论如何，在包括俄罗斯在内的整个独联体成员国范围内，财产信托管理制度被以债之合同的形式规定在《独联体成员国示范民法典》之中，作为示范法典推荐给各独联体成员国采用。[5]

在国家法律允许的情况下，也可以将国家所有权移转给国家设立的公法

---

[1] 在俄罗斯法上，国库和公库的概念有所不同，前者专门指称国家层面意义上的国库，这是国家作为主体意义上的国库，是狭义的国库，而公库则是属于地方自治组织的，不是国家的。公共所有权的构成包括了国家所有的财产和地方自治组织所有的财产，地方自治组织不属于国家机关序列。

[2] 参见［日］大圬芳司：《日本国有财产之法律、制度与现状》，黄仲阳编译，经济科学出版社 1991 年版，第 204 页。

[3] 参见王志诚：《信托之基本法理》，元照出版有限公司 2005 年版，第 13 页。

[4] ［俄］M. H. 马尔琴科：《国家与法的理论》，徐晓晴译，中国政法大学出版社 2010 年版，第 169 页。

[5] 参见《独联体成员国示范民法典》，张建文译，法律出版社 2014 年版，第 200~203 页。

公司信托管理或者信托所有。处于个别国有单一制企业和机构掌管中的，以及交付信托管理或者信托所有的国有财产法律制度之特殊性由特别立法规定之（第2条第7款、第8款）。

二、国有财产的类型：以不可交易国有财产为核心

根据该法第3条的规定，国有财产被划分为禁止民事流通财产（不可交易财产，внеоборотное имущество）和可进入民事流通财产（可交易财产，оборотное имущество）。可交易财产可以直接属于国库或者依照特别立法规定的程序以限制物权划拨给国有单一制企业或者以其他权源划拨给他人。不可交易财产划分为两类：一是公众用国有财产，即"为国家所有且预定用于公众使用，不得特定化为国家所有权的客体"；二是属于公共财富的国有财产，即"为国家专有财产，但此时已经特定化为国家所有权之客体的财产"。该不可交易的国有财产的含义，与大陆法系国家特别是德国法上广义公产的概念范围相若，"包括了所有直接供大众福祉或者行政主体自身（持续）需要使用的财产，它们受公法通过命名所确定的目的性约束"[1]，但是在范围上小于大陆法系国家通常的范围，如该法仅将"公众用机动车道，依法属于国家所有的地下资源、林业基金和水资源，国家疆域内的动物资源"纳入公众用国有财产的范围，而大陆法系国家通常的范围会包括海洋、海岸、河流、运河以及含义更广泛的地面交通道路（公路、铁路）以及用于公共事业的建筑和土地等。[2]在该法中实现了俄罗斯学者们引入"全民财富"（общенародное достояние）概念的观点，他们认为，它"不是一个近似于所有权的现象，而是国家所有权所必须具备的特征"，因此，他们建议将"民族（人民）财富"［национальное（народное）достояние］[3]作为一种特殊的公共（国家）所有权的法律制度。[4]

---

[1] [德]汉斯·J.沃尔夫、奥托·巴霍夫、罗尔夫·施托贝尔：《行政法》（第2卷），高家伟译，商务印书馆2002年版，第456页。

[2] 参见[法]莫里斯·奥里乌：《行政法与公法精要》（下册），龚觅等译，辽海出版社、春风文艺出版社1999年版，第848页。

[3] Антон Петрович БИБАРОВ-ГОСУДАРЕВ. Публичная собственность, национальное достояние, общее благо. Вестник ТГУ, №9 (149), С- 172.

[4] Андреев В. К. О праве частной собственности в России. М., 2007. С. 43; Мазаев В. Д. Публичная собственность в России: конституционные и основы. М., 2004. с. 58 - 63.

可交易物与不可交易物（resextracommercium）的区分并不稀奇，在罗马法中已经存在，根据盖尤斯的说法，人法物与神法物是其最基本的分类。[1]在该区分之下，区分为神法规定的不可有物与人法规定的不可有物。[2]不可有物与不可交易物的概念着眼点有所不同，前者着力于不可拥有其所有权之意，后者则强调其不可交易之特性。但在该示范国有财产法中，二者已经趋近于同义，从公众用国有财产之表述可知，尽管强调其处在国家所有之中，但是"不得特定化为国家所有权的客体"（без его индивидуализации в качестве объекта права государственной собственности），蕴含了国家不得将其私有化之限制，国家的角色将主要是为公共利益而管理该财产之义务主体，而非所有权人自由处分之权利主体，颇具"不属于任何人而属于共同体的财产"的意思。根据该法第13条关于不得特定化为权利客体之国有财产法律制度的规定，不是物而且无能力成为个人拥有之对象的国有财产，共有五类：一是"电子信息通信网络-因特网"（Интернет），它"体现为用以按照通信线路传输借助于计算技术设备可以获取的信息的技术系统"；二是大气层（атмосферный воздух）；三是空气空间（воздушное пространство）；四是无线电频谱（радиочастотный спектр）；五是其他类似身体之外的具有空间界限的属于公众用国有财产的客体。该类国有财产的特殊性：其不具备物权法上之物所要求的单独特定的物的要素因而不是物，该类财产被排除在物权法意义上单独特定的物（有体物）的范围之外；其拥有空间上的界限；不能成为个人拥有的对象；属于公众用国有财产，也就是说要服务于提供给公众一般使用的目的。

其所具有时代意义的创新在于其构成范围之变化。因为即使在苏维埃时期不可交易物的概念也是存在的，如苏维埃时期的国家专有财产，包括土地、矿藏、水流和森林等是不能移转给个人和其他社会团体所有的，只能移转使用权[3]，但是在苏联解体之后，俄罗斯土地逐渐成为可以流通之物。[4]

---

[1] 参见《学说汇纂》（第1卷），罗智敏译，中国政法大学出版社2008年版，第153页。

[2] 参见［意］桑德罗·斯奇巴尼选编：《物与物权》，范怀俊译，中国政法大学出版社1999年版，第2、8页。

[3] 参见［苏］玛·雅·克依里洛娃：《苏维埃民法》（上册），北京政法学院民法教研室1958年版，第90页。

[4] 参见鄢一美：《俄罗斯当代民法研究》，中国政法大学出版社2006年版，第186页。

第十七章 面向人权保障的国有财产立法

根据该法第 4 条，不可交易国有财产的构成由本法和特别法规定。如果本国立法没有不同规定，则公众用国有财产包括：公众用机动车道；依法属于国家所有的地下资源、林业基金和水资源；国家疆域内的动物资源。"属于由于自己的自然特性或者自己的特别用途而不得成为私人法律关系之标的之物。"[1]

而属于公共财富的财产范围比较广泛，包括：军人和公民墓地占用地块；国家主管机关按照法定程序规定的目录内的麻醉药品和精神药物；化学武器，保存和销毁化学武器的设施；国家主管机关按照法定程序确定的目录的核材料和设备；属于卫星导航系统且依靠国家预算建造的航天器和地面航天基础设施；国家授时标准和保障国家时间服务与确定地球旋转参数的精确时值信息发送设备；国家安全事务、国家防务、对外侦查、安全、海关与边境事务（海关服务企业除外）、侦查机关、检察机关和司法机关，其他保护法律秩序的事务和机关的设施、企业、军事的和其他财产；依据业务管理权划拨给国立高等和中等专门教育机构的，以及划拨给居民社会保护系统的保育院、用于孤寡老人的特别之家、残疾人康复中心的国有不动产和特别珍贵的动产；以国家预算或者苏联的联盟预算创建和加固的国家天文地理、水准和重力测量网络，包括大地测量点的坐标和高程、重力测量点的重力值目录，卫星图像和航空拍摄的初始资料，地形的、重力的、地理的、专题的、特别的、数码的、电子的以及其他类型的地图、图表和图册原件，保存在部委的专门地形地理基金中的历史地图、图表和图册；划拨给执行与国家防务需求有关的地区地质研究、在大陆架和海洋经济专属区范围内工作的地质服务组织，以及依照该国政府批准的特别目录执行旨在实现国家发展海洋矿藏基础的国家基础科学研究项目和试验设计工作的地质服务组织的企业、设施和特别珍贵的国有动产，包括为此规定的海洋船舶；位于对采掘人或者其他企业颁发了采掘许可证的采矿权或者区域范围内的深孔钻井，以及国家钻井监控网络和石油天然气井喷监测点的设施；划拨给依照法定程序被授予学术剧院称号的国立剧院机构、国立科学院和国立博物馆机构的国有不动产和特别珍贵的动产；国家驻外代表处设施；国家渔业情报与科研船队的设施与企业；地铁设施；

---

[1] Римское частное право：Учебник/Под ред. И. Б. Ноыицкого и И. С. Перетерского. - М.：Новый Юрист，1997. C. 148.

其他依照本国立法规定程序归属于公共财富的财产。

不可交易国有财产法律制度的内容中，最为重要的是不可交易国有财产之不可交易性。为了保障不可交易国有财产之不可交易特性，首先，要从正面规定"不可交易国有财产不允许私有化"（第4条第1款），规定"不允许依照取得时效或者法律规定的其他违背前所有权人的意愿取得所有权的方式取得对不可交易国有财产之私人所有权"（第4条第5款），该条款看起来类似于社会主义时期的社会主义财产不能根据占有时效而被取得，[1]但实际上具有实质性差别，苏维埃时期社会主义财产的构成范围无限广泛，而在该法中构成不可交易国有财产的范围是极端有限的，仅限于前述法律所列举的内容，前者是为了保障国家对所有自然资源和生产资料的垄断，而后者是为了提供公共服务，保障国计民生。但是也有学者认为，不必禁止因时效取得该类公物，只要未废止公用，适用公用之限制即可。[2]其次，还从反面规定，"在不可交易国有财产被交付其管理的人非法转让时，该财产视为违背国家意愿而脱离其占有之物，并应当从其任何后手取得人的占有中追回，无论其取得该财产的情节、其善意和法律规定的诉讼时效之届满"（第4条第4款）。该款规定意味着，无论取得人以何种方式从何人处取得属于不可交易的国有财产，在面临来自作为公共管理人的国家的追索时无权提起善意取得之诉来保护自己，因为立法以公共财富所蕴含的公共利益价值导向为基础，以强制性规范的形式，明确了不可交易国有财产为任何非国家者所取得，均为违背国家意愿脱离国家占有的情形。俄罗斯联邦宪法法院在最新的判决中也再次确认所有权人有权在该财产违背其意愿脱离所有权人占有的情况下向善意取得人追回属于他的财产的规定之合宪性。[3]

尽管不可交易国有财产不得私有化，但是，为了保障最有效地按照不可交易国有财产的用途之利用，在国家法律允许的情况下许可按照特别法规定的程序将其具体客体移交国家设立的公法公司信托管理或者信托所有（第4

---

[1] 参见［苏］П·И·库德利雅夫采夫主编：《苏联法律辞典第一分册（民法部分选译）》，法律出版社1957年版，第3页。

[2] 参见翁岳生编：《行政法》（上册），中国法制出版社2002年版，第467页。

[3] Постановление Коистиционного Суда Российсой Федерации по деду о проверке конституционности положения пункта 1 статьи 302 Гражданского кодекса Российской Федерации в связи с ждалобой гражданина А. Н. Дубовца. 22. июня 2017 года.

条第2款)。此外,具体不可交易国有财产的客体可以按照特别法规定的程序以业务管理权或者国家法律规定的其他类似物权划拨给国有单一制企业或者机构(第4条第3款)。

此外,该法还规定了一个最重要的条款,即公共财富法律地位丧失的法律后果,也就是说"公共财富的客体只有在依照法律规定的程序丧失公共财富的地位时才可变成可交易财产"(第4条第6款)。

三、国家所有权的行使:以国有财产的目的性用途为核心

(一) 国家所有权严格目的性的一般规定

在国家所有权的行使中,最为重要的是关于国有财产目的性用途的规定。这种目的性用途是非常严格的,直接决定了国有财产的行使界限和目的。根据该法第6条第1款的规定,"国家所有权具有严格的目的性。只有为国家履行其公共职能所必要的财产方可属于国家"。该规定是对传统社会主义模式的国家所有权理念和法律地位的彻底否定,首先意味着号称要"服务于为满足人民群众不断增长的物质和文化需要",被视为"社会主义社会及其全体公民赖以发展的经济基础"[1]的国家所有权的专断自由、专有的投资自由被彻底抛弃;其次意味着国家的功能决定着国家所有权的功能,国家所有权成为国家履行公共任务的工具。[2]"国有财产应当是工具性的,应该为实现和保护公民的财产利益和其他合法利益服务。"[3]

国家所有权的这种严格目的性也意味着国家所有权在整个财产法体系中地位的本质性变化:从主导性的所有权形式转变为非主导性的所有权形式,国家所有权就其体量和范围而言在苏维埃时期的经济中占据了绝对性优势地位,因此它对社会主义社会的社会面貌、经济结构产生了决定性的影响[4];从苏维埃式的国家对社会的政治领导与经济领导的统一转变为民主自由体制

---

[1] [苏]柯舍列夫:《论社会主义财产》,达克译,苏北新华书店1949年版,第15页。

[2] 参见张建文:《转型时期的国家所有权问题研究:面向公共所有权的思考》,法律出版社2008年版,第71页。

[3] 童之伟:《〈物权法(草案)〉该如何通过宪法之门——评一封公开信引起的违宪与合宪之争》,载《法学》2006年第3期。

[4] Иоффе О. С. Избранные труды: В 4т. Т. Советское гражданское право. СПБ. : Издательство Юридический центр Пресс, 2004. С. 414.

中仅为履行其公共职能所必要的财产才可属于国家，而在此之前国家既是政治权力机关，同时也是经济职能的承担者，还是国家所有权的主体；从作为其他所有制形式和类型的本质的决定者转变为对其他所有制形式和类型的服务者，而在此之前国家所有权的特点和内容直接决定了其他所有权类型的本质，因为"它们都是基于土地，而生产资料属于国家"。[1]正如梅德韦杰夫所说，"国家对于所有权不尊重，这是俄罗斯的历史问题之一，应通过法律手段彻底解决"。[2]

由此决定了不可交易国有财产在以下两种情形发生时应予以相应处理，也就是不可交易国有财产与可交易国有财产之间的类型转换：一是属于公共财富但实际上又没被用于保障履行公共职能的不可交易国有财产，应当在自出现其没有被用于保障公共职能履行之时起1年内由国家主管机关使之适合于履行该类职能；二是在该财产不可能继续为保障履行公共职能而使用时应当在自出现其不可能继续被用于保障公共职能履行时起1年期限届满后按照法律规定程序转入可交易国有财产之构成（第6条第2款、第3款）。在这种情况下，该财产应当依照特别法规定的程序依据限制物权划拨给国家单一制企业或者依据其他权源划拨给其他人或者纳入国有财产私有化计划。值得注意的是，这里所谓的划拨给国家单一制企业或者其他人以及纳入国有财产私有化计划的情形，与前述不可交易国有财产的不可交易性的本质性规定并不矛盾，因为在这里不可交易国有财产已经由国家主管机关通过特别法规定的程序将其目的性用途取消，其法律地位已经从不可交易的国有财产转变为可交易的国有财产。

同样，在出现可交易国有财产事实上没有被利用的情况下，它应由主管国家机关在其没有被使用的情形出现时起1年内按照特别法规定的程序依据限制物权划拨给国家单一制企业或者依据其他权源划拨给其他人或者在前述期限届满之后纳入国有财产私有化计划（第7条第4款）。

这种国有财产的类型转换程序对国有财产而言具有重要意义，不仅是不可交易国有财产到可交易国有财产的名义之转变，更重要的是其所适用的法律制度之转变，意味着该国有财产所负担的交易禁止被撤除，从而可以进入

---

[1] В. И. Ленин. Полн. Собр. Соч. , т. 45, стр. 375.
[2] 赵嘉麟：《梅德韦杰夫传》，湖北人民出版社2008年版，第75页。

民事流转领域，在该领域中，国家将作为平等的民事法律关系主体居于与私人同等的地位，实施可交易国有财产的处分行为。该规定属于程序性规范，这就构成了该示范国有财产法的程序法与实体法兼具、以实体法为主的立法特色。

（一）国家所有权严格目的性之人权保障目的

在独联体成员国内，特别是俄罗斯，"其历史与其他欧洲国家的历史之间一个根本性的不同就是财产发育的不足"，"在苏联时代达到巅峰状态的极权主义可以追溯到俄罗斯历史上长期实行的家长式专制的政府体制（patrimonial system of government）。这一体制没有把统治权和财产权区分开来，让沙皇同时担任其王国的统治者和所有者的角色"，因此，在走上民主化道路时，就特别强调对人权的保障，正如历史所表明的"财产可以与专制甚至压迫性政权共存，而民主如果没有财产就不行"。[1]苏联解体后，在人权问题上俄罗斯调整国内立法[2]，以符合《欧洲人权公约》规定的标准[3]，并接受欧洲人权法院的司法管辖，全面贯彻人权高于主权原则。[4]

国有财产之保障人权目的最为明显的特征就是规定"在实现国家所有权时保障和保护人和公民的权利与自由"（第7条）这一基本价值追求，明确要求"在实现国家对其所属财产之所有权时应当保障人和公民之权利与自由之实现与保护"，特别申明，"国家实现所有权不得导致对私人所有权之限制"。这种规定体现了从传统社会主义国家的所有权结构模式向资本主义市场经济的所有权结构模式的转变和调适，而且意味着这种转变和调适的完成和基本实现，"国家所有权在市场经济比重中不占据主导地位，但是却发挥着基础性的、支撑性的作用，受到严格的公共利益目的的拘束和民主国家、法治国家和社会国家理念的严格约束"。[5]

---

〔1〕［美］理查德·派普斯：《财产论》，蒋琳琦译，经济科学出版社2003年版，第1~2页。

〔2〕К. А. Кирсанова. России и Совет Европы：20 лет вместе Проблемы российского права. 2016. 2016. No2，С. 22-23.

〔3〕Петухова Н. Ю. Последствия возможного выхода России из-под юридикции Европейского Суда по права человека. Евразийская адвокатура. 2015. No 5. С. 61.

〔4〕参见王志华：《俄罗斯与欧洲人权法院二十年：主权与人权的博弈》，载《中外法学》2016年第6期。

〔5〕张建文：《转型时期的国家所有权问题研究：面向公共所有权的思考》，法律出版社2008年版，第121页。

(三) 国家所有权严格目的性之公私利益平衡

保障私人利益和公共利益的平衡也是国家所有权所要实现的目的性用途的重要内容。根据第 8 条的规定，明确要求"在实现国家对其所属财产之所有权时还应当保障私人利益与公共利益的平衡"（第 1 款），而且"公共当局在调整公众用国有财产自由使用时（при регулировании свободного использования государственного имущества общего пользования）的规范创制活动与法律适用实践应当仅依据为了保持独立使用者的利益平衡、维持一般使用秩序、保护公共利益的需求而确定"（第 2 款）。也就是说，在有关公众用国有财产的规范创制活动与法律适用实践中，必须考虑诸多使用者利益的平衡、维持一般使用秩序和保护公共利益三项原则。

(四) 国家所有权严格目的性之国家机关决定的合法性判定

为了保障国家所有权严格目的性在国有财产管理权限划分以及国家机关的管理活动中得到贯彻和实现，示范国有财产法特别规定了国家机关管理权限的划分和国有财产管理机关决定的合法性问题（保护公民和法人的权利与合法利益问题）。

在国家机关管理国有财产权限的划分上，明确了"国家作为对其所属财产所有权人的权能由国家权力机关在其执掌范围内行使"，特别指出，"立法权力机关颁布规定国有财产管理及其私有化的原则与程序的规范性文件"，"除本国立法有不同规定，立法权力机关无权对具体的国家所有权客体发布指令性文件"（第 10 条）。

在国家机关决定的合法性问题上，一是强调国家立法可以作为作出决定的依据，规定"国家机关可以依据并按照有效立法在相应国家机关的执掌范围内作出与实现国家所有权有关的决定，且不得导致对公民和法人权利与合法利益的限制，但有效立法直接规定这些限制的除外"；二是规定国有财产管理领域中国家政策的效力问题，明确规定"国家机关与国家所有权有关的决定应当依据由相应的基本构想和其他计划文件规定的国有财产管理领域中的国家政策"，"这些基本构想和计划由主管公共权力机关至少每五年批准一次"（第 9 条），体现了国有财产管理政策的规范性效力，至少 5 年一次的时间上的限定和强制更新，使得其有机会检讨和反思国有财产管理政策的灵活性和有效性，保障国有财产管理的目的性用途的实现。

值得注意的是，在可交易国有财产的管理上，区分有效立法是否规定强制所有权登记而有所不同（第11条）。对于有效立法没有规定强制所有权登记的可交易国有财产，其国家所有权按照一般程序登记。对有效立法的一般规定并未规定对其所有权进行国家登记的可交易财产，按照本国立法规定的程序进行国有财产核资。此外，还规定了建立国有财产客体电子数据库（第12条），"国有财产客体电子数据库包含关于国有财产客体的法律的、技术的和经济的简要信息"；"依照本国立法规定的程序承担负责国有财产主体登记簿和数据库编制的国家机关和组织，向主管机关提供为建立国有财产客体电子数据库所必要的信息"，"所提供信息的种类和提供程序由本国立法规定"。

四、国家所有权取得与丧失的特别方式

示范国有财产法规定了四种特殊的取得和丧失方式，即征收（Экспроприация）、去私有化（Деприватизация）、私有化（Приватизация）和因权限划分而划转国有财产（Перераспределение государственного имущества в связи с разграничением полномочий）。这四种方式既是取得的特别方式，也是丧失的特别方式，因为一方的取得意味着另一方的丧失。

（一）征收

征收是一种比较常见的国有财产取得方式。在俄罗斯法学以及受俄罗斯法学影响的独联体成员国中，征收的概念之范围相当广泛，不但包括狭义的征收，还包括国有化和征用，以及没收。[1]值得注意的是，在当代俄罗斯法学中，国有化作为一种以规范程序剥夺特定种类的私人财产为国家所有的方式，必须是有偿的，而在苏维埃时期则既可以是有偿的也可以是无偿的，特点在于其强制性和规范性，前者意味着国有化的实施不依赖于前所有权人的意愿，后者意味着国有化不是针对任何具体的个人，而是将全部特定种类的财产无论其为何人所拥有一概收归国家所有，[2]因此，国有化之实施需要以

---

[1] Гражданское право: учебник: в 2 т/под ред. С. А. Степанова. - 2-е изд., перераб. И доп. - МОСКВА: Проспект, 2017. С. 350.

[2] Иоффе О. С. Избранные труды: В 4 т. Т. Советское гражданское право. - СПБ.: Издательство Юридический центр Пресс, 2004. С. 393-394.

特别的国有化法作为依据，到目前为止俄罗斯尚未无国有化法之存在。

该法规定了两种征收，第一种是有偿征收，这也是征收的主要方式，即"剥夺私人所有权为国家所有（国有化、征用等）仅在为满足公共需求之目的且在被剥夺之财产将由国家机关为履行公共职能而使用和在预先给予等值补偿之条件下方可允许"（第14条第1款第1段）；第二种是无偿征收，"本国立法可以规定作为对违法行为之制裁的无偿征收（没收，конфискация）"。该示范国有财产法规定了各成员国立法的权限，即"本国立法可以规定国家机关有义务实施征收的情形"（第14条第1款第2段）、"由本国特别法规定穷尽的征收理由与方式的清单和实施征收的程序"（第14条第2款）。在征收中，民事立法的规定也有适用的余地，"在实施征收时民事立法调整所有权之取得与丧失的规定，在特别法没有不同规定时可以适用"（第14条第4款）。

（二）去私有化

去私有化的概念是在以前所未知的，但是从其概念看，去私有化是指"自愿且无偿地将以前被私有化的财产从私人移转给国家所有"（第15条），其所针对的对象是曾经是国有财产但已经被私有化给私人所有的财产，其特点为自愿性和无偿性，这种情形意味着以前的国有财产被私有化给私的所有权人之后，私的所有权人又自愿和无偿地将该财产移转给国家所有。这种情形比较少见，示范国有财产法并没有具体规定可以在何种情形下以及以何种程序实施，只是规定"自愿且无偿地将以前被私有化的财产从私人移转给国家所有（去私有化）在本国立法规定的情形下以本国立法规定的程序实施"（第15条）。

（三）私有化

私有化作为一种特殊的私人取得国有财产的方式，也是一种特殊的国家丧失所有权的方式。在苏联解体后前社会主义国家选择了市场化民主化的政治经济发展道路之后，私有化成为国家政治与经济生活中的重要事务，主要是为了解决庞大的国有财产问题，其体现为如何解决国有财产的有效管理问题，如何保障形成市场经济的微观基础问题，如何保障国有财产服务于国家公共职能问题。私有化作为一种政治经济策略和手段，削减了国有财产的范围和规模，便于提高国有财产的管理效率，将部分国有财产转为私人所有又建立了市场经济的微观基础，同时，国家所保留的国有财产主要为公共性质的财产，履行保障国家公共职能和保障基本人权的作用，体现了"人权作为最高价值"，"对人权的尊重、遵守和保护构成国家的义务"。[1]

私有化意味着"依照法律规定的程序将国家所有的财产移转给私人所有"（第16条第1款）。私有化与普通的财产买卖（移转）的重要差别如下。一是在法律依据上以私有化的立法规定为主。私有化立法构成了一个特殊的立法领域，私有化立法规定私有化的形式和理由以及私有化的实施程序，而在私有化立法没有特别规定时，民事立法调整所有权取得和丧失的程序的规定也可以在私有化时适用（第16条第2款、第3款）。二是私有化必须公开进行。被授权管理国有财产的机关应当按照本国立法规定的程序在大众传媒上公布国有财产私有化的信息（第16条第4款）。

（四）因权限划分而划转国有财产

因权限划分而划转国有财产是"一种在国家和地方自治机关职能转换的情况下，在公共所有权人之间基于国家财产的分配应当与国家和其他国家组织之间事务对象与权限划分相一致原则无偿移转财产的行政法机制"（第17条第1款）。

值得注意的是，这里所说的因权限划分而划转国有财产，不是在国有财产管理机关之间进行的国有财产划转，不是作为国有财产管理方式的内部划转，而是国有财产所承载的国家所有权在国家与地方自治团体、自治机构等特殊民事主体之间发生的移转，国家所有权可能转变为地方自治组织的所有权（地方自治市所有权）、自治机构的所有权等，这是国有财产所有权的一种特别移转方式，也是通常的民法学和民事立法所不熟悉的所有权移转方式。因此，"对由于国家权力机关和地方自治机关之间的权限划分或者重划而导致国家和其他国家组织（包括自治地方团体）之间的国有财产划分和重划关系适用相应的国家公法规范"，"对此类关系的调整民事立法不适用，但国家法律有不同规定的除外"（第17条第2款）。这就意味着此类关系是公法关系，而非私法关系。

国有财产划转的依据：鉴于国有财产之目的性用途，其难以归属于以前的公法主体，包括由于曾经以相应客体保障其实现的该公法主体的权限被剥

---

[1] Права человека：учебник/отв. Ред. И. А. Лукашева. - 3-е изд., перераб. - М.：Нцрма：ИНФРА-М, 2015. C. 19.

夺；该财产可以为其他公法组织所有，使用该财产为其权力机关履行所承担的职能或者权限所必要（第17条第3款）。

五、国家所有权在国际关系中的行使

与以往作为内国法律的国有财产法不同，示范国有财产法还专门规定了国家所有权在国际关系中的行使。虽然只有一个条文，主要是规定"在与他国关系中行使国家所有权的一般条件"，但是该条并非仅仅有关国有财产的国家豁免，还规定了通常社会主义类型的国有财产法所不会规定的内容。

首先，规定"本国尊重他国的所有权并要求对其所有权的尊重"（第18条1款）。这里指的是对他国国家所有权的尊重，并可以要求他国尊重本国的国家所有权。

其次，规定"国家债务之追索依照国际法规范仅得对非用于履行国家公共职能之财产为之"（第18条第2款）。该规定意味着区分了国家公产和国家私产的概念，前者意味着为保障国家公共职能之实现不得被追索的国家财产，后者意味着可以为保障国家债务之履行而被追索的国家财产。[1]要知道，在苏维埃时期国有财产立法是拒绝了国家公产和国家私产的概念的，[2]源自苏联且作为社会主义民法学之创新的国家专有财产与非国家专有财产的区分一直影响我国物权法的立法设计。其实接受这种分类，也是该示范国有财产法接受罗马法可交易物与不可交易物概念的逻辑结果，因为国家公产与国家私产的区分之萌芽在古代罗马法中就存在，[3]且以罗马法的公用物和公有物为源头。[4]此外，该条款的表达方式很特别，不是明确规定了不可以用于追索国家债务的国有财产，而是明确规定了非用于履行公共职能的国有财产可以用于追索国家债务，结合前一款关于本国尊重他国国家所有权并要求他国尊重本国国家所有权的规定，无疑将会对国有财产豁免的范围产生重

---

[1] Жюлло дела Морандьер. Гражданское право Франции, Москва, Издательство Иностранной Литературы. 1958 г. c. 256-268.

[2] С. А. Сосна. О концепции общественного достояния. Государство и Прваво, 1996. No2, С. 55-64.

[3] 参见王名扬：《法国行政法》，中国政法大学出版社1988年版，第301页。

[4] 参见［意］桑德罗·斯奇巴尼选编：《物与物权》，范怀俊译，中国政法大学出版社1999年版，第8页。

大影响。

最后，关于国家与国有财产豁免法的规定，"国家和由宪法或者本国立法赋予其财产所有权人之权利能力的国家组织在由民事立法调整的有外国法人、公民和国家参与的关系中的责任之特殊性由国家与国有财产豁免法规定"（第18条第3款）。

六、结语

我国正在进行《民法典》各分编的编纂工作，在国有财产的法律调整问题上我们面临着不得不思考并解决的两大基本问题。

一是我国《民法典》与国有财产法的立法任务分配问题。即《民法典》物权编到底要不要将大部分的国有财产法规范规定在其中，要不要像原《中华人民共和国物权法》[1]那样由公共物权法和私人物权法两部分构成，而且公共物权法的规范占据了最重要的部分，要不要区分以及如何区分《民法典》与国有财产法之间在调整国有财产问题上的立法任务分配。[2]正如2005年制定《中华人民共和国物权法》时，就有学者指出，物权立法必须首先明确什么是物权法，其次要界定国有财产权以及国有资产的管理问题。[3]

二是我国国有财产法本身的理论发展与规范创新问题。背负作为历史的社会主义国有财产法的理念，面对社会主义市场经济改革提出的保障公民基本权利与自由的现实任务，应对当代国有财产法面对新的国有财产（如作为信息基础设施的互联网等共用物）提出的创新发展挑战，如何兼顾罗马法与社会主义法的历史基础，借鉴大陆法系公产法（公物法）的理论与实践，解决国有财产法在当代所面临的历史、现实与挑战的问题，使得国有财产法真正成为符合现实需要、保障公民有尊严地生活的良法善法。

毫无疑问，示范国有财产法对我国国有财产法理念与规范的创新与发展，综合调适我国国有财产法面临的历史基础、现实任务与当代挑战，具有重要的现实价值和启发意义，特别要考虑到：将物权法作为纯粹的更具一般性意

---

[1] 参见王利明：《中国特色社会主义法律体系的特征》，载《判解研究》2011年第1辑。

[2] 参见吴光明：《海峡两岸物权法重要概念辨析比较》，载易继明主编：《私法》（第10辑第2卷），华中科技大学出版社2013年版，第76页。

[3] 参见朱岩：《物权法疑难问题研讨会综述》，载《判解研究》2005年第2辑。

义的私人物权法，另行起草国有财产法作为公共物权法，实现现有物权立法的分治与重构；坚持"国家所有即全民所有"的社会主义理念，同时兼容并重构以罗马法为渊源的公用物理论，建立以公务用物与公众用物为基本类型的新型国有财产类型；强化公众用物在保障民生、保障人权方面的基本价值。